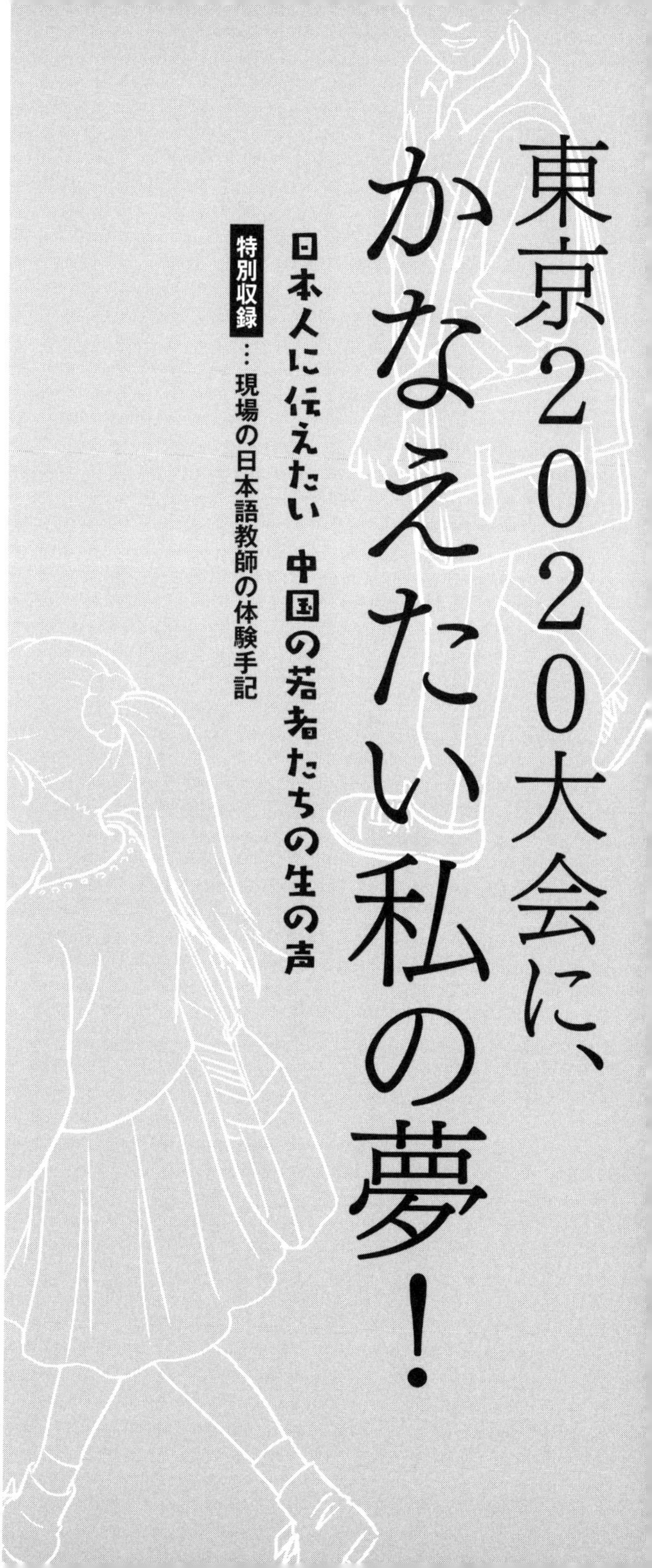

東京2020大会に、かなえたい私の夢！

日本人に伝えたい　中国の若者たちの生の声

特別収録…現場の日本語教師の体験手記

中国人の日本語作文コンクール

［第15回］受賞作品集

中国若者たちの生の声

日中交流研究所 所長

段躍中 編

日本僑報社

推薦の言葉

石川　好（作家、元新日中友好二十一世紀委員会委員、日本湖南省友の会共同代表）

中華人民共和国成立七十周年の節目となる二〇一九年、日本僑報社・日中交流研究所主催の第十五回「中国人の日本語作文コンクール」が盛大に執り行われました。併せて十五作目となる本作品集のご出版、誠におめでとうございます。

二〇〇五年にスタートしたこのコンクールは、これまでに応募者延べ四万五千人余り、受賞者約二千五百人を数え、日中両国で「最も影響力のある日本語作文コンクール」として広く知られるようになりました。毎回出版されている受賞作品集は、中国の若者たちのリアルな「生の声」であり、貴重な世論であるとして、ますます両国の関心を集めています。

主催者である日本僑報社・日中交流研究所は、日中相互理解の促進を目標に掲げ、民間の交流活動である本コンクールに十五年間、日中関係の良し悪しに影響されることなく、一貫して取り組んでこられました。とくに中国における日本語教育の発展、日本文化の海外への発信、日中両国の誤解を解く相互理解の促進などについては顕著な成果を上げておられ、両国に絶えず「正能量」（ポジティブエネルギー）を注ぎ込まれてきました。この場をお借りして、両国関係の明るい未来のために意義深い活動を続けてこられた主催者をはじめ、関係各社、機関・団体、ご支援ご協力をいただいた全ての皆様に、心より敬意と感謝の意を表したいと思います。

本書は第十五回「中国人の日本語作文コンクール」にあたり、（一）東京二〇二〇大会に、かなえたい私の夢！（二）日中新時代を考える――中国の若者からの提言（三）今こそ伝えよう！先生、家族、友だちのこと――といった三つのテーマで募集した作文の中から、選ばれた上位八十一編の優秀作をまとめたものです。

両国の政財界、文化・教育界など広範な読者の皆様が、中国や日本、日中関係の今を深く理解するという意味で、大変役立つ一冊になると確信しております。

二〇一九年十一月吉日、東京にて

目次

推薦の言葉……石川好 3

★最優秀賞（日本大使賞）

東京五輪で誤訳をなくすため、私にできること……上海理工大学 潘呈 12

★一等賞

敬語を喋るドラえもんを作ってください……西安電子科技大学 龔緯延 15

瓜の種をまけば瓜を、豆の種をまけば豆を……西北大学 朱琴剣 18

絵の中のお兄ちゃんとイチゴ……大連外国語大学 韓若氷 21

聖地巡礼で考えたこと……河北工業大学 呂天賜 24

祖父との約束を果たすために……青島農業大学 趙文会 27

★二等賞

日中新時代を考える——中国若者からの提言……西安翻訳学院 呉雅婷 30

十二年後の桜の夢……上海海事大学 林鈺 32

駿河蘭……合肥学院 李静嫻 34

私が子供だったとき――弄堂の隣人……華東師範大学　劉韻雯　36
私の提案……東北大学秦皇島分校　全暁僑　38
東京二〇二〇大会に、かなえたい私の夢！……北京理工大学附属中学　臧喜来　40
平和の証ってなに？……蘭州大学　王婧楠　42
二〇二〇年に叶えたい私達の夢……武漢理工大学　王　駿　44
ピンバッジを胸に着けて皆と再会……南京農業大学　劉偉婷　46
二〇二〇年、南三陸の商店街であのピアノを弾きたい……南京郵電大学　薛晌尭　48
願わくば本当のコミュニケーションを……恵州学院　鐘宏遠　50
ピンクのランドセルからもらった愛……西華大学　王禹鰻　52
二〇二〇年、私は東洋の妖怪を呼び覚ます！……大連外国語大学　蒯滢羽　54
わが故郷のリュウデー……北京第二外国語学院　鄭孝翔　56
オリンピックと見学……中国人民大学　孫弘毅　58

★三等賞

東京二〇二〇大会にボランティアとして参加したい！……常州大学　陳柯君　60
日中新時代を考える……湖南大学　宋佳璐　62
私の目で、祖母が日本を見る……華僑大学　劉麗梅　64
「透明なガラスカバー」を越えて……中南大学　馬　瑞　66
東京二〇二〇大会に、かなえたい私の夢！……広東東軟学院　岑湛嶸　68

オリンピックで中日関係が一層よくなりますように！……蘭州理工大学　王立雪　70
共生新時代へ……煙台大学　馮卓楠　72
また会いたいな……ハルビン理工大学　殷碧唯　74
現在はいつも最高の時代……中国人民大学　王代望　76
水　玉……中国人民大学　方琳婷　78
本当のオリンピック精神とは……電子科技大学　王遠帆　80
オレンジ色の記憶……東北育才外国語学校　金祉妤　82
自分の目で確かめよう……上海師範大学　李依格　84
先ず私から変わらなきゃ……江西農業大学南昌商学院　呉寧瑜　86
オリンピック精神と私……浙江外国語学院　汪雨欣　88
「ギャップ萌」の上司……江西農業大学南昌商学院　陳　安　90
私たちのコミュニケーション……山西大学　雲　彤　92
自分らしく努力している王さん……西北大学　邢梓怡　94
日本を見直してください……東華理工大学長江学院　鄒　婕　96
東京二〇二〇大会に、写真を撮ろう！……杭州師範大学　李沂霖　98
偽中国語と偽日本語……杭州師範大学　王景琳　100
北海道に向かって、自分探しと景色巡り……華南農業大学　楊創祥　102
夢の技術で日本旅行を……広東外語外貿大学南国商学院　黄偉源　104
「冷たく」かわいい父……華東師範大学　王夢昀　106

日中新時代を考える……大連芸術学院　郜　珊　108
東京二〇二〇大会に叶えたい夢……曲阜師範大学　肖　錦　110
日中新時代を考える……曲阜師範大学　葛玉婷　112
人と自然との共生……上海師範大学天華学院　趙朱依　114
日中間を結ぶ「海と船」……大連海事大学　朱　栄　116
日中新時代を考える……山東大学　陳予希　118
十四歳の夢、日中新時代の流行文化について……武漢外国語学校　殷佳琳　120
ありがとう、兄……浙江外国語学院　李沁壽　122
小さいものに見る国際理解……北方工業大学　楊衛娉　124
ゆるスポーツで君の心を開きたい……河北工業大学　李登宇　126
流行語を学ぼう……恵州学院　呂鵬堅　128
私を変えた京都……浙江師範大学　冉美薇　130
三菱のシャープペンシル……浙江師範大学　何仁武　132
東京二〇二〇大会に、かなえたい私の夢！……浙江師範大学　肖思佳　134
私のコーチになる夢を叶えたい……大連外国語大学　王子健　136
二〇二〇年の夢 ——絶対あきらめない！……大連外国語大学　金智慧　138
繋いだ文化 繋いでいる人達……東北大学秦皇島分校　武小萱　140
着物に託す卒業の夢……合肥学院　呉文文　142
夢が消えない……湖州師範学院　沈　意　144

互いをもっと身近に！……安徽師範大学 程 雅 146
高校時代の先生のこと……安徽師範大学 孟沪生 148
八十歳の容貌、十八歳の魂……遼寧大学外国語学院 畢 淼 150
中国人に知ってもらいたい優しい日本……東華大学 司天宇 152
「月」を探し求める勇気をくれてありがとう……東華大学 孫瑞閣 154
東京二〇二〇大会に、かなえたい私の夢！……東北師範大学 董同罡 156
交わりを結ぶ……福州大学 劉紫苑 158
乃木坂46が西安にもたらしてくれたもの……西安翻訳学院 潘鎮華 160
若者よ、ボランティア解説員をしよう……上海理工大学 孫思婧 162
東京二〇二〇大会に、かなえたい私の夢！……天津理工大学 劉琛瑜 164
「普通」とは何か？「特別」とは何か？……大連理工大学 王子尭 166
近寄ると、他の姿が見える……桂林理工大学 呉運恵 168
沈黙の愛……西安電子科技大学 薛梓霖 170
東京オリンピックで恩返し……西安財経大学 趙中孚 172
東京二〇二〇大会に、かなえたい私の夢！……浙江外国語学院 尤藝寧 174
オアシス……華中師範大学 王 珺 176
東京オリンピックで叶えたい僕の夢……上海外国語大学附属外国語学校 張晁欽 178

★佳作賞 受賞者一覧……180

第15回

中国人の日本語作文コンクール

上位入賞作品

最優秀賞（日本大使賞） 1名

潘　呈　上海理工大学

一等賞 5名

龔緯延　西安電子科技大学

朱琴剣　西北大学

韓若氷　大連外国語大学

呂天賜　河北工業大学

趙文会　青島農業大学

二等賞 15名

三等賞 60名

佳作賞 229名

☆最優秀賞（日本大使賞）

テーマ「東京二〇二〇大会に、かなえたい私の夢！」

東京五輪で誤訳をなくすため、私にできること

上海理工大学　潘　呈

二〇二〇年オリンピックの開催地が決定された二〇一三年九月、私はその様子をニュースで見ながらこう思った。東京で五輪が開催される暁には、中国語と日本語の翻訳品質を向上させるボランティアの仕事をしたい。以来、私はこの夢を心の中に抱き続けてきた。

あの日からもう六年近く経つ。この間、人工知能がいよいよ発達し、自動翻訳ソフトの正確さも増してきた。日常生活でよく使われる挨拶くらいなら問題なく訳されるため、現在では多くの訪日外国人がスマホなどで使える自動翻訳ソフトを用いて、言語の壁をやすやすと乗り越えている。翻訳者の

仕事は近い将来、コンピューターの機能に取って代わられるのだろうか?

今年四月、東京へ行った。私がスカイツリー付近でゴミ箱を探していると、面白いことを発見した。あるゴミ箱に「ペットボトル」という表示があったが、その下の中国語訳が「寵物・瓶子」になっていた。文字通りならここに「ペット」を捨てていいことになる。日本の街角で見かけた誤訳はこれだけでなかった。その後大阪に行った時も、大阪メトロの駅名や路線名の誤訳を目にした。勿論、この種の誤訳は日本のみならず中国でもよく見られる。中国のある観光地では「安全出口」という表示が、「安全に輸出します」という日本語に訳されていた。中国語の「出口」の意味が日本語への直訳で「輸出」となり、両者が混同されていたのである。これらの誤訳はおそらく自動翻訳ソフトの使用によるものだ。確かにこういったソフトを使えば翻訳効率はアップするが、逆に混乱や誤解の原因にもなってしまう。現代の異文化コミュニケーションにはこうした意外なバリアが生み出されている。

例えば日本語の「いただきます」は、自動翻訳ソフトを使うと「我开动了」(我開動了)となる。これは「これから食事を始めます」の意味だが、それだと単にご飯を食べ始める合図に過ぎない。そもそも日本語の「いただきます」には「命をいただいてありがとう」という感謝や、「命を奪って申しわけない」という謝罪の気持ちが含まれる。この一言に日本人の生命観や社会観が色濃く反映されているのである。翻訳とは言語Aを言語Bに変換するだけのものではない。文脈の適切な理解と、文化への深い造詣が必要だ。このことに気がついた私は、まだまだ人間の翻訳者の生存空間はある、と思い直すようになった。

二〇二〇年東京五輪では非常に多くの観戦客が東京に来る。彼らは五輪会場以外もあちこち見て回るだろう。彼らが翻訳に由来するトラブルに遭わないように、翻訳者の卵である私にも何かできるのではないか。具体的な提案として、オリンピックの公式サイトやSNSのアカウントを利用し、日本文化や東京五輪に関する用語の正確な翻訳を提供するサービスを実施してはどうだろう。

一例として、馬術競技に「ジャンプ」と呼ばれるハードルレースがある。これを「跳跃」と中国語に直訳したら、単に「跳ぶ」の意味となるし、下手をすると日本の有名漫画週刊誌を連想させてしまう。別な例として、日本に「ジェット桐生」というあだ名の陸上選手がいる。「桐生」と「気流」をかけた言葉遊びであるが、中国語には直訳できない。こうした翻訳上の問題点や課題をクリアするために、ネットを通した情報発信を活用できるはずだ。またネット技術を使い、広範な人々に協力してもらえば、誤訳が見つかるたびにそれを正しい訳文に直すサービスも可能だろう。

今年は令和元年である。「令和」という元号には人々が美しく心を寄せ合うという思いが込められている。この令和二年目に開催される東京オリンピックを成功させるためのボランティアとして、私は上記のようなサービスの中で中日翻訳の能力を生かし、お手伝いしたい。それに、五輪を機に訪日する人々に翻訳を通して正しい情報を提供することは、五輪精神にも適うし、中日関係をはじめとする国際交流にも貢献できる。今の私はこの夢が実現することを願っている。


（指導教師　張文碧、福井祐介）

潘呈（はん・てい）

一九九三年、浙江省出身。浙江農林大学（日本語学科）卒業。その後、上海理工大学大学院に進学し、日本語翻訳を専攻している。

本コンクールへの参加は今回が四回目。これまでに三回の佳作賞受賞歴があり、今回ついに初の最優秀賞に輝いた。

作文は「東京五輪で誤訳をなくすため、私にできること」と題し、誤訳によるトラブルを防ぐためにSNSなどを通じて「正確な翻訳」を提供したいと意欲を示した。作文応募後、実際に誤訳修正の配信をスタートしたという。

趣味は、旅行、読書、映画。

☆一等賞 テーマ「東京二〇二〇大会に、かなえたい私の夢！」

敬語を喋るドラえもんを作ってください

西安電子科技大学 龔緯延

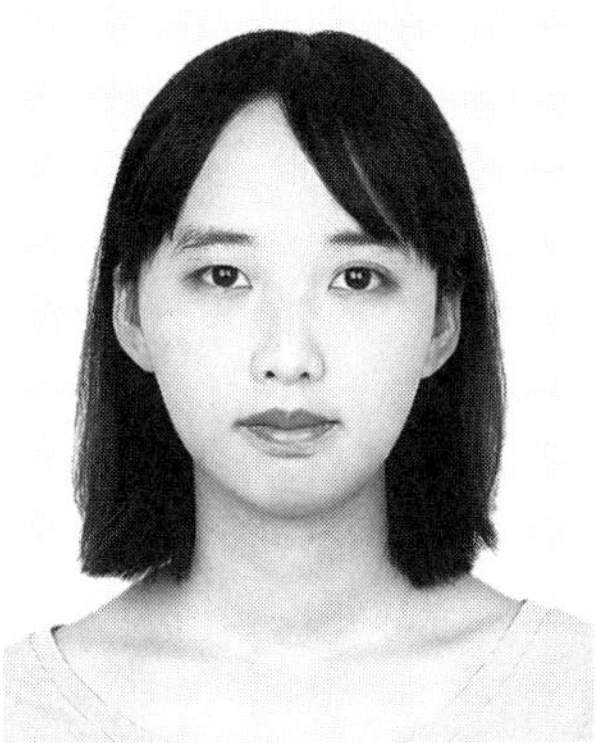

五歳の時、テレビで「ドラえもん」が放送されていました。私は、そのオープニングから初めて日本語を知り、勉強したいと思いました。その後、日本語に夢中になり、教科書で勉強するだけでなく、聴解力や会話力を向上させるために、好きなアニメも勉強の材料とみなし、オープニングもセリフもメモにまとめて毎日練習し、丸ごと暗記しました。中学校に入っても、私は引き続き日本語の勉強に励み、十五歳の時に日本語能力試験のN２とN１に合格しました。高校でも日本語の独学を続けて、希望通りに大学で日本語を専門として勉強できるようになりました。

ところが、日本語力に自信満々の私が一年生の時に、教室で先生に「初めまして、今日からこのクラスに転入したキョウです。私は子供の頃から日本語を勉強してきたよ。先生、これからはよろしく」と挨拶したら、先生は何とも言えないような表情をしました。自分は単に挨拶をしただけだというのに、どうして先生は不機嫌な顔をしたのだろうと、その時疑問に思いました。後に別の先生から伝え聞いた話によると、私が挨拶に敬語を使わなかったからだそうです。

また、二年生になってからの話ですが、スピーチコンテストの原稿の添削を頼むため、日本人の先生にメールを送ることになりました。私の「スピーチコンテストの原稿です。アドバイスがあったら、月曜日の時に相談をお願いします。お疲れ様です」という内容を、先生が「スピーチコンテストの原稿を送らせていただきます。月曜日にアドバイスを頂戴できましたら幸いです。どうぞよろしくお願いいたします」と訂正してくれました。

この二つの出来事を通して、私は、自分のアニメだけで学んだ砕けた日本語は日本語の一部に過ぎないことに気づき、上品で改まった日本語が自分にはどれだけ不足しているか痛感しました。また、私のように、日本に興味を持ち、アニメで日本語や日本文化を学ぶ外国人はたくさんいると思いますが、彼らも同じ悩みを抱えているのではないでしょうか。そこで、この秋から日本に留学する予定の私は自分のような人たちのために、敬語を喋るドラえもんのアニメの制作を藤子・F・不二雄プロに直接提案しようと思っています。

来年、東京オリンピックが開催されます。招致スペシャルアンバサダーのドラえもんは再びブームになるに違いありません。その勢いに乗って、ドラえもんのアニメを利用して日本語を学ぶ外国人もいっそう増えるでしょう。そこで、従来のドラえもんの砕けたセリフを敬語表現に入れ替えることによって、この作品を改まった日本語の教材とするのです。具体的に言うと、ドラえもんを人類の補佐役と設定し、誰に向かっても丁寧な言葉遣いをさせるのです。登場人物やストーリーなどはそのままで、ドラえもんのセリフを更新するだけで十分です。そのため、従来版を楽しみながら砕けた日本語をマスターした外国人視聴者はこの敬語版を馴染んで観ることができます。ちょっと違和感を覚えるのはドラえもんの改まった日本語表現だけです。でも、ここが狙いどころです。視聴者は自ら二種類の表現の違いに気付き、更に改まった日本語の美しさ、上品さを感じ取るようになってきます。その上、敬語版に親しむにつれ、たとえ複雑で難しい改まった日本語表現でも、自然に視聴者の頭に烙印されます。これで、両方の日本語表現ともにマスターしてはじめて日本語を習得できたと言えます。ここまでくれば、どんな場面でも、適切な日本語で自在に対応できるようになるはずです。日本語学習者にとって、それこそ究極の目標なのではないでしょうか。

アニメを通して日本語を学ぶ外国人が真の日本語を身につけるために、「敬語を喋るドラえもんを作ってほしい」。これがドラえもんから十四年間日本語を勉強してきた私が二〇二〇という特別な年に叶えたい夢なのです。

（指導教師　盧磊、加藤保之）

龔緯延（きょう・いえん）

一九九八年、貴州省出身。西安電子科技大学外国語学部二年。本コンクールは今回初参加にして、見事一等賞を受賞した。

日本語は五歳のころからアニメを通じて独学。大学に進学して専門的に学んだが、アニメで覚えた日常語と相手に敬意を示す敬語の違いに直面し、その難しさを痛感する。作文はこの経験を生かし「敬語を喋るドラえもんを作ってほしい」と題して、外国人が真の日本語を身につけるために、セリフを敬語に変えたアニメを作ってほしいと訴えた。

趣味は、イラスト制作、セリフ翻訳。

☆一等賞　テーマ「日中新時代を考える――中国の若者からの提言」

瓜の種をまけば瓜を、豆の種をまけば豆を

西北大学　朱琴剣

「朱さん、こんばんは！　一月六日のお昼、桃園キャンパスの近くのレストランで、日本人留学生のAさんの送別会をやりたいと思います。朱さんにも来てもらいたいのですが、ご都合はいかがでしょうか」

これは薛先生からいただいたWeChatのメッセージだ。このメッセージを読んで、私はほっとした。というのは、当時遠く離れたキャンパスに住んでいるAさんの帰国日が迫っていたが、Aさんはきっと多忙なので、そのまま会えなくなるかもと心配していたからだ。

と同時に、ある疑問も浮かんできた。薛先生はAさんと同じキャンパスではないし、Aさんへの授業を担当していたわ

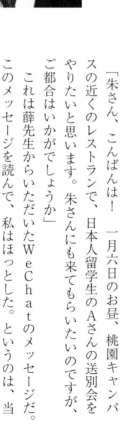

けでもないのに、どうしてAさんのために送別会をセッティングするのだろうか。私はいくら考えてもやはりその理由が分からなかった。

数日後、先輩たちと一緒に、予定のレストランに行った。無礼講で、和やかな雰囲気の中で、私たちは先生と一緒に、おいしい中華料理の火鍋を食べながら、楽しく話していた。

「皆さんはきっとなぜ私がAさんに送別会をやるのかと不思議に思っていたでしょう」と、まるで私の疑問を拭き取ろうとするかのように、先生が切り出した。

「私は日本で留学していた頃、日本の方々にいろいろとお世話になりました。そのおかげで、異国で遭った困難を乗り越えることができ、今の私がいるのです。今でもあの頃のことを思い出すと、心から感謝の気持ちでいっぱいです。あの時から、将来帰国したら、日本人留学生に何かできることをしてあげようと思ってきたのです。Aさんは中国に来て、いろいろな不慣れなことや、悩みがありました。少しでもいい思いをして帰国してもらおう、中国での楽しい思い出を作ろうと、送別会を考えたのです」

この話を聞いた私は、強く震撼させられた。そんな昔のことと今のことを繋げる思いが、先生の心の中になんと二十年以上も潜んでいたのだ。

あの送別会に出てからまもなく、私はネットで薛先生の『藤田先生との思い出』という文章を見つけ、その文章を読んで初めて、薛先生が恩人である藤田先生と、国、研究分野、歳を越えて、十六年間も交流を続けたことを知った。

「私の人生の中では、貴重な出会いとなり、いつまで経っても忘れられません。藤田先生への感謝の気持ちはずっと私の人生に伴っていくでしょう」と、書かれていた。それを読んで、私は、薛先生の恩返しの思いがすっかり理解できた。

「瓜の種をまけば瓜を、豆の種をまけば豆を」という中国の諺がある。つまり、この世の中のことは、因果関係でなり立っているという意味なのだ。良い種をまけば、よい果実が収穫できる。こう思うと、先生の恩人である藤田先生及び先生ご本人は、まさに良い種をまいたのではないだろうか。

ふと、私は何かを悟ったかのように、その前に見た「中国改革開放を支えた日本人たち」というNHKのドキュメンタリーに出ていた方々の名前が思い出された。稲山嘉寛、土光敏夫、大来佐武郎、大平正芳……その時代彼らは、中日友好に大きな種をまいたのだ。

大平総理大臣（当時）が訪中の際の提案で創立された「大平学校」がその典型例だ。この大平学校では、九十一名の日本学者が五年間にわたり、計六百名の中国人日本語教員のブラッシュアップを行っていた。今日、かつて大平学校で学んでいた方々のほとんどが、中国の日本語教育の専門家になり、そのおかげで、中国の日本語教育もどんどん発展できたのだ。

春に一粒の種をまけば、秋には何万粒も収穫できる。

大平元総理大臣のように、あるいは、薛先生のように、大きな種小さな種を問わず、政府も民間も良い種をまこうではないか。

「時に、初春の令月にして、気淑く風和ぎ」、新しい令和の時代が中日関係の新たな出発点になるようにと願いつつ、その種を見守り、育てれば、いつかきっと大きな花、小さな花が咲き、そして、大きな実、小さな実が結ばれることだろう。

（指導教師　薛紅玲）

朱琴剣（しゅ・きんけん）

一九九九年、安徽省出身。西北大学日本語学部二年。二〇二〇年二月まで、日本の同志社大学に交換留学中（作文応募時点で留学二カ月ほど）。本コンクールは今回初参加にして、堂々の一等賞を受賞した。

受賞作では、二十年以上も恩師への感謝の気持ちを忘れない日本語教師に接して感銘を受けたことから、政府も民間も大小は問わず、中日友好のため「良い種をまこう」、その種を育てればいつかきっと「大きな実、小さな実が結ばれる」と主張した。

趣味は、読書、書道、旅行。

☆一等賞　テーマ「東京二〇二〇大会に、かなえたい私の夢！」

絵の中のお兄ちゃんとイチゴ

大連外国語大学　韓若氷

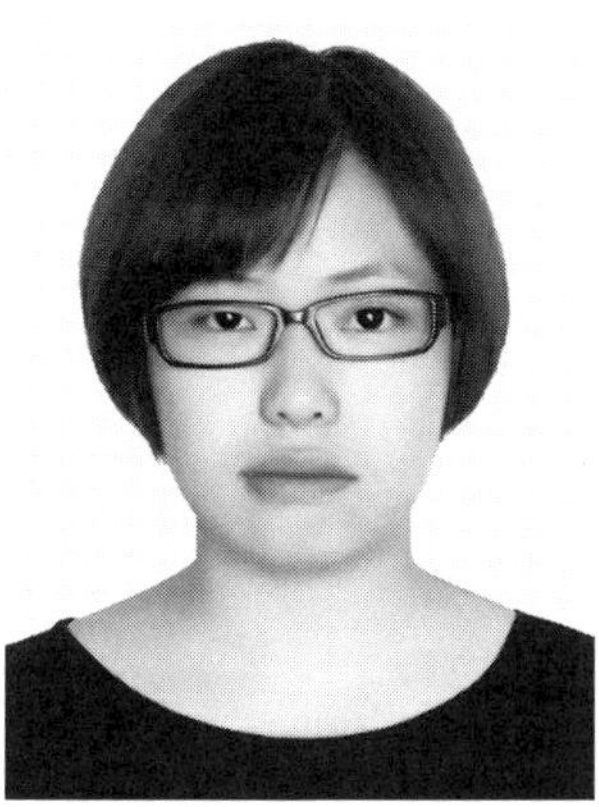

「僕は、バスケットボール選手になりたい」

七歳の時、偶然に出会った「絵の中のお兄ちゃん」がそう言った。

といっても本当の絵の中の人物ではない。小学校の頃、私が近所に遊びに行く時に、隣の家の「お兄ちゃん」はいつも窓から私に挨拶してくれた。

「こんにちは！」

時々私も足を止め、お兄ちゃんとおしゃべりをしたり簡単なゲームをしたりした。しかし、彼は一度も部屋から出てきたことがない。私はその頃通っていた絵画教室の壁に掛かっていたモナ・リザの絵を見たとき、窓の中のお兄ちゃんを思い出した。彼もモナ・リザのように、額縁に囲まれ、いつも笑顔だった。でも動けないモナ・リザと違って、彼はいつかきっとその窓から出てきて、私と一緒にバスケットボールをしてくれると思っていた。

三カ月後、「絵の中のお兄ちゃん」が部屋から出る日を迎えた。その時私は初めて、お兄ちゃんには足がないという事実に気づいた。障害者の彼は、バスケットボールはもちろん、普通の日常生活もできなかったのだ。

二〇〇八年北京パラリンピックで、私は「車椅子バスケットボール」という競技を知った。そうなのだ、身体の不自由な人でもバスケットボールを楽しめる方法があるのだ。その瞬間、「絵の中のお兄ちゃん」のような人を助けたいという思いが私の中に生まれた、パラリンピックのボランティアになることが私の夢になった。

ところが、パラリンピックのボランティアになるのは決して簡単なことではなかった。私にとって、最も深刻な問題は、距離である。二〇一二年はロンドン、二〇一六年はリオデジャネイロと、パラリンピックが行われる国はだんだん私から離れて行き、私の夢も届かない星のようになった。しかし、二〇二〇年のオリンピックとパラリンピックが日本で開かれると発表されたので、日本語を勉強している私に希望が生まれた。

私は、高校生の頃から、市民センターで障害者のためのボランティア活動に参加して障害者についての知識を勉強している。「絵の中のお兄ちゃん」のような足の不自由な人にたくさん出会った。以前の私は、障害者の生活がとても苦しくて、何をするにも人の助けが必要だと想像していたけれど、実際に彼らと接触してみると、障害者も私たちと同じように普通の生活をしていることが分かった。李秀蘭さんもその中の一人である。彼女はその時五十七歳で、若い頃事故で足が不自由になり、年をとったため、視力も悪くなっていた。初めて李さんの家に行ったとき、絶対彼女の力になると思ったのに、李さんに接触すればするほど、彼女は一人でも日常生活ができて、ただ友達が欲しかったからボランティアサービスを必要としていたと解ったのだ。私は料理も家事も彼女ほど上手ではなくて、恥ずかしかった。李さんはイチゴが大好きだが、体が不自由でイチゴを買いに行くのはなかなか難しいので、ベランダにイチゴをたくさん植えていた。毎回彼女の家に行くとき、一緒にイチゴに水をやったり肥料をやったりして、本当に楽しかった。外出できなくても、生活を楽しむ方法がたくさんあると、彼女は心からそう信じているようだった。高校卒業の日、李さんは私にお祝いをいうために、わざわざ私の家まで来てくれた。車椅子の李さんの姿を見た時私は、涙が出てしまった。私たちは障害者とボランティアの関係ではなく、本当の友達になった。李さんとの付き合いで、パラリンピックのボランティアになりたいという気持ちはもっと強くなった。

確かに、障害があっても、日常生活を送ることはできるが、やはり不便さもいっぱいあって、寂しさや孤独もあるだろう。私は多くの障害者に手を貸して、友達になって一緒に幸せになりたいと思っている。二〇二〇年東京で留学生としてパラリンピックのボランティアになるのが今の私の目標だ。

（指導教師　川内浩一）

韓若氷（かん・じゃくひょう）

一九九八年、遼寧省出身。大連外国語大学日本語学部三年。本コンクールは今回初参加にして、見事一等賞を受賞した。

受賞作では、地元の障害者とのふれあいを通して体の不自由な人を助けたい、二〇二〇年東京大会ではパラリンピックのボランティアになりたい、という夢を素直に語った。今回の受賞は「私一人の力だけでなく、先生の支えがあったからこそ」と指導教師に感謝している。大学卒業後の目標は、日本に留学すること。

趣味は、映画・音楽鑑賞。

☆一等賞　テーマ「日中新時代を考える――中国の若者からの提言」

聖地巡礼で考えたこと

河北工業大学　呂天賜

爽やかで青草の匂いが混ざっているそよ風が鼻先を過ぎて、湖面に広がっていく小さな波に光が反射してキラキラ光っている。ふと低く飛んでいるトンボが視界に入って、また去っていった。そんな景色を眺めている私はまるでアニメのワンシーンにいるような気分だ。

いわゆる「聖地巡礼」をしている私はヒット映画「君の名は。」のヒロイン宮水三葉の故郷のモデルである長野県へ来ている。「聖地」の諏訪湖が私の視界に入った瞬間、「思い切って来てよかった」と思わずグッときた。

「すごくきれいじゃないか。本当に好きなのに、どうしてわかってくれないの。母さんの分からず屋」

と私は涙をこらえて、小さい声でつぶやいた。

「すみませんが、もしかして聖地巡礼にきた人ですか」

と知らない若い女の子にたどたどしい日本語で話し掛けられた。

その子はスクールバッグを持って、黒のプリーツスカートに半袖の白いシャツ、襟に赤いリボンがついている。よくよく見れば、三葉の格好とそっくりだ。片言の日本語からすれば、外国人のコスプレイヤーだろうか。

「はい、そうですけど、どうしてわかったのですか」と、迷いながら私は答えた。

「ここはそんなに有名な観光地ではないから、普通の観光客はまず来ないでしょう。ただの湖にそんなに見とれて、もしかしたら私と同じ、三葉ちゃんと滝くんを探しに来たのではないかと思いました」

なるほどと私は納得した。

「そう言えば、泣くほど感動したのですか」

「いいえ……それもありますけど、母にアニメを見ることを反対されているから、来る前に喧嘩になって……恥ずかしいです」と私は苦笑した。

「じゃ、お母さんに『アニメを通して韓国人の友達ができたよ』と言ってみたら？　これで少し私たちの『好き』を理解してくれるといいですね。あっ、私、キムといいます。よろしくね」

こうして、同じキャラクターが好きな私とキムさんは友達になった。一緒に国立新美術館のカフェのサンドイッチを食べてみたり、映画に登場した須賀神社へ行っておみくじを引いたり、主人公の足跡をたどって、そこの階段を何回も登ったり降りたりした。楽しい時間があっという間に過ぎ、別れる時、充実した気持ちで胸がいっぱいだった。

最も印象深かったのは、須賀神社の祈願所で見た絵馬だ。「滝君のような人と結婚したい」「生まれ変わっても、の名前を絶対忘れないから」「〇〇さんに出会いたい」など様々な願いが世界各地の言語で書いてあった絵馬がたくさん掛かっていた。それを見た時、これほどの国の若者を繋げた日本アニメの力強さを改めて痛感した。

私は内向的な子供で、母も忙しくて、あまり一緒にいてくれなかった。その時私が日本のアニメに出合った。子供向けのものが多い国産アニメと違って、日本アニメはストーリー性が強く、私の心を激しく揺さぶった。主人公の運命に一喜一憂させられ、仲間のありがたさや違う視点から物事を見る大事さを教えられた。何よりも夢を追いかける勇気ももらい、母の反対を押し切って、一人で諏訪湖まで行くこともできた。私とキムさん、一人の中国の若者と一人の韓国の若者は聖地巡礼で出会えたのは偶然ではない。これは私の大好きなアニメの魅力によるものだ。話す言語、育った環境、受けた教育などを問わず、共通した感受性が私たちの間の壁を簡単に壊してくれた。

アニメは子供だましのものではなく、日本を代表する立派な文化だ。現に私もアニメを通して日本の事情をたくさん知るようになった上に、日本に対するイメージも変わった。諏訪湖に来てキムさんと出会って、そう考えているのは私だけじゃないとさらに自信がついた。誰に向かっても、「私はアニメが好きだ」と胸を張って言えるだろう。そして、もっと多くの人に偏見を捨て、アニメの魅力を知ってもらいたい。

（指導教師　丁寧）

呂天賜（ろ・てんし）

一九九九年、河北省出身。河北工業大学日本語学部二年。本コンクールは今回初参加にして、堂々の一等賞を受賞した。

受賞作では、日本のアニメの「聖地」で出会った韓国人客との交流を通してアニメの素晴らしさを改めて知り、「もっと多くの人にアニメの魅力を知ってもらいたい」と熱く語った。今回の受賞については「私にとって大きな励み」とした上で、「これからも日本アニメを通じて視野を広げ、日本文化への理解を深めたい」と抱負を語る。

趣味は、漫才を聞くこと、多肉植物を育てること。

☆一等賞　テーマ「東京二〇二〇大会に、かなえたい私の夢！」

祖父との約束を果たすために

青島農業大学　趙文会

「わしは日本の車になんか絶対に乗らないからな！」

その時の祖父の言葉と顔を私は今でも覚えている。

三年前、家族で車を買いに行った時、父と母との間で日本ブランドの車に決まりかけていたのに、祖父が猛反対したのだ。結局、父は祖父に押し切られて別の車を買ったが、家に帰ってからも重苦しい空気が漂っていた。いつもは優しい祖父が、その時だけは厳しい口調で反対したことに私はショックを受け、なぜ祖父がそこまで反対したのかが分からなかった。

のちに祖母に聞いて分かったが、祖父はまだ小さい頃に第二次世界大戦で曾祖父を亡くしてから心底日本のことが嫌いになったようだ。このことを知った私はまた気が重くなった。なぜならちょうどその時、大学で日本語を専攻することが決まったからだ。案の定、祖父は私の専攻にも反対した。

「なぜ日本語を選ぶんだ。外国語が好きなら、英語でもスペイン語でもいいだろう！」

しかし、小さい頃から日本のアニメが好きだった私は妥協したくなかったので、専攻を変えず、その後、祖父とは疎遠になってしまった。

大学に入った後、自分の名前の日本語での読み方や、日本人の先生の授業内容など、大学で学んだことを家族に電話で報告したが、祖父は一度も電話に出てくれなかった。祖父のことが好きだった私は、どうすれば日本語の勉強を認めてくれるのかと毎日考えていたが、ある日、「美しい日本に出会う旅」というテレビ番組を見て閃いた。どこの国のものであろうと、美しいものは美しい。日本の美しい風景をみれば、祖父の心も動くはずだ。

昨年の冬休みに、帰省した私は祖父に一緒にテレビを見ようと誘った。

「ちょうど日本の花見が紹介されているよ。春になったら、こういう風景が色々なところで見られるの」

祖父は私の隣に座ってじっとテレビを見ていた。私はドキドキしながら祖父の横顔を見て、「どう？」と不安げに声をかけた。

「うん、確かにきれいだな」

祖父は、私の好きな笑みを浮かべながらそう言ってくれた。それは、祖父の心の扉を桜が開けた瞬間だった。

その後、祖父は日本の桜だけではなく、東京オリンピックにも関心をもつようになり、電話で度々話題にするようになった。そして、ある晩、「会ちゃんの卒業祝いに、日本のオリンピック観戦に行くのはどうかい」と祖父の方から誘ってきたのだ。

「わあ、嬉しい、おじいちゃんと一緒に行けるの」

「これからもしっかり日本語を勉強して、通訳できるようになってくれよ」「はいはい」

祖父は昔から運動が好きなのでいつか誘ってくれるといいなと思っていたが、その日は思った以上に早かった。元々、卒業旅行として日本に行き、オリンピックを観戦する予定であったが、祖父が一緒であれば楽しさも倍になるだろう。私は、旅行への期待で落ち着かなくなった。

しかし、この約束のわずか二カ月後、祖父は大腸ガンで入院することになってしまった。祖父との旅行ができなくなってしまうのかと諦めかけたが、病室での祖父の様子を見て、弱気になった自分が恥ずかしくなった。一番辛いのは祖父のはずなのに、祖父は私達を安心させようとしていたのだ。

「すぐに良くなるよ。お前と一緒に日本に行くと約束したから、負けるわけにはいかない」

もう祖父にとって、私との約束はガンと戦う力になっているのだ。私の日本語学習は、祖父の考えを変え、生きる活力を与えている。私も祖父の気持ちに応えないといけない。私も日本語の能力をさらに伸ばすために必死だ。全ては、二〇二〇年の約束を果たすためだ。

目を閉じれば、来年の光景が目に浮かぶ。スタジアムで私は祖父と一緒に汗をぬぐいながら世界中から集まったアスリートを応援している。競技の合間には、私が通訳することで、祖父と隣の日本人が笑いながらおしゃべりをしている。あれだけ日本を嫌っていた祖父が日本人とどういう話をするのかは、その時の楽しみにとっておこう。

（指導教師　李錦淑）

趙文会（ちょう・ぶんかい）

一九九七年、河南省出身。青島農業大学日本語学部三年。本コンクールは今回初参加にして、見事一等賞を受賞した。

受賞作では、かつての戦争で家族を亡くし日本を嫌悪するようになった祖父との交流を通して、その頑なな心を解きほぐし、日本への五輪観戦を約束するまでになった感動的な出来事を綴った。現在おじいさんは病気療養中だが、今回の受賞を通して「（祖父との）約束を果たす気持ちが更に強くなった」と趙さん。「今後も初心を忘れず、日本語の勉強に励みたい」と意欲を燃やす。趣味は、推理小説、ドラマの鑑賞など。

★二等賞　テーマ「日中新時代を考える――中国の若者からの提言」

日中新時代を考える――中国若者からの提言

西安翻訳学院　呉雅婷

二〇一六年の夏。私は日本語と初めて出合いました。

父が働いていた会社の隣にあるＤＶＤ屋。そこで何枚かの「ちびまる子ちゃん」を借り、家で見たことが私と日本語の出合いでした。今思い返してみれば、これが大学の専門を決めるきっかけでもありました。

大学入試の結果が芳しいものではなく、仕方なく親と相談し、地元の私立大学に進学しました。日本語学科を選んだのは、「ちびまる子ちゃん」のこともありましたが、同じアジアの国だということもあるし、歴史的なつながりも深いし、海外旅行にも便利だということくらいでした。

そんな私ですから、真面目に「日本に行こう」などと考えることもありませんでした。しかし、不思議なもので、チャンスというのは誰にでも巡ってくるものなのでしょう。大学三年生のとき、北海道の温泉ホテルで三カ月間のインターンシップに行けるというチャンスがありました。私は、日本語を勉強し始めてから二年で、日本に行くことになったのです。

北海道に行ってからというもの、思ったよりも快適で、周りの人たちも親切だったので、友人もでき、充実した日々を送っていました。

そんなある日のことでした。私は日本で友人になった「あいみ」という女性と一緒に仕事から帰る途中でした。そのとき、道端に猫がいました。

「ほら！　猫ちゃんがいるよ！　ねえ、呉さん、中国では猫と犬、どっちをよく食べるの？」「えっ、そんなことない。食べたりしないよ」。あいみは顔をひそめ、私をじろじろみていました。その視線は「本当に?」とでも言いたげな視線で、私はきゅっと胸を締め付けられたような痛みに襲われ、声も出なくなってしまいました。「確かに、そういう風習があるところもあるけど……でも、ほとんどの地域では犬や猫をペットとして飼っているよ。私の家でもゴールデンレトリバーを飼ってる。どうしてそんなことを聞くの?」「ごめんね。前にニュースで見たものだから……」。このことは、私の心の中にずっと引っかかっている出来事です。

さらに、このようなこともありました。こちらの出来事のほうが私によりショックを与えました。

私の職場の近くにはコンビニがあり、私もよくそこを利用していました。そこのアルバイトの高校生の男の子はとても親切で、いつも笑顔で元気に挨拶をしてくれるのです。ある日のことでした。買い物を終え、店を出たところで大雨が降ってきたのです。私は傘を持っておらず、途方に暮れていました。

「ちょっと待ってください。僕が送りますよ」

そう言ってくれたのは、アルバイトの高校生でした。

このことがきっかけで、私はこのアルバイトの高校生と親しくなりました。そして一カ月ほど経った頃、「LINEを交換しよう」と言われたのです。

「もちろん、いいよ。交換しよう」「でも、呉さんは中国の人でしょ? 大丈夫?」「え、何が」「中国ではLINEを使うと殺されるって友達から聞いたことがあるんだ」「えっ……」

私は驚きで声も出ませんでした。そんなことがあるはずないでしょう。でも、日本の若者、高校生たちの認識はそのようなものなのです。本当の中国のことを何も知らないのです。私は、真実を高校生に教えてあげました。

このようなことは一回や二回ではありませんでした。小さな誤解もあれば、あいみや高校生の話のように、とんでもない誤解もありました。日本の若者は想像以上に、中国のことを知らないのです。

だから、日中新時代に私が提言したいことはただ一つ。「お互いの真実の姿を知ろう」。それだけです。

どうしても、自国のテレビやインターネットからの情報だけでは偏った情報が入ってしまいます。

その国を自分の目で見て、自分の手で触れられれば、その国とそこで生活している国民が本当はどんな様子なのか知ることができるでしょう。

(指導教師　魏海燕、奥野昂人)

★二等賞　テーマ「東京二〇二〇大会に、かなえたい私の夢！」

十二年後の桜の夢

上海海事大学　林　鈺

久しぶりに親戚に会ったとき、「大学の専攻は何？」と聞かれた。「ええと……日本語です」私は小さな声で答えた。

小さな声になるのは、「日本人に前に何をされたか知っているか」と質問されたことがあったからである。

大都会ではそれを耳にすることは少ないが、地元の田舎の人はそのような考えを持っている。

しかし、私の祖父は、どうして古い考えを持ち続けるんだとよく言い返した。

祖父はその「前に何かされた」を経験した人である。ところが、いつも話してくれる昔話は、恨み抜きで楽しい思い出ばかりだ。

子供のころ、日本はどんな国かと祖父に聞いたことがある。「美しいはずですよ。桜の季節に桜吹雪が見られるそうだ。その光景を目の当たりにすればどんなに素晴らしいかなあ。でも、ね」

祖父はめったに心を打ち明けない。日本に対する好感を隠さざるを得なかったので、日本への憧れも胸の中に隠してしまった。だから、私は祖父を連れて日本へ桜を見に行くと決心した。

私が日本語の専攻を選んで、一番喜んでくれたのは祖父だ。一年生の夏休みには、いつものように私のバッグに食べ物を詰めながら、「一、二、三……いちいち、いちに」のように数え始めた。

「たくさん覚えているだろう？」「間違えましたよ。いちにではなく、じゅうにですよ。じいちゃん」と私は思わず吹き出した。

「なんだ、それじゃ、一千のような数字が読めるかい」と怒ったふりをして、聞いてきた。

「もちろんです。今年はにせんじゅうきゅう年です。留学の準備を始めるのはにせんにじゅう年よ」「あっ、うまいね。ところで、東京オリンピックの年だったっけ、見られるといいね」「そうですね」「国会議事堂をはじめ、国の重要な機関はほとんど東京にある。桜を見てください。そして……」などと祖父の話は尽きない。

「連れて行きましょう」「年も取ったし、そんなに遠いところまで行けるかな」。二人で思わず笑ってしまった。

祖父を連れて日本に行く夢が実現できるように、どんなに困難でも、日本語の勉強をがんばろうともう一度決心した。

でも、私の夢はもう実現できなくなった。

桜満開の季節、じいちゃんが笑顔で世界にさようならと言った。若い時に数々の苦難をなめたが、文句を漏らさなかった。よく勉強して、世界の平和に貢献するように望むだけだった。「木を見て森を見ず、それはだめ」と言って、恨みは問題を解決する方法ではないとずっと信じていた。歴史を忘れるべきではないが、それ以上に素晴らしい新時代を築くために努力する必要があると言っていた。

静かに空を見上げると、月が綺麗だ。あの世界にいるじいちゃんとこの瞬間を共に過ごせると思っていた。

ウィーチャットを開いて、メッセージを送る。

「じいちゃん、こんばんは。最近の勉強は順調で、能力試験を受けて留学を申し込んでいるところです。体をちゃんと鍛えてください。二〇二〇年にオリンピックを見に行きましょう。オリンピックの聖火トーチはとても綺麗で、桜をまねたデザインだそうです」

霧の中に朦朧たる面影が浮かんだ。

「それはいい。北京オリンピックからもういちにねん過ぎたね」「じいちゃん、また間違えましたよ。じゅうに年ですよ」「はい、はい、連れて行ってちょうだい」「じいちゃん、私に任せてください」

急に目が覚めて、すぐ涙で目がかすんだ。

私の夢はまだ終わっていない。祖父が期待する素晴らしい新時代の到来だ。北京オリンピックから十二年が経ち、桜の形をしたトーチが、いよいよ日中の情熱と温かさを伝えてくれるのだ。二〇二〇年、祖父が生涯待ち望んでいた日本の桜を見に行って、花弁を一枚ずつ数えてあげたいと思う。

「ほら、ずっと勉強を続けて、留学できましたよ。東京の桜は本当に美しいです。」

祖父にはきっと届くだろう、私の声が。

（指導教師　関秀一、毛賀力）

★二等賞　テーマ「東京二〇二〇大会に、かなえたい私の夢！」

駿河蘭

合肥学院　李静娴

五月の陽射しが葉を通して地面に丸い影を投げかけ、蝉もまだ鳴いていないというのに、夏の気配が感じられ始めた。窓の外では、ベランダにある駿河蘭が芽を出していた。四年に一度咲くそうだ。

三年前、祖母と一緒に植えたものだ。その時の陽射しも今日のようだった。扇風機の風がヒュウヒュウと鳴り、地面にうずくまった犬が舌を出して息をしていた。テレビの前には私と祖母がいた。拳を握りしめ、額から少しずつ汗を流しながら、じっと見ていたリオ・オリンピックの中継だった。

「今から男子自由型二〇〇メートルです。三、二、一!!」

テレビからナレーターの声が流れ、スタートの銃声とともに選手は水中へと飛び込んでいった。会場の観客は息を殺し、孫楊選手の活躍を期待していたが雰囲気はとても重かった。前半の五〇メートルの地点で孫楊は六位だった。私と祖母は無言のまま、ただただ緊張感が高まっていった。一五〇メートルまで来ると、孫楊は加速し始めた。他の選手を追い越し始め、一位でゴールした。

「やった！」。私はドキドキしながらそう言った。

その優勝を祝って、私達は駿河蘭を植えた。

「現地に行って試合を観ることができたら、どんなに幸せだろうね」「おばあちゃん、花が咲く時、一緒に東京オリンピックを観に行こうよ」「約束だよ」

太陽の光に照らされた祖母は輝いていた。

その一年後、私は大学の日本語学科に入学した。

「日本語って役に立たないわよ。早くやめた方がいい」と周囲の人からよく言われた。当時の私は、言葉を返せなかった。でもそれを聞くたびに祖母は「孫娘が私を東京オリンピックに連れて行ってくれるのよ」と言ってくれた。その一言が、私の日本語を勉強する最大の支えとなってきた。そして、必ずおばあちゃんを東京オリンピックに連れて行くんだ、それが私の夢となった。

しかし、その時、祖母は脊髄小脳変性症に罹っていた。一年の間、当たり前にできていたことが、ひとつひとつできなくなっていった。ある日、私は車椅子を押しながら、祖母に東京オリンピックを一緒に観に行こうと久しぶりに伝えた。

「い、いいよ。期待しているね」と祖母は辛そうにしながらそう言った。針で刺されたような胸の痛みを感じた。時間が経つにつれて、祖母は話すこともできなくなった。そんな祖母と一緒にもう一度、孫楊が優勝したあの試合の映像を観た。祖母はうなずきながら、あの時と同じ様に微笑んでいた。その笑顔に、私は言葉を失い、目からは涙が溢れた。それから祖母の症状は日に日に悪くなっていった。最後には、私のことも理解できなくなっていた。

去年、祖母は他界した。遺言は残さず、私に残してくれた形見は、四年に一度咲く駿河蘭だけであった。

祖母を亡くしてから、東京オリンピックの輪郭は徐々に風化した。ネットやテレビで放送されているニュースを観ても沸き立つ気持ちがなくなり、何度も繰り返し観ていた過去の試合を観る気もなくなった。東京オリンピックの話を聞いてもあまり興味が沸かない。東京オリンピックを観に行くという気持ちも次第に薄れ、初めて見た孫楊の姿すらだんだん忘れていった。東京オリンピックが、私からとても遠くなったように感じた。祖母のように遠くへ。

先週、帰宅した時、ふとベランダの駿河蘭が目に入った。駿河蘭が芽を出していた。その時、以前祖母と一緒に約束した記憶が走馬灯のように頭の中を駆け巡った。祖母が最後にやりたかったことは何だろう？　祖母と過ごした温かな記憶がだんだん蘇ってきた。

「日本語の勉強、頑張ってね」「東京オリンピックに行こうね」。そんな祖母の声が響いた。

祖母はきっと私と一緒に東京オリンピックを観に行きたかったのだろうと思う。祖母の笑顔が私の頭の中に浮かんできて、また次の一歩を踏み出す勇気が湧いてきた。

「おばあちゃんがいなくなっても、私がおばあちゃんの代わりに東京オリンピックを観に行く」

私は今も駿河蘭にそう話しかけている。

（指導教師　汪瑋嘉、齋藤和美）

★二等賞　テーマ「今こそ伝えよう！　先生、家族、友だちのこと」

私が子供だったとき
——弄堂《ロンタン》の隣人

華東師範大学　劉韻雯

昔、上海には「弄堂《ロンタン》」という古いコミュニティがあった。私が生まれてから小学校五年生まで住んでいた場所である。道が狭くて、車で通れないので、自転車に乗って仕事や買い物に行く人が多かった。道が迷路のようにクネクネ曲がっていたので、初めて来た人は、すぐに道に迷ってしまう、弄堂はそういう場所だった。

弄堂では道に沿って、低い建物が並び、そのほとんどが三階建てだった。一つのフロアの面積が狭いので、二つの家族が一つの台所を共有している場合もあった。今の高層ビルのように高級ではないけれど、生活は賑やかで楽しかった。近所の人たちが家の前で「今日は市場で何を買ったの」「昨日は新しい将棋を買ったから、一緒に遊ぼう」といったことをしゃべっていた。特に、夏の夜には、皆で小さな木の腰掛けに座って、扇子をあおいで、涼んでいた。のんびりしていて心が落ち着く風景だ。これが弄堂と弄堂の生活だった。そして、弄堂に住んでいた人々はおもしろくて温かかった。たとえば、ある家で餃子を作ったら、たくさん持って隣の家に行って、「餃子を作ったから、遠慮なく食べてね」と言うのはよくあることだ。子供の時、階下に住んでいた隣人はこういうやさしい人々だった。

弄堂に住んでいたときのことは大切な思い出だ。隣の家族と一緒に晩ご飯を食べたり、節日を過ごしたりするのはいつものことだった。たとえば、除夜の時、階下のおばさんが餃子を作るそばから、わたしと友達が食べてしまう。おばさんに「晩ご飯のとき食べるから、ちょっと待って」と言われ友達と笑い出したこともあった。

そして、弄堂に住んでいたとき、何か手伝って欲しいことがあると、隣近所でよく助け合っていた。ある日、幼稚園が終わって私が教室から出ようとすると、先生が「さっきあなたの両親から電話がきて、残業なのでちょっと遅くなると言ってたよ」とやさしく言ったので、私はおもちゃで遊びながら待っていた。友達が一人一人、迎えに来た家族と帰っていく。暗くなると一人で寂しくて怖くて自然に涙がこぼれた。そのとき、隣のおばさんがやって来た。両親が私を心配して隣人に頼んだのだ。おばさんは「どうして泣いたの、怖くないよ、帰るよ」と私を彼女の家に連れて行った。家に着くと、おじさんは私が好きな焼肉を作ってくれた。普段から家族のように付き合っている隣人は、私の好物が焼肉だとよく知っていた。円卓の上の焼肉は熱くていい匂いがしている。「遠慮しないで、たくさん食べてね」と言われ、私の小さな心は温かくなった。

それから、上海の町はどんどん変わってきた。弄堂が消えて、高層ビルがどんどん増えた。多くの人が高層マンションに住み、住環境は良くなっている。私も家族も今は高層ビルに住んでいる。隣は誰で何人家族なのか、子供は男の子か女の子かよく知らない。ただ、たまたま会った時に「こんにちは」と言うだけだ。ドアを閉めたら、隣の人と自分は関係がない。隣人との関係が近くなってしまうと「もし隣人に自分のことを聞かれたらどう答えたらいいか」「もし隣人が何か頼んできたら、どうすればいいか」と心配になるので、あまり深くつき合わないでトラブルを避けるのが暗黙のルールになっている。

そんな変化を私は寂しく感じる。再び弄堂ができることはないけれど、弄堂での生活文化にあったような温かくて真心がこもった人と人との繋がりがある生活は消えないで欲しいと思う。人と人との関係は、ささやかな好意を積み重ねることで心の距離が近くなり、人間関係が温かくなる。今度家の前を掃除する時は、皆の共有の場所もいっしょにきれいしよう、節日の時には勇気をだして手作りの食べ物を隣人に持って行ってみよう、私はそんな小さなことから始めたい。

（指導教師　島田友絵）

★三等賞　テーマ「日中新時代を考える――中国の若者からの提言」

私の提案

東北大学秦皇島分校　全暁僑

「国に帰っても、私のことを忘れないでくださいね」と飛行機が飛ぶ前に、このような願いを伝えた。飛行機がだんだん遠ざかっていくのを見ながら、日本人の友達と一緒に過ごした時間を思い浮かべた。

やっと憧れの外国語学科に進学したあの日、日本語学科に配属されることは、英語が大好きな私にとって、まるで寝耳に水だった。「日本語なんて、興味がないなあ」と毎日くよくよしていた。なぜなら家族も私も昔の戦争のせいで、日本人に根強い偏見を持っていたからだ。抗日戦争ドラマをたくさん見た私は、日本人と言えば、中国人を使って倫理に反する科学実験をしたり、嘘だけをついたりするというイメージだった。さらに、日本の文化に触れたことがない私は、日本人の若者と共通の言葉がなくて、彼らと仲良くなれないかもしれないと思っていた。

「これからどうしたらいいのか」と迷ったままで、翌年の春になった。日本語教育専門の実習生たちが大学に来た。クラスのみんなはワクワクして、授業を楽しみにしているが、日本語に自信を持っていない私は、不安がいっぱいで、病気だと嘘をついて授業を休んだ。その夕方、ウィーチャットにメッセージがたくさん来た。

「全さん、元気になりましたか？　大丈夫ですか？」

「今日はみんな自己紹介をしましたよ。まだ全さんのことよく分かりません。よろしければ、教えてもらえますか（^_^）☆」

「これらは今日の学習資料ですよ。もし分からないところがあれば、いつでも聞いてください」

特に実習生の薄井さんのメッセージを読んだ後、あたたかな心配りを感じ取った。

翌日、授業に出たとき、薄井さんが「これ、御守りだよ。体を大切にしてね」と言って、特別なプレゼントを渡してくれた。自分は嘘をついたのに、こんなに心配してくれたなんて、顔から火が出そうなくらい恥ずかしかった。そして、実習生たちと昼食を食べたり、ドラマについて雑談したりしているうちに、私の先入観はいつの間にか消えてしまった。

時の流れは白駒の隙を過ぐることがごとし。別れの時間になった。薄井さんへのお礼について何日も悩んだ結果、やっと中華風の筆立てに決めた。

「これ……ただの気持ちですが、どうぞ受けとってください」といそいそと薄井さんに送ったが、返事は「ありがとう」だけだった。お返しのためにプレゼントを送ったわけではないけど、なんだか寂しいと思って……。

みんなが盛り上がった歓送会で、私だけが落ち込んだ。「これで終わりましたね」と退場のとき、薄井さんに呼び止められた。

「お返し、遅くなりごめんなさい」。開けたら、まさか大好きな俳優のサイン入りの写真だった！　この前、好きな俳優のことを口にしたから。

「ちょうど友達がテレビスタジオで働いているので。速達はちょっと遅くなっちゃって、でも、間に合ったな。よかった」「こちらこそ、ごめんなさい。勘違いばかりで。初めての授業も、緊張しすぎて、病気の振りをしたなんて、ごめん！」。私は彼女を抱きしめて、泣き出した。

最近、薄井さんから卒業のメッセージが届いた。教師になりたいと資格を取るために頑張っているようだ。実習交流は、薄井さんに人生の目標を明確にさせた一方、私には、日本語の勉強の楽しさを見つけさせ、モチベーションを高めてくれた。

世の中で私のように「日本語は正しい選択なのか」と戸惑っている若者がまだたくさんいるだろう。彼らにとって、相互交流の機会は重要だと思う。このようなチャンスで角度を変えて相手の文化を見直して、新しい時代において新しい目で相手と付き合う必要があるのではないかと思っている。教科書だけでなく、実習交流やサマーキャンプなど若者交流の場を設けて、両国の若者が向かい合って、話し合うことができるようにすることが私の提案である。

（指導教師　孫斐、小田孟）

★二等賞　テーマ「東京二〇二〇大会に、かなえたい私の夢！」

東京二〇二〇大会に、かなえたい私の夢！

北京理工大学附属中学　臧喜来

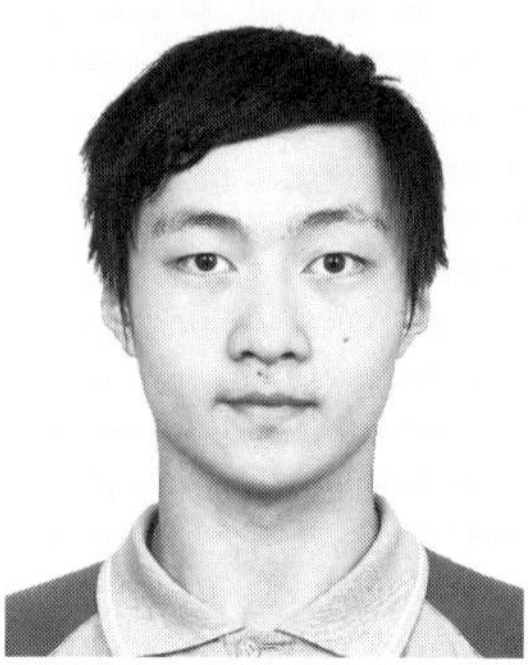

「母さん！　どこにいるの？」。私は両親にはぐれ、慌てて声を出して両親を呼んだ。狼狽えていた僕の気持ちは、まるで犇めき合っている人波とあの日の蒸し暑い空気のようだった。焦って涙ぐんでいる最中、肩に誰かの手が触れた。「ぼく、親とはぐれました？」。振り向けば、腰をかがめ、私に向いて微笑んでいるお兄さんがいた。「こっちきて！　そっちは人通りが多いから危ないですよ！」と私の手を引いた。この時目を引いたのは、お兄さんの首にかかっている名札。「ボランティア」。お兄さんが着ている青いシャツも、彼の身分を示している。人波を通り抜け、サービスセンターに着くや、不安げに私を待つ両親が目に入った。その後両親と一緒にお兄さんに礼を言い、会場へ向かって行った。しかし気づけばまたお兄さんの方を見つめていた。こちらのことは済み、お兄さんはすでに何人かの外人さんと話し始めていた。笑みを浮かべ、手を伸ばし道を指す一方、流暢な英語で話しているお兄さんの姿は、私の目に輝いていた。「これがボランティアか……僕も将来このようになれるといいな……」という考えが、一瞬脳裏をよぎった。

　これが、二〇〇八年の北京オリンピックの時のことだった。両親に連れられて、観戦しに行った私が、会場で親にはぐれ、不安の中ボランティアのお兄さんに助けられた話である。お兄さんには、ボランティアの素晴らしさが見え、そして感銘した。さらに「あのようになりたい」という夢も抱いた。

　しかし時が流れ、中学、高校に入った。私は勉強とテストに忙殺され、苦労を重ねて心が草臥れた。当時一度閃いたあの夢も勉強の辛さに埋もれ、霞んでいった。テストから解放されたある日、友達と将来のことを語り合った。話が弾み、互いの才能、進路といった現実的な話から人生の理想のことにまで及んだ。「そういえば、確か君、英語が得意なだけでなく日本語も話せるよね！ならすぐやってくる東京オリンピックでボランティアになってみれば？」。その話の中、その一言が心に訴えた。十年前のあの経験とその時閃いた夢が呼び起こされ、私は一時痺れた。そうだ！　確かにそういう夢があったのだ。まるで映画のように、あのボランティアのお兄さんの姿が今ありありと浮かんだ。ボランティアへの憧れも、今鮮明に蘇ってきたのだ。

瞬く間、七歳だった私が夢を抱いた時からすでに十年が経った。そして今、夢を叶えるチャンスが目の前にある。「二〇二〇東京オリンピックで、ボランティアになろう！」と、胸が高鳴っている。長い間磨いてきた英語と日本語の能力もきっと、ボランティア活動の助けになるだろう。どんなことができるだろうか。かつて私が憧れた案内役としてのボランティアの他にも、様々なボランティアがあることを知った。例えば私はアテンドとして、カメラに向けて選手が言った言葉を的確かつ速やかに翻訳して伝えたい。また選手が生活上の問題に直面する時、親身になってサポートし、「おもてなし」の精神を感じてもらいたい。そこでの経験は言語を上達させるだけでなく、困難をうまく片付ける能力も身につけさせるだろう。

私にとってボランティアとは、不安の中を歩いている人に光を灯すことである。それに加え、挑戦し、自分を作る場所でもある。そこで得られるものは求められる喜びだけではない。誰かを支えながら積んだ経験も、自分の限界を広げていける。「与える」精神を心に留め、微力ながらも大会に自分なりに貢献したい。また、人々が互いに助け合える世界の構築者としてボランティア活動の魅力を世界に伝えたい。そこにこそボランティアをすることの意味を見出だせるのではないだろうか。ためらわずにボランティアに申し込んだ私は、これからも頑張って腕を磨いていく。胸を張って「東京オリンピックのボランティアです！」と言えるその日へ！

（指導教師　川口智久）

★二等賞　テーマ「東京二〇二〇大会に、かなえたい私の夢！」

平和の証ってなに？

蘭州大学　王婧楠

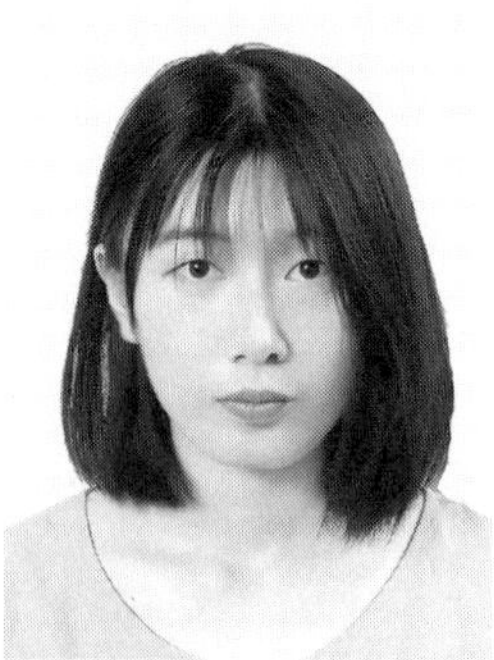

十一年前の夏だった。

「ねえ、一緒にサッカーをやろうよ」。友達に誘われた。「まだ宿題が終わらないから……」。私は答えた。

「ねえ、一緒にサッカーの番組を見ようよ」。別の友達に誘われた。「家の手伝いがあるから……」。私は答えた。

その年の夏、二〇〇八年の夏、北京オリンピック大会が行われた夏。私の故郷はサッカーの試合会場に選ばれていた。それをきっかけにして、友達や家族の間でサッカー熱が高まっていた。いままでスポーツに全然興味を持たなかった人が、急にサッカーの大ファンになってしまったのだ。

「面倒だなあ」と思っていたけれど、文句を言っても仕方ないので、公園まで一緒に行き、皆がサッカーに集中した隙に、公園の隅に隠れて本を読んだりした。そんなある日の夕方、私はその変なおじさんと出会った。

公園にはもうあまり人はおらず、セミの鳴き声だけが聞こえてくるだけだった。帰ろうと思ったところ、急にカサカサな声で話しかけられた。そこには二匹の猫を抱いて笑っているおじさんがいた。彼はただ「こんばんは」と言っただけなのに、私は驚いて、「妖怪が出た！」と叫びながら必死に逃げてしまった。

家に帰って母に話すと、それは可哀そうな猫たちを助けている優しいおじさんなのだと言った。そういえば、そのときも二匹の猫を大事そうに抱いていた。

友達の中にも、そのおじさんを知っている子がいた。私は失礼なことを言ってしまったと思い、友達と一緒に彼の家へ謝りに行った。おじさんは笑顔で私たちを迎えてくれた。謝って帰ろうと思ったとき、ドアの横に山のように積まれたマンガの本に目を奪われた。「マンガは好きかい？」。おじさんが尋ねた。「はい」。私は答えた。おじさんはその中の一冊を手に取り、楽しそうに内容を説明し、「貸してあげよう」と言った。私たちが嬉しそうな顔をしていたのだろう、おじさんはマンガに続いて音楽やゲームの話を楽しそうに話し出した。ところで、彼もサッカーの大ファンらしい。オリンピックの影響かどうかは知らないけれど。

おじさんは六十五歳だった。彼は束縛が嫌いなので、これまで自由に好きなように生きてきたそうだ。結婚していないおじさんの唯一の家族はあの日抱いていた猫たちだった。若い頃は安定した仕事をしていたが、今は街の清掃の仕事をして、暇なときは猫の世話や、近所のお年寄りの手伝いをする優しい人だった。

マンガをきっかけに仲良くなると、彼はサッカーだけでなく他のスポーツも好きなことが分かった。彼は煙草も吸わないしお酒も飲まない。自由を求める人が、そんな健康な生き方をしていることに少し驚いた。

「何でサッカーなんか好きなの？　おもしろいの？」。ある日、私はそう尋ねた。

「お前！　本気でスポーツをやったことがあるのか？」。おじさんは何だか興奮していた。

六十五歳のおじさんは私を連れて運動場へ向かった。持ってきたボールでサッカーをやり始めた。運動不足の私はすぐにバテてしまった。「おじさんに負けるな！」と笑って言い、私を励ました。私は力の限り走り、ついにボールを奪った。汗がしたたり落ちて体は軽くなった。不思議な感覚だった。

「おじさんには夢があるの？」「オリンピックを見に行きたい」「そんなの見て面白いのかな？」「面白い。ただ見て、楽しむ。スポーツを楽しめるのは平和の証だよ」。おじさんはそう言った。その時はよく分からなかった。

オリンピックといえば、選手の競い合いだけでなく国の国際的地位を上げる世界的なイベントだ。でも、ただ見て楽しむということが一番重要なのかもしれない。あのときおじさんは、ただスポーツを楽しめる環境が大切で、そういう広がりこそ平和の証なのだと言ったのかもしれない。東京二〇二〇大会を目前にして、私は最近、そんなことを考えている。平和とスポーツ、このつながりはとても大切だと教えてくれたのは、やはりあの変なおじさんなのかな。

（指導教師　柳井貴士）

★二等賞　テーマ「東京二〇二〇大会に、かなえたい私の夢！」

二〇二〇年に叶えたい私達の夢

武漢理工大学　王　駿

二〇一一年三月十一日——それは福島の人々と私にとって一番忘れがたい一日だった。大震災と津波のせいで、約一万五千人が命を失い、二千五百人ぐらいの人が行方不明となった。この東日本大震災は、「チェルノブイリ原発事故以来最大の災害」と呼ばれている。

あの頃の私はたった十二歳の中学生だったが、そのショッキングなニュースと痛ましい光景、「頑張れ福島！頑張れ日本！　世界の力をひとつに」という真っ赤な漢字が書いてあった本は今でも私の記憶の中に残っている。それと同時に、友達の悲しそうな顔も覚えている。

彼は四川大震災の生存者だった。その悲劇に見舞われた後、家族に連れられて、上海に移住してきた。上海のことをよく知らず、性格もひねくれていて、友達は少なかった。が、そんなことがあまり気にならない私は、その数少ない友達の中の一人であった。

しかし、こんな私でも、彼のあんな顔を見たことがなかった。今思い返せば、それは一人でいる時に思わず出てしまうような悲しい表情だった。「彼のことをもっと知りたい」と気が利かない私は初めてこのような考えを抱いた。「どうしたの？　大丈夫？」「あの人たちを助けたい」。こんな答えが彼の口から出てくるとは思わなかった。彼自身もあんなひどい目にあったのに、遠い日本の、それも見たこともない人たちの境遇を心配するなんて私には考えられなかった。

その日を境に、私たちの交流はどんどん増えてきた。災難の後遺症なのかもしれないが、彼は何でも大切にしようとしていた。日本への献金もしていた。回りに誰もいない時、あの思い出したくない光景について私に語ってくれることもあった。暗い空と倒れた木、崩れようとしているビルと人々の叫び声。今でも思い出すだけで怖い。恐らく、この経歴こそが彼を成長させているのだと私は思った。

しかし、私はまだ気になって仕方がなかったので、ある日ついにこう切り出してみた。「なぜ彼らをそんなに心配するの?」。「え?」と彼は信じられない顔をして、「不幸に陥った人を心配するのは当然でしょう?」との答え。私が「でも、ほら、君も天災の被害者なんだろう? 他人のことより自分のことでしょう?」と言うと、暫しの沈黙の後、「だって、彼らは私より深い傷を受けたんだよ……」「でも君だって中国人だろ? もしかして裏切り者になるつもり?」。私はこの言葉を言うか言わないかのうちに、たちまち後悔してしまった。もちろんこんな言い方はひどすぎると知っていたが、小さい頃からずっと守られて成長してきた私は「同理心」ということを理解できずに、彼の口から何度も「福島」「福島」と聞けば聞くほど頭に来て、無意識のうちにそんな言葉が口をついてしまったのだ。「ああ、何であんな言葉、簡単に口にしちゃったんだよ」。せっかくの親友なのに、これで失っちゃうかもしれないと後悔した。彼は我慢しながら、「災難の前では、誰でも一緒だよ」と言った。私が顔を上げた時、彼の姿はもうなかった。

その後、私たちはあんまり連絡しなくなった。私はいつも通り傘の下で生きていたが、時々彼のこと、その不屈の意志、運命と戦う姿を思い出すこともあった。

そして、二〇一三年のある日、授業に夢中になっていた私はある電話を受けた。彼の声だった。「ね、知ってる? 二〇二〇年のオリンピック、東京に決まったって!」。「ああ、知ってたよ」と答えたが、実は全然知らなかった。彼はしばらく沈黙した後、「僕、来年家族と一緒に日本に行く」。彼の強い意志と行動力に驚いた私には「え?」と言うのが精一杯だった。「二〇二〇年、来る?」、私は沈黙の後、「ああ、必ず」と答えていた。「じゃ、約束だよ」。こうして彼は日本に行き、私は中国に残った。二人とも夢を叶えるため、一生懸命頑張っている。今の私は日本語学科で日本語を勉強し、彼も東京大学の法律学科の一員になった。

（指導教師　神田英敬）

★二等賞　テーマ「東京二〇二〇大会に、かなえたい私の夢！」

ピンバッジを胸に着けて皆と再会

南京農業大学　劉偉婷

「時の流れに身を任せ、あなたの色に染められ……」

第一回アジア伝統武術選手権大会の会場でこのメロディーが流れた瞬間、観客席に座っていた下川先生、私、友人の蘇さんの三人が偶然にも同時に小さな声で歌い合わせた。あのシーンは未だに忘れられない光景だ。

二〇一八年十一月の出来事だった。私は通訳ボランティアとして、大会に参加するため日本から来た引率の先生二人と選手四人に初めて会った。二十代から五十代まで、出身地も様々だったが、太極拳への愛という同一の理由で中国へ来た。

三日間の大会のなかで、私達は趣味や故郷、そして太極拳に関して面白いエピソードなどを色々話し合って、すぐに友達になった。選手のうち、江川さんは趣味で太極拳を始めたが、大会前に骨折してしまって、まだ治っていないまま、夢を叶えるために中国に来た。私は会場で見た彼女の素早い動きが今でも忘れられない。他の選手は、落合さん、酒井さんと下川先生だ。皆親切で真面目な方々で、試合のために一生懸命準備したり、会場で全力を発揮したり、他国の選手に拍手を送るなど、その一つ一つが、大切な思い出として私の心に刻まれている。

青少年たちの出番になると、下川先生が彼らの演技を携帯で録画し始めた。「なぜ青少年たちの演技を録画しているのですか？」と先生に聞くと、先生は「私は日本で太極拳を子どもたちに教えていますから、自分だけではなく、帰国したら生徒たちに、この素晴らしい演技を見せたいからです」と説明してくれた。私は先生の太極拳に対する真摯な態度に心を打たれた。私は大学三年生の時、大学の太極拳コンテストに出場したことがある。当時は、ただの好奇心から何の準備もせずに参加した。所属チームが二カ月間の猛練習をしたこともあり、コンテストで二等賞を獲ったが、太極拳についての歴史など一つも知らなかった。下川先生が太極拳についての歴史知識、多種多様な太極拳の姿勢などを現場の演技を見ながら教えてくれた。その時初めて太極拳について、真の理解が得られた気がした。

大会閉幕後、選手の酒井さんは「近年、日中関係がだんだん回復しています。劉さんのようなボランティア達は、これからの日中友好関係の架け橋のような存在だと思います」と私に話した。これを聞いた時、ボランティアとしての喜びと、今回の出会いへの感謝の気持ちが湧いてきた。私という小さな存在が微力ながらも誰かを喜ばせ、こんな温かい言葉をもらえるなんて、なんと素晴らしいことだろう。

酒井さんの言った「架け橋」という言葉から故郷徐福のある伝説を思い出した。徐福とは、始皇帝の命令で「不老不死」の薬を探すため日本に行き、死ぬまで帰国することはなかった人だ。冬休みに、私は徐福廟をもう一度訪れて、徐福の彫像の前に聳え立つ、鳩山由紀夫氏の碑文「中国贛榆、徐福故里」と、羽田孜氏の碑文「日中友好始祖」を見に行った。佐賀友誼林の近くに、「日中友好、永遠に」「学先祖徐福」「祈願日中友好」など日本人が書いた作品と、「源远流长」「促进中日友好」などの中国人が書いた作品が、午後の陽光を浴びながら輝いていた。幼い頃から徐福についての伝説はよく聞いていたが、日本語専攻の私にとって、先人がまいた「友好の種」の実践は、国際大会で通訳ボランティアをすることだ。

別れ際に、アジア武術連盟の谷川先生は「劉さん、次は二〇二〇年の東京へようこそ」と言いながら、東京オリンピックの記念ピンバッジをくれた。

感謝、感動、嬉しさ……このピンバッジは様々な思い出が詰まった宝物だ。ピンバッジの赤色に温かみを感じて、見る度に彼らの一挙手一投足を懐かしく思うと同時に、二〇二〇年の到来に期待が膨らむ。東京オリンピックで、この大切なピンバッジをつけて皆と再会し、あの時と同じメロディーを笑顔でもう一度歌う。これが今の私の夢だ。

（指導教師　李紅、仙翔太）

★二等賞　テーマ「東京二〇二〇大会に、かなえたい私の夢！」

二〇二〇年、南三陸の商店街であのピアノを弾きたい

南京郵電大学　薛煦尭

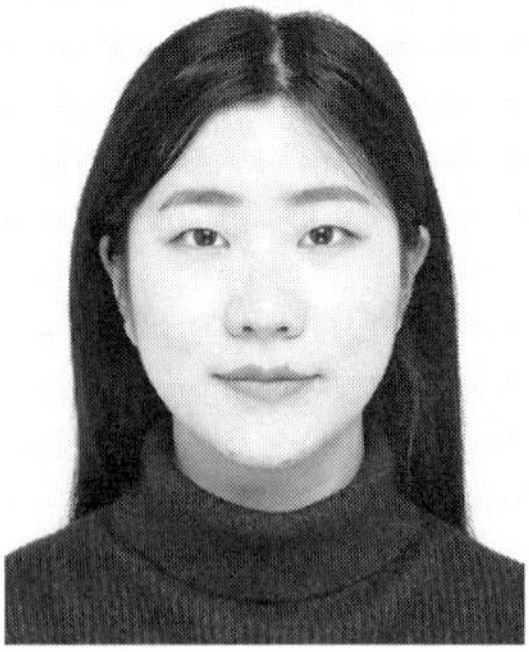

二〇一九年の冬休みに、私はある短期研修プログラムに参加した。その二、三日前には、二〇一一年東日本大震災の被災地を見学した。

私は蘇州の出身で、今まで一度も地震を経験してこなかった。だから日本で出会った人と東日本大震災についても話をしたが、私は実感があまり湧かなかった。日本はもともと地震が多い国で、二〇一一年の地震は少し大きかっただけだと思っていたのだ。しかし、私は被災地を見学してようやく地震の怖さに気づいた。

私たちのガイドはあの怖い地震を経験した。

「あの怖い地震のあと恐ろしい津波がありました。南三陸は塵取りのような形をしているので、津波が発生したとたん、海水は無情にもこの静かな町に流れ込みました」

「阪神大震災で祖父が亡くなり、両親はいつも私たちに強く生きていくように教えてくれました。しかし、二〇一一年私は危うく遭難を免れましたが、家族全員を失いました」

驚いたことに、そのガイドは悲しい顔をせず、その境遇を語っていた。

「家族を失った私は一人ぼっちになってしまいました。私は南三陸を離れて東京で生活することもできます。しかし、もし南三陸に若者がいなくなったら、永遠に復興できなくなります。ですから、私はここに残って復興を支援することに決めました。そして南三陸観光協会の一員になりました。確かに、多くの若者が故郷を離れてしまい、南三陸の復興は非常に難しい状況です。しかし、この八年間で、少しずつ復興しています。病院も建てられ、新しい商店街もできました。商店街に行ったら、綺麗なレストランで、美味しい魚を食べられますよ。皆さんぜひ行ってみてください」

「はーい！」

みんなは泣きながら大声で答えた。

「本当にありがとうございます」

ガイドはこう言って、前よりもっと温かい表情で笑っている。

「ありがとうございます。南三陸、頑張ってね」と言って、ガイドとの別れを惜しんだ。

その後、商店街に行った。レストランで美味しい刺身を食べている時、美しいピアノの音が聞こえてきた。見ると、五歳ぐらいの女の子がピアノを弾いていた。そのピアノには海、魚、太陽、虹などが描かれていた。何人かの子供たちが、ピアノの音や絵に惹かれて、やってきて、「僕も弾きたい」「オラも弾きたい」とガヤガヤしていた。

この土地はかつて非情な逆巻く波に打ち砕かれたことがなかったかのようだ。この土地の人々もどんな災害にも負けなかったようだ。あんな温かく輝いている笑顔、あんな飾らなくて揺るぎのない信念や明日のために生きている勇気に私は深く心を打たれた。

しばらくすると、子供たちは疲れてピアノを弾くのをやめてしまった。私は子供の頃ピアノを習ったことがあったが、そんな多くの人の前でピアノを弾く勇気はなかった。結局私はそのピアノの写真を一枚撮ってその場を離れた。

帰国した後、やはり後悔した。なぜ私は思い切ってピアノを弾けなかったのか、なぜ自分の力で南三陸の人を励ますことができなかったのか。

来年はいよいよ東京オリンピックだ。幼い頃からオリンピックを見るのが大好きで、今日本語を勉強しているので、二〇二〇年に日本へ行ってオリンピックを現場で見たいと思っている。しかし、南三陸で被災地を見学した後、それ以上にやりたいことができた。もう一度南三陸に行って、今度こそあのピアノを弾きたい。

オリンピックはもともと困難を次々と克服することや友情、尊重、連帯感という精神を持っているのではないだろうか。そして、その目標は平和でより良い世界・人類の運命共同体を築くことではないだろうか。だから、過去どんなに不愉快な歴史があったとしても、災害で苦しんでいる人たちを見かけたら、人道的な立場に立って彼らに配慮し、支援すべきだと考えている。

二〇二〇年、南三陸の商店街であのピアノを弾きたい。南三陸の人を励まし、復興を応援したい。私に強く生きることを教えてくれた感謝の気持ちを込めて。

（指導教師　小椋学）

★二等賞　テーマ「東京二〇二〇大会に、かなえたい私の夢！」

願わくば本当のコミュニケーションを

恵州学院　鍾宏遠

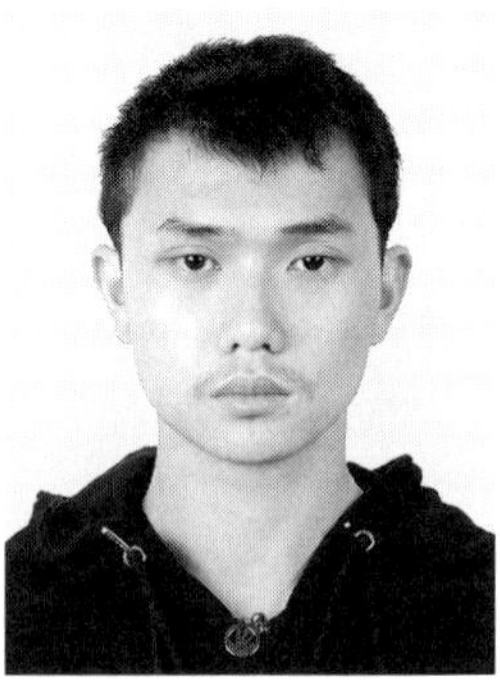

人は共感ができるからこそ、お互いの心が繋がって本当のコミュニケーションができる。

私は中学校の頃から日本のアニメ、漫画、小説など、食事を忘れるくらい夢中だった。しかし、一方的に情報を受けるだけでは何か寂しいと思い、本当の日本人と一緒に、オリンピックで見られるような本当のコミュニケーションをしたかった。

私が大学に入学した時はちょうど二〇一六年で、オリンピックの時であった。色々な国の選手達がオリンピックで試合を行なっている時、私も日本人と交流するため、毎日勉強していた。そして、ある日本の大学生が私の大学にやって来た。日本人と簡単な会話ならできるようになった私は、自分から彼たちと積極的に交流した。一緒にご飯を食べたり、外に遊びに行ったり、色々なイベントを経験したが、本当のコミュニケーションができたとは思えなかった。

ある日の夜、留学生たちは私を誘って、彼らと一緒に日本から来た先生の所へご飯を食べに行った。私達は色々な事を話しながら、ラーメンを作って食べた。私は自分が好きなアニメのことを話したかったけど、みんなあまり興味がないらしいから、『ドラえもん』の事だけ話した。留学生も楽しそうに自分が好きなドラえもんの秘密道具の話をした。しかし、それでは何も残せない。立ち上げた友情が幻のようなものに思えた。結果、留学生たちが帰ったら、私たちの繋がりは切れてしまい、その後一度も連絡しなかった。私と彼たちは話したけれど、共感が少なかったと思う。本当のコミュニケーションではないのである。

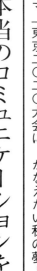

二年生の時、日本の群馬県のとある温泉旅館のレストランで、私は三カ月間インターンシップをした。私はそこで本当のコミュニケーションを経験した。この旅館には、オリンピックと同じように中国、ベトナム、インドネシアなど色々な国から来た研修生がたくさんいた。研修生の中には日本語が全く喋れない人もいたが、レストランの仕事なら言葉がなくてもできる。そうして、私達は一緒に仕事をすることで、単純な会話よりも更に近いコミュニケーションができたと思った。レストランが忙しい時、一緒に必死にお皿を下げてテーブルを拭く私たちは、お互いに命を託す戦友のような気分で、親近感が増した。ただ話すだけなら、必ずしも同じ気持ち、同じ考え方をもっているとは限らない。私達は仕事という共通の作業の中で共感したからこそ、本当のコミュニケーションができたと思う。

また、私は同じ趣味を持っている日本人の上司と出会えた。私達は一緒にゲームの中に出てくる神社の、モデルになった神社に行った。お互い好きなあのゲームの音楽を流して、私と同じ年の上司は車を運転していた。私達は同じゲーム内の曲を何度も聞いて、リズムは既に心の中に刻まれた。そして、神社に近い場所に着いた私達はグーグルマップを頼りに、険しくて危ない山道を登った。そこには幻想のように小さな神社があった。疲れ切った私達は反対方向の鳥居を見て、ようやく道を間違えた事実に気が付いた。それでも、趣味が近い友達と一緒に旅をしたら、一生忘れられないような事を共感して、本当のコミュニケーションができた。

オリンピックでは、人種も国籍も言語も違う選手達がルールという枠の中で試合をするから、本当のコミュニケーションができると思う。陸上の試合で一緒にコースを走っているライバルは、同時に共感できるパートナーとも言えるだろう。試合とか、仕事とか、趣味とか、人は自分が深いところで体験した同じ物を感じ共感できる。私はそのような本当のコミュニケーションを望んでいる。二〇二〇年東京オリンピックの時、私はおそらく日本で仕事をしている。色々な人と共に、同じ目標に向かって努力する仕事場は、私にとってオリンピックそのものである。そして、願わくば自分の進む道に本当のコミュニケーションがあるように。

（指導教師　宍倉正也）

★二等賞　テーマ「東京二〇二〇大会に、かなえたい私の夢！」

ピンクのランドセルからもらった愛

西華大学　王禹鰻

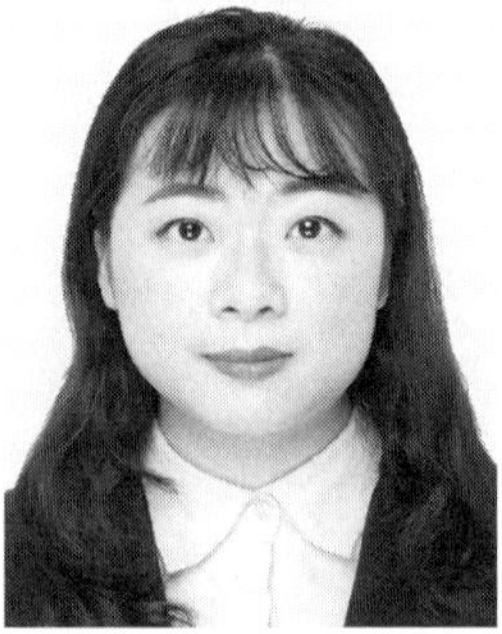

私と日本の繋がりはピンクのランドセルから始まったといっても良い。

十歳の時、私は初めて地震を経験した。今にして思えば、恐ろしい気がしている。二〇〇八年五月十二日、中国の四川で震度八の地震が起き、中心地から近いところにある私の故郷もかなりの災害をこうむった。地震というものがまったくわからなかった私にとって、どんなに怖いか全然想像できない。あの午後、あっという間に、大地がぐらりと揺らぎ、不気味な揺れ続けによって家屋が倒れてしまい、又激しい余震が何度も起こった。不安と恐怖を感じながら避難をしていた人は次第に町に押し寄せた。これまでで最大な災難と言えるほど深刻だった。

光陰矢の如し、一年経った。この間、国内外からの援助によって、故郷は二年ぶりに一新した。雨後の筍のように建物は次々と新設され、きれいで広々した大通りは四方八方に通じている。私も新しい校舎で勉強することができた。

一日、休憩した時、先生は急に教室に入ってきて、「それは日本のボランティアからのプレゼントだよ」と言いながら、外からたくさんのランドセルを運び入れた。すぐに教室はお湯のように沸き立った。私が手にしたのはピンク色のランドセルで、きちきちに詰め込まれ、その中にしおり、鉛筆といったいろいろな物品が入っていた。このランドセルは当時の私にとってはなによりも大切な宝物となり、小学校を卒業するまで付いていった。でも小さな私にとって、中国と海を隔てて向かい合っている日本はまだ神秘な国である。「日本っていったいどんな国だ？」といった心の中に疑問がどんどん生じてきた。子供の頃は、ただテレビの小さなスクリーンを通じて日本と触れることしかできず、好きなアニメと漫画を通して日本のことを知るしかなかった。

時間がたつにつれて、もし機会があれば、憧れている日本に行かれればいいなあという願望が日々強くなってきた。友達に伝えると、こういう返事をくれた。「好きなら、日本語を勉強して。そうすれば日本と近づくに違いない」。この話は幼い私の心に種をまき、ゆるぎない信念として、遅かれ早かれ日本に行くと心から強く信じた。

大学に入って、私は日本語を勉強し始めた。色々なふりがなや文法と戦い、楽しくて苦しく、全然わからない段階から、日本人と話せるようになってきた。さらに、日本の社会、文化に関する色々なことを知り、改めて日本という国に慣れ親しんできた。小さな島国から経済的大国になるまで成長して、すでに世界の不可欠な存在になっていることがわかる。特に、東日本大震災の時、日本の人々は自強してすさまじい意気込みで戦い、団結し前向きの精神で未来へ邁進しているということをつくづく感じて、心から感心した。

二〇二〇年において、日本は五十六年ぶり二回目のオリンピック大会を迎える。思うに、ついに願望が実現でき、善意が報いられる日が来るのではないだろうか？ しっかり成長し、日本語も一段と慣れた私は大会のボランティアになりたい、そして、以前助けられたように、自分もできるだけ人を助けてあげたい、それはオリンピックでの最も叶えたい夢である。

先日久しぶりに家に帰って、部屋の大掃除をした時に、目に入ったのはあのピンク色のランドセルだった。表はすでに色褪せ、ところどころ傷が出ていて、それにもかかわらず、私はあの時と変わらず依然として大切にしている。ボロボロになり、古くなっても、どうしても手放すことができなかった。なぜなら、受けた恩をありがたく思うだけでなく、見るたびに、受けた助けを思い出し、これからも他人を益する立派な人になりたいと心に刻んでいるからだ。

二〇二〇年のオリンピックに向け建設ラッシュに沸く東京、小さな時ずっと憧れた日本、私はずっと大会のボランティアを目指して頑張っている。どうかお待ちください。

（指導教師　汪南）

★二等賞　テーマ「東京二〇二〇大会に、かなえたい私の夢！」

二〇二〇年、私は東洋の妖怪を呼び覚ます！

大連外国語大学　蒯瀅羽

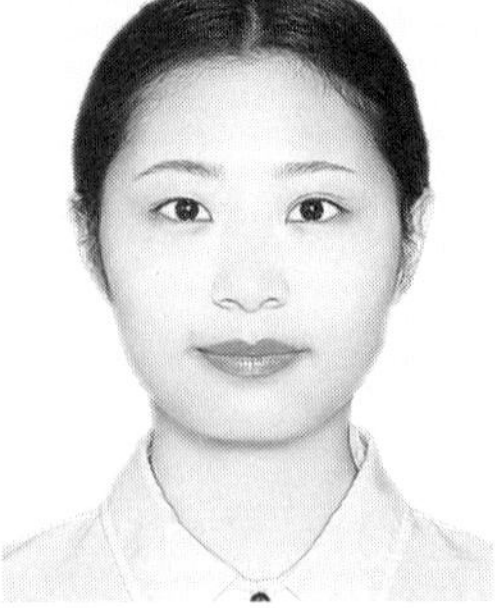

スポーツに全く無関心な私だが、オリンピック大会を見るのは大好きだ。様々な競技が見られるということの他に、オリンピック自体にも大きな意義があると思うからだ。主催国は何年もの心血を注いで、スポーツの大会を仕上げるだけではない。オリンピックには自国の文化を世界に示し、それを理解してもらおうという念願も含まれているはずだ。だから、聖火が付けられる瞬間、文明の火も灯っていると思う。

二〇〇八年、オリンピックが北京にやってきた。まだ九歳だった私は、初めて中華文化の素晴らしさを感じた。四時間の開会式の中で、私が一番魅力的だと思ったのは「飛天」だった。ダンサーたちがイルミネーションをつけて、神様のように空で踊っていた。そのイメージは、敦煌の石窟の壁画をもとにして作られたそうだ。それは仏教と中国固有の文化が融合して生みだされた一つの芸術である。羽も翼もなく、まとっている服によって空を飛ぶ飛行神のイメージが、その日から何度も私の想像をふくらませた。

北京オリンピック開会式で見た「飛天」は、私の神話への興味の原点である。「飛天」の資料を調べるうちに、次第にその現実の世界を離れた、不思議なことが満ち満ちている異世界に耽った。『山海経』や『聊斎志異』など、たくさんの小説を読み漁った。

小学校六年生の時、姉のタブレットで初めて『千と千尋の神隠し』という映画を見た後、私は宮崎駿監督の作品に夢中になった。クモの足の生えた釜爺、小さくて可愛い煤渡り、あちこち動く城など、見たこともない日本の妖怪たちが、生き生きと私の世界に入ってきた。中国文化と一脈通じているが、明確な違いがある日本の妖怪文化は私にとって大発見であった。あまりにも興味深いので、徹夜して小説を読むこともあった。それは私が日本語を勉強する原動力になった。

二〇一二年、ロンドンオリンピックが開催されたのは、私が『ハリーポッター』の映画を見たばかりの時だった。開会式でJ・K・ローリングが登場し、彼女の魔法の世界が再現された時、私は興奮のあまり涙を流していた。その瞬間、「中国の神話の世界をオリンピックの会場に登場させたい」という夢が頭に浮かんだ。突然の発想だったが、私はそれから一週間ずっと、そのプロットを考えた。そして、その時から、「異世界を描いた小説を書く」という夢が、私の心の中に根付いたのである。

四年があっという間に過ぎて、リオオリンピックが開かれた時、私はもう高校三年生になっていた。毎日勉強に追われて、忙しくてたまらなかった。部活で小説を書いたこともあるが、今から見れば幼稚なものだった。「まだまだ遠い道をたどらなきゃ」と思いながらも、それから一度もペンを持ったことがなかった。

去年、『ハリーポッター』の小説を読み返したことがある。素晴らしいプロットに感心させられると同時に、新しいことに気が付いた。それは、今世界中で流行している異世界を描いた小説は、いずれも欧米の伝説に基づいて創られたものである。一方、何千年前から東洋で活躍している数多くの妖怪たちが、世界の注目を浴びることは少ない。

「いつか、東洋の妖怪文化に基づいた小説を書く」

この夢はますます強くなってきた。もちろん、今の私の創作レベルは低くて、出版したり、世界の人々に読んでもらったりということはできないだろう。しかし、私はとにかく書きたい。書き始めたら夢に近づくことができるような気がするのだ。

二〇二〇年、第三十二回のオリンピックが東京で開かれ、東洋文化の聖火が、十二年ぶりにまた点けられる。私は、その盛典が行われる前に、この三代のオリンピックに跨った自分の夢を叶えたい。「すべての人が自己ベストを目指」すという東京二〇二〇大会のコンセプトのように、私は全力を尽くして、東洋の妖怪を呼び覚まし、東洋にある異世界を創り出したい。そして、それを東京オリンピックに捧げたいと思っている。

（指導教師　川内浩一）

★二等賞　テーマ「今こそ伝えよう！　先生、家族、友だちのこと」

わが故郷のリュウデー

北京第二外国語学院　鄭孝翔

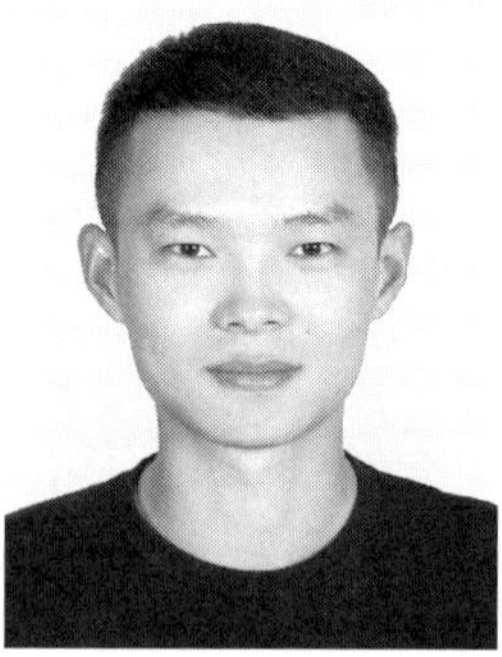

リュウデーが引っ越したことは今でも信じられない。

私は二十歳で高校を卒業し、それから故郷を離れ、よその土地の学校で勉強してきた。故郷を離れてからもう六年が経った。故郷を懐かしむ気持ちは、故郷から遠く離れている人なら共感できると思う。私の場合、少なくとも週に二回ぐらい親と連絡を取っている。そして、唯一この電話だけが私が故郷のことを知る窓口となった。

故郷が立ち退きになることは親との電話から知った。二年前に誰かが発した根も葉もない情報が、だんだん村中に広がっていき、結局皆の話の種となった。しかし、その気配も全く感じられずに、皆はいつもどおりに生活を送っていた。強いて変化を言えば、道端の街路樹や、大通りの両側にある新しい街灯ぐらいのことである。

しかしつい最近、この噂話は現実のこととなった。町に家を借りはじめる人もいれば、家の田んぼの近くに簡易住宅を立てたりする人も出てきたという。そうする理由としては、「子供を町の学校に通わせたい」「子供が結婚すれば、町の家が必要になる」「田舎の実家に誰もいない」などである。

リュウデー（方言で、リュウという名前のお爺さんを指す）がそろそろ引っ越しすることになったとはまさか考えもしなかった。我が家の後ろの村に住んでいるリュウデーは私と何の血縁関係もないお爺さんである。しかし、かつて家族同然に私のお世話をしてくれたので、感謝と尊敬の意を込めてリュウデーと呼んでいる。リュウデーは今年で九十六歳になるが、とても元気である。清明節になると、毎年欠かさず電動三輪車を跨いで自分の実家へ墓参りに行く。中華民国生まれのリュウデーは真偽の見分けがつかない現なまの銀貨を十何枚か持っている。私は中華民国時代のドラマに出る人物を真似て、リュウデーが見せてくれたものを手に持って、ふっと息を吹き付ける。そして、耳の近くに置いたまま、そのけたたましい音を捕まえようとする。しかし、いつもドラマと違うような音がするので、偽物ではないかと思ってしまう。また、私の家に遊びに来ると、かつて上京する途中で出会った秀才のことや、以前の無実やでっち上げの罪が包拯によって廃棄された話などをしてくれる。具体的なストーリーはもう覚えていないが、結局はよく勉強し、立派な人間になれということを教えてくれた。さらに、私を連れて森へ猟に出かけた日のことはまるで昨日のことのように覚えている。結局、どこか家の猫や犬が引っかかっていたり、イタチが捕まったりしていた。残念なことに、野生の兎を捕獲した記憶は一度もない。

そんなリュウデーが引っ越しすることになったことは今でも信じられない。一年中ほとんど帰ってこない彼の養子が突然村に現れ、家を売ろうとしたのだ。リュウデーの行き先はというと、親戚に近いところに買った中古の部屋だそうである。私はリュウデー本人は別に引っ越したくなかったはずだと一方的に思ってしまう。父の話によると、リュウデーは取り壊された屋根のない家に数日住み続けていたという。電動三輪車をのろのろと跨ごうとする姿を想像すると、私は思わず涙が出た。

夏休みはまだなので、私はまだ実家に帰っていない。帰ったとしても、取り壊された建物しか見れないことはわかっている。そしてかつての住人たちもいないだろう。せっかく四十年もかけて出来上がった村は、少しずつ衣魚に蝕まれていくかのようである。実を言うと、彼らはそこを離れたくなかったであろう。自分の親を含め、そこに死ぬまで居ようとしても、いつか引っ越しさせられるだろうと思う。最近、簡易住宅に移り住んだ人が後悔を口にし始めたり、町に住み始めた年寄りがため息をついたりするような話も耳に入ってきた。

私の村よ、私の知っている村人たちよ、昔のままでいいのではないだろうか？　去年の冬休みにリュウデーに会ったのが最後の別れになると思うと、また涙が出た。

（指導教師　桐田知樹）

★二等賞　テーマ「東京二〇二〇大会に、かなえたい私の夢！」

オリンピックと見学

中国人民大学　孫弘毅

　去年ある日、友達が「知ってるか？　東京は二〇二〇年オリンピック大会をやるんだよ」と教えてくれた。「そうだ。二〇二〇年、私はまだ日本に交換留学しているはずだ。その時、日本はきっととても賑やかだなぁ。じゃ、日本各地に見学旅行したらどう？　新幹線に乗って、違う地方の風景や人文状況を見られるし、日本語能力も高められる。どんなにうれしいだろう」「鉄道？　それは旅行じゃなくて、ツアーだけだよ。見学旅行はそんな急がないで、線路に沿った市町村を問わず、深く見るんだよ」「それなら、自転車に乗るのは一番ふさわしいね」と私が言った。「自転車？　あなたは自転車までできないかなぁ」。友達はそう答えた。

　私は黙った。確かにそうだ。私は太っているから、体の協調性がずっと悪かった。しかし、自転車に乗って日本各地に見学旅行をしに行くアイディアがずっと私の頭の中でうろうろしていた。特別な行く先を決めずに、到着した街に何日間か住んで、住民のような生活して、楽しむ。真剣に考えた後、私は東京二〇二〇大会までに自転車を学んで、日本各地に見学旅行することにした。

　子供の時、私は背が高かったので、いつも「こんな高くて、バスケットボールをするか」と聞かれた。しかし、私はその団体スポーツに興味が全然なくて、一人でやる体育項目だけ好きだった。それに加えて、よく映画の中で見た「自転車に乗って世界を周遊する主人公」を尊敬したので、その時から自転車ができるようになりたかった。でも、親は自転車ができないし、家も自転車がなかったし、ずっと学ぶきっかけがなかった。

　大学に入った後、周りの同級生はだいたい皆自転車ができそうだった。ルームメートと一緒に外出しているうちに、彼らはよく私のせいで自転車に乗らなくて歩かされた。いつも恥ずかしかった。友達もよく「そんな太っているのはだめだよ。よく運動しろよ。自転車は一つい鍛える方法だよね」と言った。だから、今度東京二〇二〇大会をきっかけに、私は自転車をきっと習得しようと思った。体も鍛えられるし、外出する間に新しい交通方法もあるし、それから、日本で見学旅行もよくできて、どんなにうれしいだろう。

さらに、自転車で見学するのは体を鍛えるだけでなく、オリンピックの精神にもふさわしい。二〇〇八年、私は周りの人たちがだんだん興奮になって、よく「北京」やら「初めて」やら相談していたのを発見した。「なぜかな」と思ったので、祖母に「最近一体何があっただろう」と聞いた。「まだ知らないの？　今年中国はオリンピックを開催するんだよ」「オリンピック？　それは何か？」「そうだね。オリンピックというのは、四年に一度開催される世界スポーツ大会のことだよ。最初は人間が神様に自分の力と諦めない意志を展示するために設立されたんだ」。祖母はそう答えた。

その時から、私は、頭の中に「オリンピック、またはスポーツが人の自立性を表す」というアイディアを植えこまれた。その自転車で旅行するのも人の自立性と諦めない意志を展示する。一人で自転車に乗って旅行の間にいろんな未知性があるから、自分だけに頼って、どんな危険や問題を問わず、一つ一つを解決して、最後に成功する。それは神様に人間の堅い意志を表すオリンピック精神じゃないか？　神様は私たち人間の生活を決められるけど、私たちはいつでも諦めない、いつでも目標に向かって試す。それがオリンピック精神じゃないか？だから、以前に自分ができなかった技能を習得して、自分だけに頼って日本各地に見学旅行しに行くのもオリンピック精神に合うと思った。

だから、私は東京二〇二〇年大会までに自転車を習得して、日本各地に見学旅行するという夢をかなえたい。体も鍛えられるし、日本各地の風景や風俗も習えるし、それから、最も大事なのはオリンピック精神を自ら実行して、東京二〇二〇大会を盛り上げることだ！

（指導教師　大工原勇人）

★三等賞　テーマ「東京二〇二〇大会に、かなえたい私の夢！」

東京二〇二〇大会にボランティアとして参加したい！

常州大学　陳柯君

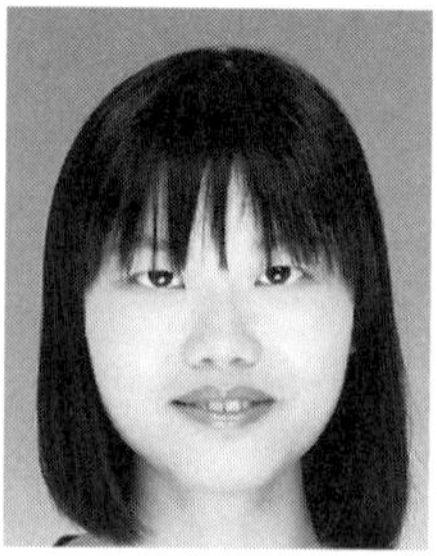

北京オリンピックの時、私は小学四年生だった。テレビで見た選手の情熱と現場の熱気に私は大いに感動した。

平昌オリンピックの時、テレビでボランティアについてのニュースを見た。「平昌で開催されるから韓国語が基本です。語学ができる方がいるとすごく心強い。ボランティアは一回やると楽しいことがたくさんあります」という話は私に強い印象を残した。更に高校の先生は、北京オリンピックのボランティア経験者で、その意義や楽しさを教えてくれた。

私のやりたいことはこれだ！

二〇二〇東京オリンピックはまさに自分の語学能力を活かせる最大のチャンスではないか。私は、中学生の頃から日本語に興味があったので自分で勉強していた。二〇二〇年の時はボランティアとしてこの大会を楽しみたいと決意した。

早速インターネットで東京オリンピックのホームページを見つけた。そして同じボランティアを目指す人達のグループチャットに入った。その中にはリオや他の世界大会でボランティアをした先輩たちもいた。彼らは東京の参加申し込みや面接、各部門の役割について一つ一つ丁寧に教えてくれた。気持ちは高揚したが、交流が深まるにつれて徐々に自分の日本語能力では不十分だと思うようになった。

当時の私の専門の勉強は日本語ではなく、興味も持てず苦痛だった。そこでこの際正しい日本語を取得したいと思い、思い切って転科試験を受けた。両親も応援してくれた。前の専門の勉強もありアルバイトもしていたので、日本語は睡眠時間を削って勉強した。友達は、「そんなに無理をして身体を壊したらたいへんだよ」と心配してくれた。でも私にとってその努力していた毎日は充実していて楽しかった。

日本語学科に転科してすぐ私は大きなチャンスをもらった。市で開催されるバドミントンの世界大会でのボランティアだ。私は、スケジュールの連絡係と日本選手の簡単な通訳だった。選手や審判の方との交流は感激だった。自分の学んでいる日本語を使って人と人を繋ぐことができる喜びを感じた。とてもやりがいのあるボランティアだった。しかし、やはり自分の日本語能力のせいで選手の方に迷惑をかけた。専門用語や選手への配慮ももっと必要だとわかった。もっと日本語をきちんと勉強しなくてはいけない。つくづくそう思った。

日本語学科での勉強も進み益々二〇二〇東京大会へのボランティアへの意欲は高まった。

待ちに待ったボランティアの応募期間がきた。応募用紙を書き初めたが、書けば書くほど難しかった。日本人の先生が丁寧に私の文法や間違いを指導してくれた。さらに、日本人と交流するときの注意点も学んだ。このことを通じて私は異なる国では違う思想があると初めて理解した。

ところがやっと申し込みが終わった後、問題がみつかった。それも運営スタッフからの返事で気がついたのだ。私は面接の希望場所にうっかりして東京を選んでいた。パニックになり急いで運営スタッフにメールを送ったが、慌てたため更に失礼なメールを送ってしまった。大きな失敗だった。返事は来ない。あんなに先生が日本語や日本人との交流について指導してくださったのに、私はそのことを真摯に理解していなかったのだ。うっかりではすまない、自分の責任感の欠如を反省した。

交流というのは単純に相手国の言葉を話すだけでは意味がない、相手国の文化や相手の立場を尊敬してこそ心ある言葉や表現を話すことができる、改めて思い知った。その後もずっと返事が来ないので不安で諦めそうになった時、先生は「陳さん、もう一度心を込めてお詫びのメールを送ろう」と励ましてくれた。

お詫びのメールを送った後、運営スタッフから面接の日時や場所の連絡を待つようにとの返事が届いた。

この応募で学んだことは限りない。私の力は小さいが、世界の人々の心からの交流が深まるよう責任感を持って力を尽くしたい。今日も夢見る、二〇二〇東京オリンピックでボランティアをしている私を。

（指導教師　古田島和美）

★三等賞　テーマ「日中新時代を考える──中国の若者からの提言」

日中新時代を考える

──中国の若者からの提言

湖南大学　宋佳璐

小学生の頃、私は日本についてあまり知りませんでした。ある日、日本から来た親戚が私に日本の絵葉書を一枚くれました。その絵葉書には、当時流行っていたアニメ「ガーディアンスウィートハート」のキャラクターが描かれていました。

中学校に入ると、私は日本語を勉強し始めました。今考えると、中学校で日本語を第一外国語として選んだのは、小学生の時もらったあの絵葉書によって日本文化への興味がわいたからでしょう。それからというもの、私はテキストの端々に隠れている日本文化の姿に目をとめるようになりました。この過程において、日本文化は中国文化と共通するところが多い一方、異なるところもたくさんあることが分かりました。例えば、同じ漢字を使っていますが、中国語の「汤」は日本語のスープと同じ意味で、日本語の「湯」は加熱された水の意味です。また、日本では「九」は「苦」と同じ発音で嫌われていますが、中国で「九」は長生きを意味しているので人々に好まれています。

このように似通っていながらも、中身の異なる文化を持っているためか、中日両国の間には誤解が生じやすいようです。小さい例では上記の「九」の場合のように、中国人と日本人は母国語の影響で相手の使う漢字の意味を正確に理解しかねて、相手の意図するところを曲解してしまうことが時々あります。大きな例をあげれば、一方の伝統がもう一方の国民に挑発行為として受け止められ、大きな摩擦にまでエスカレートすることもあります。もしこのような誤解が解ければ、中日両国はきっとより友好的な関係になるでしょう。

このような希望を抱いて、私は中国と日本の関係がこれからどうすればより発展するかを考え始めました。

作家陳舜臣氏の次のような発言があります。

「日本と中国とが隣人であるのは、与えられた宿命であり、どうしようもない関係である。それに背を向けるのは、どう考えても不自然としかいいようがない。隣人であることが宿命であるなら、より正しい、より深い理解をめざすのが自然であろう」

まさにその通りです。中国と日本が隣人である以上、友好関係を築き、お互いに協力して発展していかなければなりません。この場合、どのようにお互いの誤解を解くのかが肝要な点になってきます。

みなさんご存知の通り『論語』に「子曰く、君子は和して同ぜず」という言葉があります。この言葉が示しているように、人と付き合う際、自分の考え方を相手に押し付けずお互いの相違点を認める態度は、相互理解の前提なのです。自分と異なる相手の特徴を受け入れて初めて、相手の本当の姿が見えてきます。共通点の中の違い、そして違いの中の共通点を見出し、中日間の誤解を解くことは、中日友好を願うすべての人々の努力すべき方向だと思います。

その際に、もっとも効果的な方法は文化交流だと思います。今の中国と日本のあいだには、大学間の交流プロジェクト、民間友好団体の交流活動、政府の外交活動などの様々なレベルの交流があります。文化交流に携わっている人々が、いずれの交流においても「和して同ぜず」の知恵を忘れずに異を残して同につくよう努力すれば、中日関係はきっと明るい未来を迎えるでしょう。これは中日両国のみならず、東アジア、ひいては全世界にとっても望ましいことです。

そして日本語学部の一学生として、私は中日の言語、文化をその深淵まで理解するよう学び続け、自分の学んだところをもって両国の文化的な違いを周りの人々に説明し、お互いの誤解を解消するようつとめていきたいと思います。日本語を専門とする学生は、中日の相互理解を心がけ、日本語の勉強に励み、中日友好を自分の使命に思い、それに力を尽くして初めて本当の意味で中日間の架け橋になります。

みなさん、中日友好を応援してください！

（指導教師　邱春泉、佐藤力哉）

★三等賞　テーマ「東京二〇二〇大会に、かなえたい私の夢！」

私の目で、祖母が日本を見る

華僑大学　劉麗梅

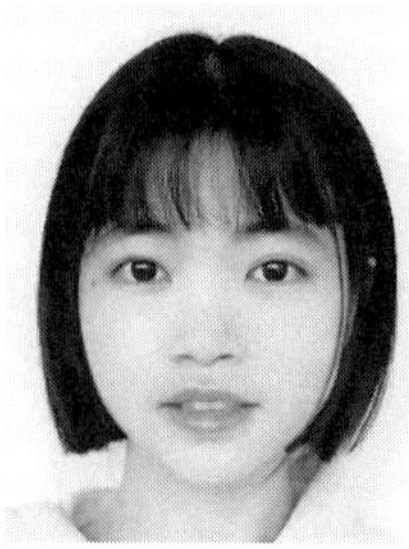

「おばあちゃん、私もオリンピックを見に行きたい」

「はいはい、きっと行けるよ」

「うん、おばあちゃんと一緒だよ。指切りげんまん！」

二〇〇八年、北京オリンピックが行われた。八月八日の夜、小学生の私は祖母と一緒に古いテレビの前に座って開幕式の生放送を待っていた。華やかな場面がテレビに映し出され、「義勇軍行進曲」が流れると、感動と喜びが部屋中に広がった。

子供の頃、両親が仕事のために故郷を離れ、残された私は祖父母と一緒に実家に住んでいた。祖母の愛情に包まれて育った私にとって、祖母はこの世の中で一番親しい人だ。

高校三年の時、私は今の大学の日本語学科に合格した。私が大学に受かったことを一番喜んでくれるのは祖母に違いないと思っていた。しかし、祖母は笑顔を見せてはいるが、どことなく寂しそうに見えた。私が遠くで一人暮らしするのを心配しているのかな？　私はそう思いながら祖母の気持ちを気にしていなかった。

その時の祖母の悩みが初めて分かったのは去年の夏だった。大学で日本に短期留学するチャンスがあり、私は参加したかったから、家族と相談した。しかし、意外なことに祖母は私の留学に反対した。

「日本なんか行くの？　あんな国に行かなくてもいいのに」

なんとなく心配していたことが現実として耳に入ってきた。祖母が日本に対して悪い印象を持っていることを実感し、私は愕然とした。

戦争中に生まれた祖母は日本にどんな印象を持っているのだろうか？　戦争に直面したお年寄りは日本人に対してどんなイメージを持っているのだろうか？　平和な時代を生きている私にはよく分からない。説得しても無駄だと思ったから、私は留学を諦めた。

こんなことがあってから、私と祖母との間には見えない壁ができ、二人の語らいも少なくなっていった。祖母とはもう二度と日本について話すことはないと思っていた。

しかし、私はどうしても日本語学習を諦めたくなかった。日本語を勉強するうちに日本が好きになり、今まで勉強したことを生かして、将来は日本語を使った仕事をしたいと思うようになった。私は大学院で日本語を勉強することを目標に掲げ、冬休みも部屋にこもって受験勉強ばかりしていた。

そんなある日、祖母が珍しく私の部屋を訪ねてきた。「梅ちゃんはずっと頑張っているね。こんな前向きな姿を見て私はうれしいよ。だから、日本に行ってみたら」。祖母の言葉を耳にして、私は頭が真っ白になった。そして次の瞬間、嬉しさがこみあげ、胸がいっぱいになった。

「おばあちゃん、ありがとう!」

祖母は私の気持ちを考えて一歩譲ってくれたのだろう。でも、祖母の日本に対するイメージは変わっていないと思う。実は私も、大学に入る前は日本のことを知らなくて、日本人に対して悪い印象ばかり持っていた。でも、大学で日本語を勉強してから、日本人へのイメージが変わっていった。今まで私が出会った日本人はみんな優しい。そして、日本人の先生も私たちに親切に日本のことを教えてくれた。

今、私には一つの大きな目標がある。それはこの冬に行われる大学院入試に合格して、来年の夏に開催される東京オリンピックを見に行くことだ。今はその目標を達成するために受験勉強を頑張っている。

小さい頃、私と祖母は一緒にオリンピックを見に行くと約束した。しかし、高齢の祖母を東京オリンピックに連れて行くのは無理かもしれない。でも、私は一人でも東京オリンピックを見に行くつもりだ。そして、そこで私が見た東京オリンピックの様子を祖母に伝えてあげたい。自分の目で見た日本社会や自分が感じた日本人のことを祖母に伝えてあげたい。

「おばあちゃん、これが私が見た日本だよ」。一年後、私は祖母にそう言えると信じている。そして、私の話を聞いた祖母が日本に対する印象を変えてくれることを願っている。

（指導教師　井田正道）

★三等賞　テーマ「日中新時代を考える―中国の若者からの提言」

「透明なガラスカバー」を越えて

中南大学　馬　瑞

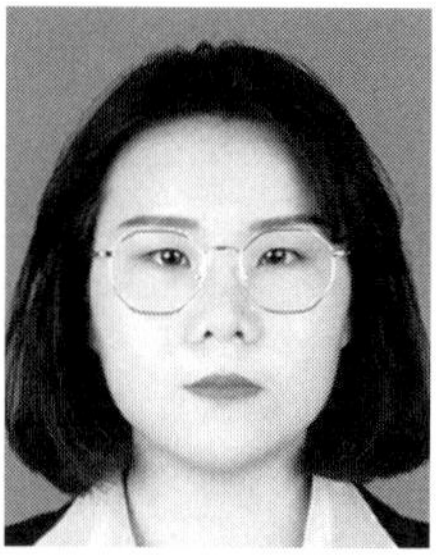

「日本人は、きっと冷たくて、情けがないだろう」

高校卒業の夏。大学入試結果の通知メールが送られてきた。点数が足りず、目指した専攻に落ち、日本語専攻を余儀なくされた私は、コンピューターに向かってそう呟いた。そして、思い切って入学後に専攻を変えようと決意した。くよくよしていた夏が終わり、ようやく大学の入学を迎えた。

オリエンテーションの時、担当の先生が自己紹介をし、日本での留学経験も語ってくれた。先生は、「日本人の先生がすごくやさしくて、よく先生のお宅に招いてもらった」と懐かしがっていた。それは、私にとって、小さな衝撃であった。当時、日本人と言えば、冷たくて近寄りがたいという偏見を持っていたからだ。だが、先生の話を通して、私の心に入ってきた「日本人」、「日本」という言葉は、日中の歴史関係を通り越し、全く違う何かが響いていた。それまでのイメージが「身近に、感覚的に感じる日本」に変化していくような気がした。

それからの私は、前向きに日本語を勉強し、それにつれ日本語が好きになり、日本にも興味を持つようになった。そして、授業を通して、日本文化を勉強したり日本人の先生と付き合ったりしているうちに、以前の私の偏見が次第に薄らいでいった。日本人は私が想像しているのとは違い、優しくて思いやりがあることが明らかになっていった。

グローバル化が進む現代は、情報入手の手軽さ故、さまざまな国と距離が近付いたかのように錯覚してしまう。しかし、実際はそうではない。私が勉強した日本に関することは、知らなければメディアでは見つからない。意識やきっかけがなければ、本当の日本は何も分からない。それはつまり、「透明（メディア）のガラスカバー」に覆われているのだ。向こうが見えているかのように見えて、手を伸ばせば壁があって触れることができなくなっている。意識しなければ、ガラスの存在にすら気付かない。

ある日、日本語の聴解力を高めるため、私は日本のメディアでニュース速報を聞いていた。ただ、ニュースをしっかりと聴くと、その中の中国関連の報道には、多かれ少なかれ偏見が挟まれでいることが感じられた。その報道を耳にしながら、私は、驚きと同時に、疑問が湧いた。「透明なガラス」というものの下で、日本人の若い世代も私と同じように、中国のことを勘違いしているのではないだろうか。

それから数日後、私はネットで日本の学生と話す機会があった。そこで、私は彼女に「中国人或いは中国に対して、どんな印象があるでしょうか」と質問をした。すると、彼女は「中国人は個人主義で、他人への思いやりが足りないようだ」とやんわり答えてくれた。やはり私の予想通りだった。中国も中国人に対してもいろいろな誤解があるものだ。中国と日本という異なる国の間に文化衝突があるのは確かなことである。それゆえお互いに誤解しやすいということは私も十分分かる。だが、人と人との間の意思疎通や、国と国との間の情報交換が不十分であると、両国の関係も深まらないに違いない、と私は思う。

今日、日中両国は、これまで一時的に屈折はあったものの、急速に新しい時代を迎えている。それは両国の人々にとって何よりも望ましいことであろう。そこで日中両国は民間と政府が役割分担を明らかにして、上手な互恵関係を築いていくことが大切だと思う。さらにその延長上に両国の発展のため、よりよい環境を創り出し、より透明なメディアを構築すべきではないかと考える。

私は、この経験から、日本語の通訳者になろうと決めた。「透明のガラス」を超えるため、日中間の真の架け橋の一部分になりたいと思った。自分に何ができるのか、何を伝えられるのか、今はまだわからない。しかし、日本のことも中国のことも、僅かであっても、今とは違うものをよりリアルに伝えたいと思う。

（指導教師　大橋あゆみ）

★三等賞　テーマ「東京二〇二〇大会に、かなえたい私の夢！」

東京二〇二〇大会に、かなえたい私の夢！

広東東軟学院　岑湛嶸

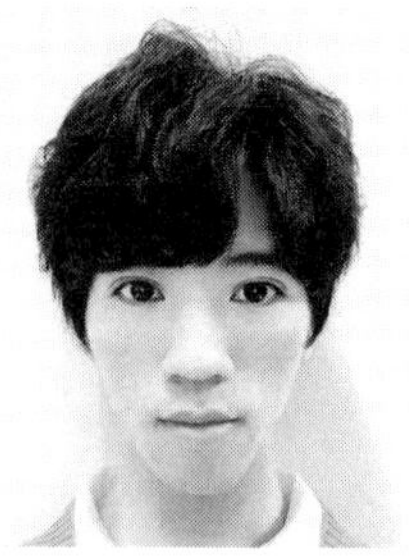

　それぞれの練習所で、アスリート達の汗が雨の如し、それは大会で一瞬でも輝くための努力の汗です。東京は二〇二〇年に、オリンピック大会の舞台となり、世界中の注目の都市となります。それをきっかけに、多くの人が観戦に訪れたり、合わせて日本各地を旅行したりするでしょう。その時、私も東京二〇二〇年の大会開催の波にのって、訪日することを決めています。なぜかというと、私は自分の夢である「日本の大学で中国語を教える」ということを叶えるためのステップのひとつとしたいからです。

　私は現在大学で日本語を専攻しています。そして、最近、地元の塾で小学生に国語を教えるというアルバイトもしています。人に何かを教えるという経験は初めてで、将来、日本の大学で中国語を教えるという夢を持っている私にとって、たいへん貴重な経験だと思っています。

　ある日、「先生、どうして私たちの国語の先生になったのですか」、突然私の教えている生徒にこう聞かれました。私はその時すぐに返答できませんでした。そして、しばらくしてから、現在大学で日本語を学んでいることを話したところ、「ドラマで見たことがある。昔、中国と日本は戦争していた。日本人は乱暴で、怖い」「そうそう僕たち『紅軍』の敵なんだ」。教室は騒然としてしまいました。しかし、よく考えてみると、自分自身も小さい頃、この子供たちと同じ考えを持っていたことに気付かされました。その時、騒いでいる子供たちに英語を教えている先生が「どうしたの？　新しい先生が優しくて、あなたたちは先生を友達だと思ったの？」その一言で、教室は静まり返りました。その後、その先生と話したところ、「あら、日本語学科の学生ですか、日本語は私の大学での選択科目でした。私、日本がとても好きですよ」と。そして、懐かしい友に出会ったように、ふたりで日本のことを幅広く話し合いました。

　小学生と先生、ともに同じ中国人ですが、日本や日本人に対するイメージが正反対で、考え方も違います。私はその理由は「学びと交流によって考え方が変化したのではないか」ということに思いつきました。私は大学に入って以来、日本語の勉強を機に、日本語だけでなく日本の文化、歴史など日本について学び、客観的なイメージを持つようになりました。また一方で、日本人の方の中国に対する情報やイメージも正確でないこともあるようです。もし、ずっとお互いが正確でないイメージを持っていれば、いろんな誤解を招く恐れがあります。私はお互いがお互いのことを話し合い、学びあうことにより、理解が深まっていくのだと思います。そのためには「言葉」という鍵が必要です。よく「言葉は鍵の如し、異国の文化を受け入れる」と言われています。ある意味硬く閉まった両国の門を開けるには「鍵」が必要です。私は、この手でこの「鍵」を渡す存在のひとりになり、将来は日本の大学で中国語を教え、そのことを通して中国文化も伝えたいと思います。私は自分の夢を実現するステップのひとつとして、二〇二〇年の東京オリンピックに行き、私設民間ボランティアとして、言葉で困っている人を助けることをやりたいと考えています。それは、今自分の出来ることであり、大切な経験になると思うからです。

　もし、再び教え子から「なぜ国語を教えているのですか」と聞かれたら、胸を張って、「いつか将来、日本の大学で中国語の先生になれるように、経験を積んでいます」と答えたいです。勉強は一朝一夕のことではなく、生涯をかけてやることだと思います。今、私も練習所のアスリートのように、一歩ずつ、着実に歩んで、自分自身の夢の花を満開にさせられるよう、一生懸命に頑張りたいと思います。


（指導教師　厳文紅、伏見博美）

★三等賞　テーマ「東京二〇二〇大会に、かなえたい私の夢！」

オリンピックで中日関係が一層よくなりますように！

蘭州理工大学　王立雪

「スポーツなんかどうでもいい、興味ない」。これは十年前の私の一言です。生まれつきスポーツが苦手だったから、このような考えは幼稚園の頃からあった気がします。

このような私とは反対に、私の父は熱狂的なスポーツファンでした。北京オリンピック大会があった二〇〇八年は、そんな父にとって特別な一年でした。テレビの前で、ほとんど一つの試合も見逃さずに見ていました。

「オリンピックなんてただの試合じゃん、明日ニュースを見て試合の結果が分かればいいでしょ？」

「違う、結果は二の次で、大会の一番の見どころは選手たちの奮闘ぶりだよ。そして、オリンピックは単なるスポーツ競技会じゃなくて、国と国への友情を築く橋でもあるんだ」

抗議無効、ひき続きオリンピックを見るしかありませんでした。

ある日、ちょうどテレビで卓球の試合が中継されていました。中国の張怡寧選手と日本の福原愛選手の対戦です。父に乗せられて、私もハラハラしながら見ていました。福原選手はいきなり三ゲームを連続で落とし、それも五対十一、二対十一、五対十一と一方的な内容で負けました。

惨敗した福原選手は、なんと笑顔で引き揚げていきました。各国の記者の取材に対して、「開催地は、私にとって結びつきが深い〝第二の母国〟中国です。北京五輪は小さい時からの夢でした。その夢の舞台でチャンピオンとプレーでき、負けはしましたけど満足しています」と答えたのを聞いて、私は驚くと同時に胸を打たれました。

私はもともとオリンピックはただの競技会だとばかり思っていました。しかし、福原選手の話を聞いて、実はそうではないと気づきました。福原選手は五歳で初めて訪れた中国が北京でした。その後、卓球の本場中国で練習し、やがて中日友好の象徴的な存在となり、開会式では旗手も務めました。このようにオリンピックの選手達を通じて、お互いの国に対する親近感が一層深くなるのです。

この年のオリンピック大会の中継を見たことをきっかけに、だんだんスポーツの意義とその精神がわかるようになって、興味が湧いてきました。そして、大学での日本語の勉強がきっかけとなり、日本の魅力を知り、やがて中日の関係が一層よくなってほしいと期待するようになりました。

また、今年の一月三十日、日本体操男子チームは中国体操男子チームと合同練習を行いました。これは中日体操男子チームの歴史上、初の共同練習だそうです。この新聞を読んで、すごく感動したのを覚えています。もともとオリンピックの目的は、スポーツを人間の調和の取れた発展に役立てることだったというではありませんか。でもいつからか、メダルの獲得を目指して競争が激しくなり、試合での不愉快な出来事が中国と日本の関係を悪化させることもありました。このようなことは、東京オリンピックでは決して起きないように望んでいます。

また、観衆としての私たちは選手たちの奮闘に感謝し、メダル、メダルと言わず、もっと純粋な声援を送るべきでしょう。相手に対する憎しみはスポーツには必要ありません。東京オリンピックも選手たちを応援し、その頑張りを讃える大会になって欲しいのです。

そして、二〇二〇年の東京、二〇二二年の北京と夏季と冬季のオリンピックが中日間で続くことは、両国の関係にとってとても良いことだと考えています。この二回のオリンピックの間に中日両国の人の移動は特に多くなり、それと同時に、両国間を移動する人もきっと多くなるでしょう。なので、この機会を、両国の友情をより一層深める契機とするだけではなく、両国の友情を世界に知らせる契機にもしたいと思います。

二〇二〇年の東京、そして、二〇二二年の北京オリンピックはきっと素晴らしいものになる。中日関係も新しい段階に入る。そんな素敵な未来を目指し、日本語を勉強している私も自分の分野で最善を尽くすよう頑張り続けます！

（指導教師　大竹昌平、丹波秀夫）

★三等賞　テーマ「日中新時代を考える―中国の若者からの提言」

共生新時代へ

煙台大学　馮卓楠

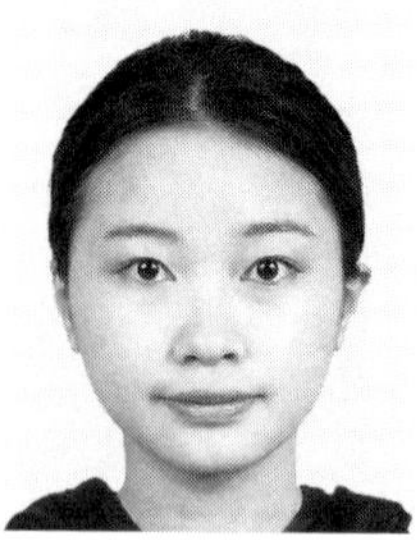

　初めて日本の大地を踏んだのは去年の九月だ。四カ月の短期留学だったが、楽しみと期待でワクワクが止まらなかった。私の目に映った初めての日本は想像通りだった。優しく話しかけてくれたタクシーの運転手さんの笑顔も、黄色い帽子をかぶって遊んでいた園児たちの姿も、澄み切った秋の青空もすべてが美しく輝いているように見えた。一部マスコミの報道とは違って、心が穏やかになれる、癒されるところだった。

　そこで思ったのは中日両国のお互いの誤解だ。実に、中日交流の歴史を辿ると、千年前に遡る。遣唐使、留学生などによって、相手の文化、技術を取り入れ、自分の不足を補う。身をもって体験してからこそ、強い相手がいるからこそ、自分も前へ前へと進むことができるというメッセージを伝えているようだ。お互いに学びながら、一緒に進みながら共生することこそが両国間交流の本質ではないだろうか。

　日本の歴史を見ると、日本は常に先進的文化、技術を取り入れ、自国を見つめ直しながら、ここまで大きく発展して活躍してきた。中国も四十年前から追いかけてきているが、いろいろな面でまだ日本に遅れている。日本にいる時、その差を身をもって体験することができた。例えば、日本の街にはポイ捨てがほとんどなく、ゴミ置き場もいつも綺麗だ。ゴミ捨ても交通も日本人はちゃんとルールを守っている。食品も安全でおいしい。友達に「この裏切り者。日本にも汚いところがあるだろう。交通違反をする人もいるだろう。中国も素敵なところあるだろう」と言われた。間違いなく日本にだって汚い場所や交通違反もあるが、他人の不足ばかり見つけることには何の意味もない。ただ「大丈夫、みんなそうなんだから、私もこのままでいい」というのを言い訳に前へ進もうともしないのはよくない。

もちろん、日本に比べ、中国が勝る面もある。ネットショッピングも出前も中国のほうが種類豊富で、完備され、便利だ。現金を持たず携帯一つでどこへでも行けて、何でも買える。たしかに自国の素晴らしいところを見つけるのは直接的愛国表現になるが、自己満足ばかりするのはただの足踏みで、消極的な愛国だと思う。

そのような消極的愛国者は、中国人だけではなく、実は日本人にもいる。日本にいる時、一人のお爺さんに出会ったことをいまだに忘れられない。その日は、昼でも営業する居酒屋に入って、食事していたところで、「外国の方?」ととなりのお爺さんに話しかけられた。最初は趣味とか日常とかたわいない話だったが、いつの間にか不意に中日比較の話題へと変わってしまった。中国に行ったことがない彼は、「当時世界中のレポートでは皆そう書いていたよ」と、中国がまだ貧乏で治安の悪い国だと思っていた。正直、そこで「違います、今はそうではないです」と反論もできたが、まだ中国に行ったことなくてこう思っている日本人が多いんだと驚いた。その後も、少し気まずかったがいろいろ会話を続けたが、内心は複雑な思いだった。

実は、私も日本に行く前には、日本語学部の学生でいながらも、本当の日本は知らなかった。知っていたのは一部マスコミによって報道された昔の日本だった。いいイメージがなく、とても不安だった。だが、実際に行ってみると、理想とは言えないが、非常に良い国だった。だから、相手を知るには自分の目で確認するのが一番だと思う。

日本で会ったもう一人は中国から帰ったばかりの先生で、授業でアリペイの普及や無人店など中国の驚く進歩を学生たちに伝えていた。この授業は学生たちが本当の中国を知る第一歩になるだろう。

相手の本当の姿を知ろうともせず、排斥するのは前への前進を妨げることにしかならない。お互いに認め合い、お互いに学び合い、お互いに評価し合い、共に進むことこそが中日新時代にあるべき姿だと思う。時代の流れに合った共生をテーマに、一緒に素晴らしい中日絵巻を広げよう。

（指導教師　金花）

★三等賞　テーマ「今こそ伝えよう！　先生、家族、友だちのこと」

また会いたいな

ハルビン理工大学　殷碧唯

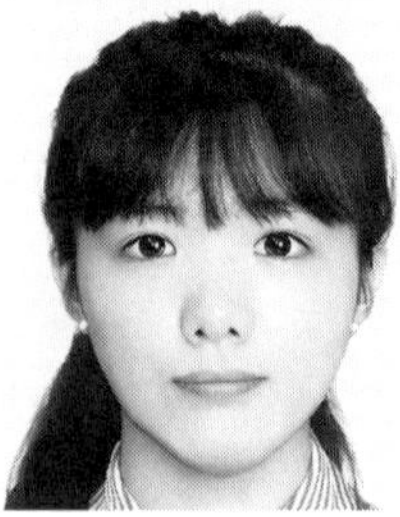

私が高校二年生の時、ベマヤという新疆から来た女の子と、同じクラスになりました。始めて見た時、彼女は肌の色が少し黒く、真っ黒で長い髪をし、いつも頭巾をかぶっていました。顔だちははっきりしていて、耳には金色のピアスをしていました。その時私は、「私と違う」と感じていました。

クラスの中で、ベマヤ一人だけがお弁当を持ってきました。みんなはグループで机を合わせて食べているのに、自分一人だけ前を向いて食べるのは彼女しかいませんでした。私は一人でいるのが嫌いで、休憩時間には仲の良い友達と一緒でしたが、ベマヤは、ずっと一人でいました。

授業が終わってから、彼女はすぐに家に帰り、私たちと話もしませんでした。ベマヤはわが家の近くに住んでいましたが、一人でさっさと行ったり、離れて歩いたりして、みんなと一緒に帰ろうとしませんでした。私にはベマヤの気持ちが全く理解できず、「なんでいつもみんなと帰らないの」ときつく言ってしまいました。するとベマヤは、「なんでみんなは、私にだけ冷たいん？」と言って、走って帰ってしまいました。

その日、私は家に帰り、ベマヤに言われたことを繰返して考えました。「私はベマヤに冷たくしていたのかなあ。冷たくしているつもりはなかったのになあ。でも、私はベマヤをいやな気持ちにさせていたんだ。明日学校であやまらなきゃ」と考えながら、決心しました。次の日、学校に行くとベマヤはもう来ていました。「ベマヤ、きのうはごめんね」と言うと、ベマヤは「いいよ、今日からは、ちゃんとみんなと帰るんだよ」と、やさしく言ってくれました。その後、ベマヤとは前より近づけたような気がしました。私は、もっとベマヤのことを知り、仲良くなりたいと思いました。そこで、私は今までずっと疑問に思っていたことを聞いてみました。すると、お弁当を持ってきていたのは、豚肉を食べてはいけないという宗教上のきまりがあるからだということがやっとわかるようになりました。

彼女との付き合いに伴い、彼女についてのことももっと知るようになりました。宗教を信仰することは彼女の生活の一部で、家族全員が豚肉を食べないと言いました。そして、ベマヤは私と違って、家族が多いので、正月になると、とても賑やかだそうです。また、彼女のお兄さんは少数民族舞踊家で、少数民族文化を提唱する宣伝者でした。お兄さんに影響され、彼女も民族の融合を促進する文化的な働き者になりたいと言いました。どのように新しい世代の夢を実現させるのかというような、私たちは相手に知ってもらいたいことがたくさんありました。余暇があると、二人でずっとずっと楽しそうに雑談をして、お互いに相手の心の中に入ったような気がしました。

やがて、夏、ベマヤは新疆に帰って行きました。

私は、ベマヤと出会って別れるまでのいろいろな出来事を、思い返してみました。ベマヤが、私達を冷たいと感じたのは、もしかしたら、私が最初に感じた「私と違う」という気持ちのためかもしれません。その思いが、知らず知らずのうちに、ベマヤを寄せつけない雰囲気を作っていたのかもしれません。一人だけお弁当を持ってきたことからも「違う」という印象を持ってしまいました。でも、それは生活の習慣が違うからだったのに……。

習慣の違いから、自分でも気づかないうちに、変わったものを見るような気持ちになっていました。疑問をぶつけてみて、自分の誤解やあやまちに気づきました。わかりあってみると、ベマヤも私も同じでしょう。心がつながった時のうれしさは、たとえようもありません。生活習慣に対する差別は、相手を理解しようとしないために生まれるのではないでしょうか。そして、相手を理解しようとする努力は、相手を大切に思う気持ちから生み出されるのではないでしょうか。

ベマヤ、大切なことに気付かせてくれてありがとう。

いつか私たちの再会を楽しみにしています。

（指導教師　許霄翔）

★三等賞　テーマ「日中新時代を考える――中国の若者からの提言」

現在はいつも最高の時代

中国人民大学　王代望

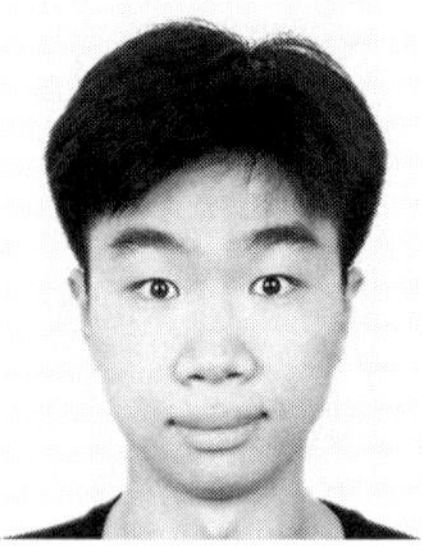

　去年の十一月に、私は一人で関西を旅行した。大阪に到着した一晩目、心斎橋の辺で、あるフィリピンの女の子と出会った。私達は二人で道頓堀の小路を散策した。途中で灯飾りの煌めく出世地蔵尊のお寺に寄り、大量の漢字に囲まれた彼女は困惑の表情で、私にそれらの意味を聞いた。私は下手な英語にあまり自信を持っていなかったが、奈良と京都のお寺めぐりが終わったばかりなので、新鮮な漁獲を売りたいような気持ちで、地蔵信仰の由来と出世する為の祈願ということを、カトリック教の文化に薫陶され育てられた彼女に説明し、更に中国と日本の仏教文化が同根だと簡単に紹介した。「だから中日両国の民衆は漢字に詳しく、頻りに交流しているだろうか」と彼女はそう言った。私は一応「イエース」と答えた。

　彼女だけでなく、ヨーロッパ出身の知り合いも同様、所謂アウトサイダーから見れば、中日両国民は漢字を始め、礼儀や哲学なども共通しているからこそ、相互に共感するのが容易に思われるようだ。しかし、両国の間に不愉快な時代が確実に存在したことは見落とせない。盛んな交流が実現されている中日友好の現在においては、そういった文化的共通点よりも、一層大切なものが有るような気がする。私は心の中に不完全な答えを残してしまった。

　冬休みになり、今度は北九州を旅行した。二月二日、一人で糸島半島へ出発した。冬に出航を停止したため、芥屋の大門が寂しそうに聳え立っていた。心が白けてしまうところであった際、偶然ほかの三人と出逢った。程なく打ち解け、私は思いかけず、九州大学の教授夫婦と中国出身の短期訪問の女性博士の間の一時的な通訳担当となった。そして三人の道連れと共に櫻井神社と夫婦岩を拝観に行こうとした。実は糸島の路線バスはやや不便で、一時間に一本だけのバスを待たざるを得ない。幸いに教授夫婦の車に乗らせてもらい、「待合地獄」から救われて感動して止まなかった。告別の時、「また夏の日に九州に来てね、海も山も今より綺麗だよ」と奥さんは微笑んで言ってくれた。

元々の孤独な旅程で突然誰かと親切に話し合えば、至福の瞬間だといっても過言ではないだろう。昔は全く見知らず、これから再会できるか否かも知れなかったのを気にせず、僅かな何時間かに、返報を求めない善意で、この外国人の私を招待してくれた。今でも感謝の意を申し上げたい。この温かい思い出を通して「一期一会」という人間の情けがこの身に染みたのだ。それが私の中に残っていた不完全な答えを補完した。友好の長路に必要なのは何より、民衆が持つ純朴な善意であろう。

何処かから聞いたこのモットーのような話、「現在はいつも最高の時代」と。中日関係に対し、これも適切だと思う。何故なら、平和世代の両国民は長年積んだ善意をいつも持っているからだ。

学生寮の隣室の重慶出身の仲間は好きなアニメを観たのを機会に、五十音図を勉強し始め、今は発音と筆順に頑張っている。身の周りにはこのような日本文化に興味を持ち、自ら日本語を学んでいる友達がいつも何人かいる。東京・立川の中華料理屋で一緒に生ビールを飲んでいた、奥さんが中国人のおじさんは、私に中国事情を色々と問いかけていた。交際し合った日本人にも中国の高速発展に驚嘆し、大陸ならではの民族気質を褒めてくれる人がいつも何人かいる。

現在の最高の時代を境に、善意を最大限に未来の新たな中日関係に注ぎ込もうとするべきではないか。お互いへの善意こそ、旅行、留学、就職、結婚などを通して、隣国の生活や文化から価値観まで理解することを進めるであろう。代々の老若男女は心を込め、海を越え、隣国への憧れを美しい記憶に替えつつある。それ故、両国民の絆がいつも強くなっている。先人が開拓してくれた中日友好の道を、若者の私どもは狭めることなく、より広く切り拓いていこうと私はいつも考えている。

（指導教師　大工原勇人）

★三等賞　テーマ「日中新時代を考える―中国の若者からの提言」

水玉

中国人民大学　方琳婷

小さい頃、外へ行くと軒並みにいろんな氷の角が見えた。しかし、面白かったのは、その真下の氷に覆われた地面には一つの小さい穴があって、上の氷から流れ落ちた水玉がちょうどその穴に入ったことだった。その当時はあまり気にしなかったが高校の時、滝の高いところから流れ落ちる水が下の石を貫いた映像を見て、以前見た氷を打った水玉の力に感心した。

その当時の中日関係は尖閣諸島の問題で氷のように冷たかった。民間ではお互いの商品を買わなかったり、デモをして激しい言葉を使ったりした。政府も互いに被害を与えた。今はその時よりましだが、依然そんなにいいとは思わない。その中で二〇二〇年には東京オリンピックが開かれる。多くの日本人はこれは世界との交流を増やして人気を得るいい機会と思っているようだ。

日本語学科の学生として、私はこのニュースを聞いた時、うれしいながら心配もあった。歴史問題や領土問題、ステレオタイプなどで日本人を好きではない中国人は結構いたからだ。しかし、それだけではなく私みたいに中日関係改善に貢献したい心はあるが、それを行動に変える勇気がない人が多いのも一つの原因だと思う。

一年生の時、私は髪を切るために行ったがそこの店員さんは日本人は大嫌いだし、彼らの言葉や文化などが理解できなくておかしいと言うのを聞いた。しかし、私は心の中にはもう少し調べたらそんな偏見は持たないと思ったが、ただ笑っていただけで何も言えなかった。今思うとその当時の弱気に恥ずかしさしか感じない。

それに比べて毎年、中国人民大学にいらっしゃる中日友好交流団と日本人留学生の皆さんは私に大きい影響を与えてくれた。きれいに着せてくださった浴衣、可愛いお菓子と美味しい抹茶、そして、季節に合った生け花、交流団が教えてくださった茶道華道を通して私は、日本について知ってほしいという彼らの望みを知ることになった。また、毎週大学で行われている中国人学生と日本人留学生との交流会は日本人の友達を作るいい機会であった。実際、留学生と話すと彼らの考え方を知ることができ、ステレオタイプなどを破って、日本概況の授業で大工原先生が教えてくださった「印象から知識へ」という変換をよく果たした。

今の社会で人々は互いに影響し合いながら暮らしている。なので、一人の力は限られているがその影響を受けて集まった集団の力は大きくてやれることも多いのである。中日友好交流団の皆様の長年の努力は日本語学科の学生だけでなく活動に参加する他の学科の学生もステレオタイプを破って真の日本についての理解を深めた。水玉一つでは硬い氷は貫けない、しかし、その水玉が積み重ねて落ちるといつかは氷を貫けると決まっている。水玉一つを一人とすると積み重ねた水玉は大勢の人の力である。私は中国と日本が友好関係になるにはこれと同じように長い時間をかけて自ら周りの人々に日本に対するステレオタイプを崩して本当の日本を教えるべきだと思う。今年韓国と（北）朝鮮の関係がよくなっているのは平昌オリンピックだけではなく、長年の互いの努力があったからである。

韓国ではいつも朝鮮のことに関心があって、よく朝鮮についてのニュースやドキュメンタリーなどを放送して朝鮮の状況を紹介していた。そして、朝鮮政府もよく韓国に電話などで交流を続けていた。一回の交流で両国関係がよくなるのではないが、数多くの交流とオリンピックというきっかけが両国の友好に与えた影響は無視できることではないのである。

東京オリンピックはあと一年足らずだが、一人ひとりが自分のいる場所で自分の身の周りのことから努力すれば、国の関係を完全に良くするのはできなくても、その目標に向かってもうちょっと近づけるのではないかと思っている。

水玉も集まれば氷だけでなく石を貫ける。ならば、まず私たちから努力をしてもっと多くの人々の日本に対するステレオタイプを変えれば長年の中日の間の壁も破れるのはないか。

（指導教師　大工原勇人）

★三等賞　テーマ「東京二〇二〇大会に、かなえたい私の夢！」

本当のオリンピック精神とは

電子科技大学　王遠帆

　中国の学生に「八百、千」という数字を言うと、多くの学生はある暗いことを思い出す。それは、小学校から体育の授業でやる八百メートルと千メートルの試験のことだ。この試験に合格するために、毎日先生に追われてランニングさせられるのが、ほぼ全ての学生の思い出だ。息が切れるほど走らされるので、運動が苦手な人達にとって、スポーツは学生時代の悪夢になっている。勉強が忙しくて運動を楽しむ暇がないのも一つの原因だが、大学に入る前、私は運動にはほとんど興味がなかった。それだけでなく、ランニング試験のせいで、私はランニングを恐れてもいたのだ。息が切れるのが嫌だ。友達とグラウンドで競技するのも嫌だ。それに、生まれつきの体質で、いくら練習しても他人を追い抜けないという挫折感も辛かったのだ。その時の私は、アスリート達が追い求めているオリンピック精神が理解できなかった。つまり、「より高く、より速く、より強く」というスローガンの中で省略された比較対象は絶対、「他人」のことだと思っていた。オリンピック精神というのは、他人より高く、速く、強くなることだと私は考えていた。

　でも、ある人が私の考えを変えた。羽生結弦だ。去年、羽生選手の試合の動画がネットで人気になった。私は彼の優れた技術と素敵な演技と漫画の主人公のような姿に目を奪われた。一体どんな人なんだろう。彼のことを知れば知るほど、見かけより内面にこそ注目し、尊敬すべき人だと思うようになった。

　羽生選手は子供の頃からスケートが好きだった。しかし、立派なアスリートになるには、壮健な体が必要なのだ。が、私が調べたところによると、羽生選手は生まれてから喘息持ちなので、プロの厳しさで練習するのはおろか、日常生活でさえ喘息に影響される恐れがある。でも、彼はスケートを諦めずに生理的な障害を克服し、一回一回リンクに上がって自分の目標を目指していた。時間がたつにつれて、彼の経験が豊富になって、「オリンピックに出て優勝したい」という気持ちが強くなってきた。彼は絶えず自分の限界に挑戦し、世界に注目される頂点にも何回も達した。二〇一八年二月、彼は平昌オリンピックの男子シングルで六十六年ぶりの二連覇を遂げて、十五回も世界記録を更新したという。では、彼は夢を果たしたのか。ある程度は叶えたと私は思うが、彼の夢は果てがない夢だともいえるだろう。目の前にある挑戦は全て過去の自分との戦いだから、過去の自分に勝つことこそが、本当の勝ちだと言えるだろう。

オリンピック精神とは、一体何なのか。羽生選手に出会った後、私はその問題について考え直した。

オリンピック精神は、永遠に諦めないこと、そして、過去の自分に勝って前に進むことだ。

北方出身の私は南方へ来てから、環境に慣れなくてストレスが溜まってしまい、体の調子がどんどん悪くなってきた。病気になって初めて運動の重要性を意識した。ランニングを通じてストレスを解消して免疫力を上げたかったので、毎日五キロを走ることにした。始めたばかりの時は非常に辛かった。運動不足のせいで、息が切れがちだった。その時、私の頭には諦めたいという考えがよく浮かんだが、羽生選手の姿を思い出すと、喘息持ちにもできることなのに、どうして私ができないのかと思うようになって、体に力が満ち、また走れるという気がした。「永遠に諦めない」というオリンピック精神が私を支えてくれていると私は感じた。そして、前に踏み出すと、より速く走りたいという気持ちから、過去の自分に勝つという積極的な精神も少し分かるようになった。

羽生選手のおかげで、私は本当のオリンピック精神を理解した。永遠に諦めない、自分に勝ち、頂上を目指して頑張る。これからも、そういう精神で生きて行きたいと思う。苦境に陥っても息が切れても、困難を乗り越えて自己ベストを目指したいのだ。

（指導教師　池田健太郎）

★三等賞　テーマ「今こそ伝えよう！　先生、家族、友だちのこと」

オレンジ色の記憶

東北育才外国語学校　金祉妤

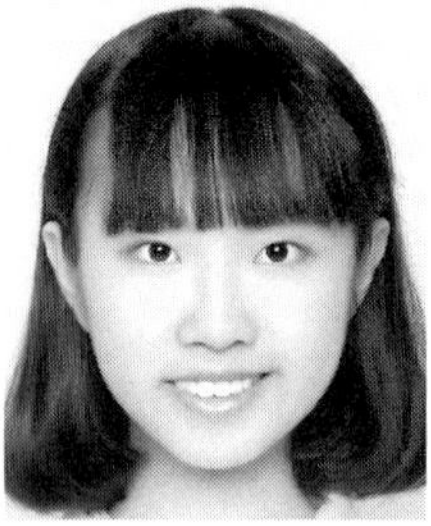

三十四歳になった先生がいる。それは、以前私に日本語を教えてくれた先生だった。先生が一番好きな色はオレンジ色だ。性格もオレンジ色の象徴と同じようにいつでも青春のような情熱を持っている。私は沢山の事を記憶していて、昔の事も思い出した。

先生に初めて会った時、暖かいオレンジ色の着物と伝統的な下駄を履き、髪を後ろに束ねた先生の姿はクラスメート全員の目を引きつけた。当時、いったい何を学んだのか覚えていなく元々は退屈な授業だったのだが、綺麗なオレンジ色を見た途端、真面目な授業に変わりクラス全員が活発になった。微笑みながら先生は心に染み込んだ情熱で、文化と風習が満ちている日本の門を開けた。

先生は日本に対する恋しい思いが強く、毎年一回は富士山に登り私達のために富士山の美しい景色を撮影してくれた。その景色の中にはいつも先生の暖かいオレンジ色の姿があった。先生が一番好きな食べ物は抹茶ケーキと言い「抹茶の故郷は日本だ。抹茶ケーキを食べると日本に来た気がする」と何度も言っていた。ある時、私達に抹茶ケーキを作ってくれたのを今でも覚えている。抹茶のきれいな緑色や淡い香りは私を優雅な日本の都にいるような気持ちにさせてくれた。私達は先生のおすすめの「ビリギャル」「ＳＰＥＣ」などの映画も見た。先生の呼びかけで私達は毎年校庭にある桜の木の下で、写真を撮った。何時の間にか先生は私達に「日本の少女」というニックネームで呼ばれていた。

先生に対する愛は変わらないが、それでも私の日本語の成績は変わらず怠けたままだ。私はいつも「ミスは一時的なものだ」と自分に言い聞かせるが、連続でミスをした時は自信が無くなってしまった。

ある冬の夕暮れ時、夕日が淡いブルーの空をオレンジ色で染めた。私は良くない日本語の成績をじっと見つめ大声で泣いたのを覚えている。先生はそっと隣に来て私と肩を並べながら座り、私が静かになるのを待ち、着物を試してみたいかと聞いてきた。

先生は「若い頃、勉強が嫌いで、毎日おしゃれをしていて、成績がずっと最悪で、未来にも期待していなかった」という話をしてくれた。私はそれを聞いてすごく驚き、目が大きく開いた。「前にすすめた『ビリギャル』という日本の映画は私の学生時代に似ているのでぜひ見なさい」と私に言い、先生が私の着物のひもを結びながら「プレッシャーはあなたが成功する自信があるから感じるんだよ！　オレンジ色は自信の色だ。ほら、なんてきれいな子だ」と私に言った。

映画を見た時、「プレッシャーはあなたが成功する自信があるから感じる」という台詞をとくに気にしていなかったが、その日オレンジ色の着物を着た私は冬の寒さが太陽の暖かさのような気持ちにさせてくれて、さらに日本語を勉強する情熱が徹底的にかき立てられた。先生は「勉強は富士山に登るのと同じくらい苦労する過程がある。でも、成功すればモチベーションが上がる」と言った。先生の黙々とした励ましも泉のように私に自信を与え、再び頑張れるように私の未来に対する憧れを奮い立たせた。

夕日の鮮やかな色が徐々に消えていき空に残っていたのは淡いオレンジ色だけだった。それは夕日の色彩で私達二人にとって特別な色になった。

先生は母のように優しいお言葉で私に暖かみを与えてくれ、親友のように信頼と理解を与えてくれた。私の人生の中での「あかり」、日本語を愛した原動力の「源」、人生の門を開いてくれた「使者」である先生に心の底から「本当にありがとうございました」と言いたい。

「夕日の美しさ」「オレンジ色の微笑み」、これらは大切で忘れられないオレンジ色の記憶として私の心の底にしまった。

（指導教師　南由希子）

★三等賞　テーマ「日中新時代を考える―中国の若者からの提言」

自分の目で確かめよう

上海師範大学　李依格

「将来、日本へ留学に行きたいんだけど……」と、高校生時代の私は父と食事をしている時に何気なくこう切り出した。

「日本へ？　何を考えているんだ？　歴史を忘れたのかい？」と、父は箸を置いて断固反対の表情で答えた。

私は小さい頃から「日本人はみな悪い人間だよ」と、周りの人々に教えられて育った。当時、歴史や現代の日本のことがよく分からなかったため、私はいつも無意識的に「日本人は悪い人間だ」というレッテルを貼っていたのである。

しかし中学時代のある日、私は偶然日本のアニメを見た。その中で描かれていた正義感に溢れたキャラクターに魅了されると同時に、その時まで確信していた「日本人は悪い人間だ」という考え方が動揺し始めた。日本人は果たして周りの人々の言っていたとおりの人間なのだろうか。私は、こうした大きな疑問を持ちながら日本のことを積極的に勉強し始めた。

それがきっかけとなって、私は日本という国、日本人という人間に興味を持つようになった。勉強すればするほど好きになるとは思いも寄らなかった。大学に入る時、私は周りの反対に押され、日本語科に入らずに他の専攻を選んだものの、どうしても日本のことを知りたくて仕方がなかったため、余暇を利用して日本のアニメやドラマを見たり日本語のラジオを聞いたりして、日本に対する知識を深めていった。にもかかわらず、日本や日本人の良さを親戚たちに話しても、いつも「それはテレビで見た日本人に過ぎないのだ」と言われてしまい、理解されなかった。

去年の夏、私は大学のプログラムに参加する機会を得て、はじめて日本に行った。一週間を楽しく過ごして、日本人の学生とコミュニケーションをしながら、日本人は一体どんな人間なのかを実際に体感してみた。日本人は中国に興味がないかと思いきや、中国や中国文化に関していろいろ聞かれて、中国人である私が返答できない質問さえあったのである。日本語能力の不足はその原因の一つだったかもしれないが、聞かれた概念そのものが分からないことも多かった。その「中国のことを、もっと知りたい！」という表情を見て、私は自国の文化に対する理解がかなり不足しているなあと痛感した。

プログラムが終わった後、私は小躍りするように実家に帰って、父に自分が体験したことを話した。意外なことに父は、頻りに頷いて微笑みながら聞いてくれた。

「楽しそうじゃないか」と、父が嬉しそうに言った時、私は「えっ、日本のことに興味なかったんじゃないの？」とびっくりした。すると、「もっと聞きたいねえ。君の実体験の話だから」と父は答えた。

その時、私は思った。人間の考え方を変える最も良い方法は、自分の目で確かめてもらうことなのだと。日本に行く前に日本や日本人の良さを話した際には、父は無関心の表情で聞いてもくれなかったのに、今回私の実感したことを話すと、理解してくれた。もし父を日本に連れていって、今の美しい日本、あの有名な「平和憲法」を持つ日本を見せてあげたら、父は日本への見方を改めてくれるかもしれない。

無論、歴史は忘れてはいけないものである。しかし、人間の考え方が変化しているのと同じように、国家もまた変化している。また、日本人を一概に論じるべきではない。そもそも、「〇〇人は××だ」という言い方自体も正しくない。私たちは、歴史と現在を混同しながら盲目的に結論を下すべきではなく、新時代に生きている人間のあるべき姿で自分の目で確かめてから冷静に判断し、正しい答えを探すべきだと思う。

残念なことに、私は結局日本へ留学に行かなかった。そして日本に悪い印象を持っている周りの人々も未だに多く、何も変わっていないように見える。しかし父の態度は少しずつ変化している。それは、中国人全体から見れば取るに足りないことかもしれないが、身近に確実に感じ取れる変化として存在していると思うと、なによりも嬉しいことである。たった一人でも構わないから、色眼鏡を掛けて日本人のことを見ている中国人に本当の日本を確かめて欲しい。

（指導教師　劉峰）

★三等賞　テーマ「日中新時代を考える—中国の若者からの提言」

先ず私から変わらなきゃ

江西農業大学南昌商学院　呉寧瑜

現在、私は上海の貿易会社で実習をしている。ひょんなことから日本人の彼氏ができた。しかし、うちの両親は保守的だから、日本人の彼氏ができたなんて知らせたら絶対に反対されるだろう。今は彼氏の件は家族には内緒である。

付き合う前は、育った環境の違いからうまくやっていけるのかどうか心配だった。しかし、いざ付き合ってみても大した問題は感じなかった。言葉は通じるし、彼も私に一生懸命合わせてくれているのでとても付き合いやすい。至って私達中国人と変わらない。

先月、一緒にユニクロに服を買いに行った。私は何着か服を選び試着室に入って試着している間、彼は外で待っていた。入ってから間もなくして外が騒がしくなった。大声の主が何を叫んでいるのか私は聞き耳を立てた。

「うちの夫にこのサイズは合わないから、他のサイズと交換してって言ってるの」。どうやら一人の女性客が、何度か着て洗濯済みの服と別サイズの新品の服との交換を求めているようだった。そして、交換できないと分かると誠心誠意対応する店員に対して、「ユニクロの社長は日本一のお金持ちなんでしょう。なぜ中国人から金をむしり取るの？　どうして私達中国人が日本人からいじめられなきゃいけないの？　あなたもその手先なの？」と怒りをぶつけている。

大声で叫んでいる女性客の発言に私は呆れた。もうこんなやり取りを聞きたくないので試着もせず試着室を出た。外で彼氏は何の騒ぎかと、きょとんとしていた。幸い彼氏は中国語がまだ上手ではないので良かった。こんなことは聞かれたくない。「似合わなかった。今日は服はいいよ、食べに行こう」と私は彼の手を引いて店を出た。そして、近くのファーストフード店に入った。

「あの……さっきのことだけど、日本人は決して中国人をいじめたいというつもりはないと思うよ。あのおばさんが言っていたのを信じないでほしい」。彼は真剣に釈明しているようだった。先程のやり取りを聞き取れていたのだ。「でも、本当でしょう」。私は彼をちょっと困らせてやろうと、わざと意地悪く言ってみた。すると「だって、さっきのおばさんは変なプライドや先入観だけで物事を判断しているだけだよ。もし、ユニクロが中国の企業だったら、あんな筋の通らない文句は言わないだろう。いやいや、別に俺は中国人に文句を言ってるわけじゃないよ。ただ、いつになったら日本は中国人に本当に心から認めてもらえるのかって言ってるだけで、俺は……」「分かった、分かった」。私は彼の話を遮った。「だって、私も日本語学科というだけで、色眼鏡で見られたことが何度もあるのよ。どれだけ両者の誤解が深いのかは、私もちゃんと感じてる」

それから、私達はどうしたら日中関係がよくなるか話し合った。さも自分達が両国のリーダーになったつもりで両国の関係について考えた。

今年は日中国交正常化四十七年目だ。人間に例えたら金婚式も間近だ。正常化当初は両国の関係は模範夫婦のようだったと思う。現在も円満かと言えばそうではない。むしろ今は合コン時の男女に戻ってしまったかのようだ。互いに意識しあってはいるが、良い部分も悪い部分も直視できず、また勝手に相手を良いふうにも悪いふうにも考えている。過去の遍歴なんて言わずもがなだ。

私達二人の結論が出た。日本も中国も互いに相手の国に対する先入観を取り払わなければならない。変なプライドや先入観は捨てて本当の姿を見てもらう。それから互いを判断し合えばいいのだ。きっと最初は周りから訝しがられたり、罵られたりするかもしれない。でも恐れず、目をそらさず、続けていかなければならないのだ。

そうか。彼氏が日本人だということに引け目を感じていたのは実は私自身だ。本当に日本との良好な関係を望むなら、家族や親戚に日本人の彼氏のことを内緒にするのはおかしい。先ず、最初に私が変わらなきゃ何も始まらない。よし、次の春節休みに彼氏を家族や親戚に紹介しよう。

（指導教師　森本卓也）

★三等賞　テーマ「東京二〇二〇大会に、かなえたい私の夢！」

オリンピック精神と私

浙江外国語学院　汪雨欣

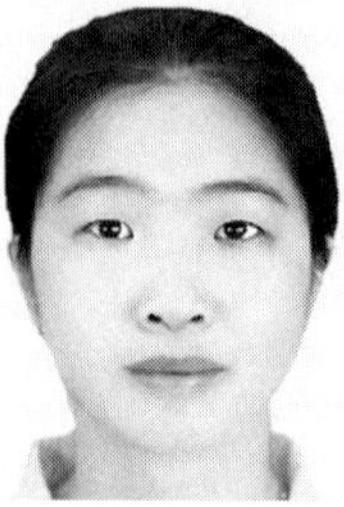

大学一年生の夏休みのある夜、テレビから「オリンピック大会のボランティア募集は九月から始まる予定です」というニュースが流れてきた。それを聞いて、私は不思議な縁を感じた。日本語科の学生として前から日本へ見学に行きたかった。もしオリンピックのボランティアになれば、大会のために力を尽くせるし、日本との結び付きも深められるし、まさに一石二鳥だ。

そう思って、私はわくわくして顔を上げた。

そばにいた父は、私の心を見抜いたように、「チャレンジしてみれば」と言ってくれた。父の応援の言葉が嬉しかったのに、口では「そんなふうに気軽に言わないでよ」と返事した。しかし一方では、早速検索エンジンを開いて調べ始めた。

「活動期間中に、日本国籍又は日本に滞在する在留資格を有する方」と書いてあった。

残念なことに、こうして近距離で東京オリンピックに接する夢はわずか数分で儚く消えた。

いや、それでも何かしたい。でも、何をすればいい？　試合の入場券を購入して選手たちを応援に行く？　いや、ほかに何かできないかな。より繋がりの深い何かを。

ふと、高校時代に母と公益活動の為に三十キロも歩いたことを思い出した。三十キロとは一体どの程度の距離なのか実感がまったく湧かなかったのに、好奇心に突き動かされて参加しようと決めた。

朝八時、柔らかい日差しと澄んだ空気に包まれて、私は元気いっぱいで先頭を歩き、「さすが若者だなあ」と褒められてうきうきしていた。だが、歩いているうちにびっしょりと汗をかいて、足取りもだんだん重くなってきた。そろそろ十一時になるところだった。

「頑張って！　残りたった十五キロだよ！」。通りかかった人が私に話しかけてきた。

「えっ、うそでしょ?」。三時間も歩いたのに、まだ半分の道のり?

ショックを受けたためか、スピードは落ちる一方だった。私の様子に気付いた母は、「疲れたね。ちょっと休みましょう」と声をかけてくれた。私は力が抜けたようにぺたりと座って、スナック菓子をがつがつと食べ始めた。

青い空、金色の砂浜、太陽の光でキラキラ光る波、その時はじめて周りの風景に気付いて、うっとりと見惚れた。休憩後、再出発してからは、もっとゆっくりしたペースで、時間も距離も気にせずに周りの景色だけを見るように心掛けた。

道側で赤いイチゴを売っているお婆さん、村で砂遊びしている子供たち、川で洗濯している婦人、じっと釣りをしているおじさん。暗いトンネルを通った時は、自動車やトラックが来るたび、ごろごろと怖い轟音が響いていた。木の下を通ると、風で木の葉がサラサラと鳴っていた。

そして、ゴールインした。

すべてが新しく、かつてない体験だった。

今振り返ってみれば、それが真のスポーツ精神ではないだろうかと思う。勝負の結果を考えずにその過程を楽しむのだ。勝負は日々の努力のいかんにかかっている。試合では持っている実力が全部発揮できれば十分だ。試合に入ったら、勝ち負けを忘れて一心不乱に熱中して楽しむことこそが真の実力を発揮するために必要なことではないだろうか。スポーツを通して、辛さや嬉しさや苦しさや諦めたいけれど最後まで粘るという複雑な気持ちを味わえた瞬間こそ、また自分の長所と短所を思い知らされた瞬間こそが真のスポーツ精神を学べた時だと言えるのではないだろうか。このことに気付いた私は、オリンピック選手の気持ちが少し分かった気がして、一種の充実感、幸福感に満ちていた。

そう、東京二〇二〇大会に叶えたい私の夢はもう一度三十キロを歩くことだ。スポーツを楽しみ、身近な風景を探し出し、複雑な気持ちを体験するのだ。選手と同じ気持ちを持ち、同じ風景を見、同じ汗をかき、同じ疲れに耐え、そして同じゴールを目指すのだ。やることは違うにしても、みなオリンピック精神に通ずるのだ。

(指導教師　田鴻儒、水野洋子)

★三等賞　テーマ「日中新時代を考える―中国の若者からの提言」

「ギャップ萌」の上司

江西農業大学南昌商学院　陳　安

「日本に行ってみよう」

大学に入ってから、日本語、日本文化、日本人の考え方や生活習慣など日本に関する様々なことを勉強してきた。それで、本当の日本とは一体どんな所なのか実際にこの目で見てやろうと思い、私は二年生の夏に三カ月間の日本への実習に参加した。私の配属先は長野県のリゾートホテル内のレストランだった。日本で労働体験と生活体験ができるのかと思うと心が躍った。

初めて日本に降り立った日、見るもの全てが新鮮に映った。労働実習最初の日、実習生の教育係の藤原さんはとても優しく教えてくれた。接客での敬語やテーブルセッティング、手際良く食器を回収する方法の他に、働く者としての心構えもだ。業務が終わった後、よくレストランの余ったスイーツを私達実習生にくれた。明るく親切で接しやすい藤原さんは年の近い親戚のお兄さんのような存在に思えた。台湾出身のスター、周傑倫に少し似ていてかっこいい。

ある朝、目覚めた私は時計を見て、驚いてベッドから飛び起きた。「やばい。六時だ！　遅刻だ！」どうして目覚まし時計が鳴らなかったのだろう。六時出勤なのに。そして、私がホールに着いた時には出勤予定時刻を四十分も過ぎていた。少し心配したが、いつもの優しい上司なら、そんなに厳しく怒られることはないだろうと高をくくっていた。私はいつも通りにホールに出て、与えられた自分の業務をこなした。その日の業務が終わってお客さんが全員去った後、藤原さんが小走りで私の所にやってきた。「陳さん、今日は遅刻したよね」。藤原さんの問いに私はバツが悪そうに舌を出して頷いた。藤原さんは私を睨み付け「時間を守るのは働く上での基本！　新人だからと言って何でも許されると思うな。今までどうして報告しなかったんだ。今朝の遅刻の理由ぐらい言いなさい」と強い口調で言った。いつも優しい藤原さんにこんなにひどく叱られるとは思いもしなかった。私はあまりのショックに、なんだか悲しくなってきた。その日から、私は藤原さんのことが怖くなり距離を置くようになった。また、同時に日本という国も面倒臭いと思い始めた。

それから、怖い藤原さんの前では二度とミスをしてはいけないぞと心がけた。しかし、ある日私はお客様のテーブルの上の空いた皿を回収しようとした際、誤って隣のスープ皿をひっくり返してしまった。もう少しでお客様の服を汚してしまうところだった。お客さんは一瞬怒ったような顔をした。その瞬間を藤原さんは見逃さなかったのだ。彼は急いで駆けつけると、すぐにお客様に丁寧に謝り、すぐさまテーブルを元の状態に整えた。その間、そのお客様は私の胸の名札を見て「こういうサービスの仕事は外国人にやらせちゃいかんよ」と呟いた。こんなミスをした私は、またきっと酷く叱られてしまうだろうと身を強張らせた。しかし、藤原さんはただ笑顔で私を一瞥しただけだった。それはまるで私を安心させるかのような一瞬の眼差しだった。「この者はまだ不慣れで、不手際をお詫び致します。それとお客様、当ホテルでは日本人スタッフと外国人スタッフが一丸となり最高のおもてなしをしております。ご安心ください」と私を庇ってくれた。もしかして今まで私は藤原さんのことを誤解していたのだろうか。本当は部下思いの優しい人なのではないのか。やっぱり藤原さん、ステキだ。

それで、私は残りの実習の時間を使って、しっかりと自らこの国のことを感じてみた。部下思いで仲間意識の強さと仕事に真剣に取り組む姿は日本人の特徴なのだと思う。学校の授業では知り得なかった日本人の一面だ。

私が日本で過ごした三カ月間で垣間見たものは、ただの一面にすぎないだろう。日本はもっと私の知らない面を持っているはずだ。日本という国に興味をもって深く理解したいのなら、やはり自らその国に行き、そこの環境と人を肌で感じるしかない。

後輩たちよ、日本に行って自ら日本を感じてみよう！

（指導教師　森本卓也）

★三等賞　テーマ「日中新時代を考える――中国の若者からの提言」

私たちのコミュニケーション

山西大学　雲　彤

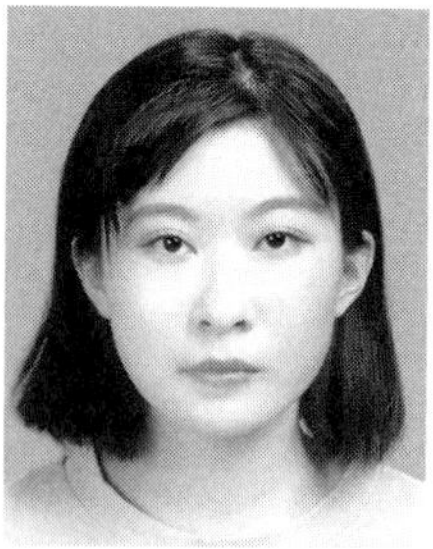

「雲さんは面白い人だけど、中国人だからやっぱり声が大きく、教養があまりないように感じる」。これはある日本人の友達が言った言葉だ。

私は、この冬休みにあるコンピューターゲームに夢中になった。そのゲームの中でたくさんの日本人と出会い、一緒にオンラインゲームをしていく中でだんだん仲良くなっていった。ある日、彼らに「中国人の印象はどう?」と聞いた。すると先の友達のようにほとんどの知り合いが中国人に対するマイナスの印象を持っていた。

確かに多くの中国人は民度が低いかもしれないが、今の若者には声が大きいなどの欠点はほとんどなくなってきていると思う。私のような若者は、やはり中国人に対する新しい印象を聞きたい。

そのマイナスの印象は中国人に対してあるばかりではなく日本人に対してもあると思う。考えてみると、マイナスの印象を持つ原因は中日の交流不足によると思う。そしてその交流不足はお互いの色眼鏡に起因している。先入観をもって、読みたいニュースだけを読み、見たい動画だけを見る。そうして「ああ、やっぱり中国人は……」「やっぱり日本人は……」という偏見が日に日に強くなる。こんなことではインターネットによって、お互いの交流の壁がなくなっても、偏見があるニュースのせいで、交流の意欲が弱くなるのも仕方ない。

偏見は誰もが有するものだけれども、今の時代、人と人の偏見、国と国の偏見は以前より強くなった。その原因の一つはメディアの偏見ある報道だと思う。様々な原因で自国の先入観によって他国の社会に起こった多くのマイナス面のニュースを報道する。例えば、日本のある料理店で社長がお客様の機嫌を取るために、社員の頭を鍋に押しつける様子や、中国人の観光客がゴミをあちこちで捨てる様子などだ。

そのようなニュースをたくさん報道すれば、偏見は益々強くなるだろう。また、強くなった偏見のため、客観的に評価することも難しくなるだろう。そのせいで、両国間の交流は滞ってしまい、更に偏見は強くなる。これは悪循環だ。

私たち若者は朝日のような存在だ、未来は私たちに属し、これからの中日友好は私たちによって決まる。それらは私がずっと信じていることだ。

でも、具体的にはどうすればいいだろうか。私たちは普通の学生だ。メディアに報道規制を強いることは難しい。しかし、今の時代は昔と比べて、情報の収集や発信はより簡単になった。私たちができることもあると思う。自国のメディアの報道ばかり見るのではなく、他国のニュースを読んでみたり、チャットソフトでほかの国の人と友達になるなど……。自分の趣味を通じてコミュニケーションをとることは一つの効果的な方法だと思う。共通の趣味があるので、色眼鏡をはずすことができる。そうしてみれば、国と国の違いは一瞬で消える。みんな同じだ。それは私の経験だ。

私はゲームを通して、いろいろな日本人の友達ができ、日本人のこともたくさん知った。日本人は恥ずかしがってなかなか心を開かないので、よく排外的という印象を持った。日本人のチームメートはあまり話さないが、ゲームの中で皆情熱的だとわかった。ゲームの中で私たちは一緒に敵に打ち勝ち、いろいろな話をした。その時私の偏見はなくなっていた。色眼鏡を外してコミュニケーションしてみて、国家や民族が違っても、趣味や夢や性格は、同じかもしれないと感じた。友達になることができるかもしれない。

色眼鏡をはずして、自発的に交流すれば、中日の若者はお互いに理解できるようになると思う。中日の関係もより改善されるだろう。中日の若者のコミュニケーションがもっと多くなればよい、それは私の提言だ。

（指導教師　堀川英嗣、清原健）

★三等賞　テーマ「今こそ伝えよう！　先生、家族、友だちのこと」

自分らしく努力している王さん

西北大学　邢梓怡

王さんは私の友達の一人だ。「王さんにはどんな印象がある？」と周囲の友達に聞いてみた。

「ええと、初めて見たときはかわいくて、付き合ってみると優しい人かな」

「ああ、あいつは男なのに、よく女の子と一緒にいて、実は女々しい人でしょ。これ以外には、メーキャップが好きで……まあ、面白い奴だよね」

実は、王さんという人は私の高校時代のとても個性が強いクラスメートだった。大学を目指して頑張っていくのを当然のことだと思っている多くのクラスメートたちの中で、王さんは浮いた存在だった。「ファッション業界の一員を目指して頑張りたい。僕は化粧や服装や髪形などに興味があるから」と、授業の発表時間に一所懸命自己アピールしていた王さんの姿とその周りに漂っていた笑い声が今でも忘れられない。あの時の彼は誰からも理解されず、仲間外れにされていた。先生も冷ややかで、王さんのことに関心を持たなかった。小さい町で暮らす人々は思想も小さくて狭い。王さんはだんだんクラスメートたちから孤立し、学校生活での居場所がなくなっていった。

高校三年の夏休みに、王さんは中国の西北地域にある小さな町から日本、そして国際都市の代表としての東京に留学することを決意した。この海外留学をきっかけにして、王さんは人生の美しい転換ができた。

東京にある有名な芸術系の大学に進学して、メーキャップやファッションのデザインや撮影を学んでいる王さんからしょっちゅうメールが届く。添付して送られてくる写真は場所を問わず、その眩しいほどの王さんの笑顔に視線を奪われる。それはオープン、自由、寛容、歓喜という表情だ。顔も心も笑っている。好きなことを専門に勉強したり、仕事にできたりすることは、きっと幸せだろう。王さんは大都市の開放的な雰囲気の中で、他人の評価に左右されずに、自分らしく行動している。もしかすると、以前の苦しみは王さんの修行の道だったのかもしれない。

彼はよくメールの中で西村さんという人の話題を出す。話の内容からその人はたぶん優しくて、いい人だと、私は感じた。二人はパーティーで知り合いになってから、ずっと連絡を取り続けている。その後、西村さんは私たちより六歳年上で、有名なロンドン大学で学んだ優れた人だと少しずつ分かってきた。

色彩や形に敏感でセンスに恵まれている王さんだったが、日本に来たばかりの時、百花繚乱のデザインに包まれて、つい自信を失ってしまったことがあった。そんな時はいつも西村さんから「一杯飲みに行こう」と誘われていたが、いつの間にか王さんが西村さんを居酒屋に誘うようになったそうだ。「西村さんは魔法使いみたい」「西村さんは僕に『王さんは優れた人だよ、だからどんな挫折に追い込まれていても自分のことを信じてね』と言ってくれる話には、不思議な魔法がある」「西村さんに百回ありがとうって言いたい」と電話の中で王さんが子供のように喜んで話してくれた。

西村さんのような優しい友達を持っている王さんを私は羨ましく思った。そして、二人の交流から言葉には人を変えられる不思議な力があると信じるようになった。

きっと、この世の中には王さんのような人がいっぱいいることだろう。残念なことに、この世は人間性の多様性が認められないことは少なくないのだ。まさに伊坂幸太郎の小説の中に出てくる言葉「変わった動物は保護されるのに、奇妙な人は排除される」の通りだ。しかし、自分の町では生活しにくいが、他の町や国では自分の個性が守られたり、自分なりの生き方を見つけられたり、元気な笑顔で日々の朝日を迎えられたりできる場合がある。そして、西村さんのような、ありのままの自分を認めて理解してくれる人に出会える可能性もある。まさに、「理解万歳！」である。

王さんは、これからも王さんらしく、私たちと全く違う道を歩いていくことだろうが、私は心から応援し続ける。

（指導教師　張鵬、高橋智子）

★三等賞　テーマ「今こそ伝えよう！　先生、家族、友だちのこと」

日本を見直してください

東華理工大学長江学院　鄒　婕

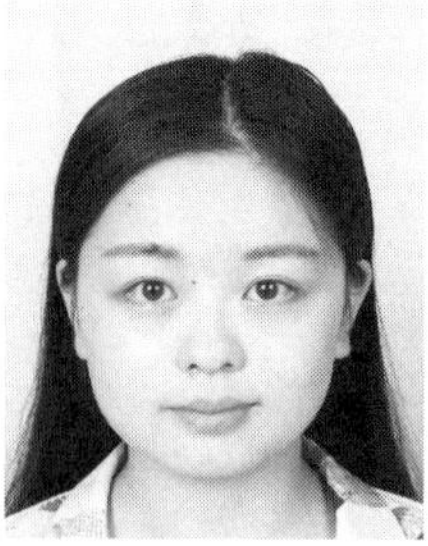

「日本に、どのようなイメージを持っていますか」と中国人に質問すれば、どのような答えが返ってくるでしょう。若者なら、「桜、浴衣、アニメ、神社、茶道、寿司……」と答えるかもしれない。だが、一世代前の人々は、第二次世界大戦の歴史を思い出して、「よくないイメージがある」と答えるのではないだろうか。

二年前、大学の専門で日本語を選ぶとき、両親がとても悩んでいて、「他の専門を選び直して欲しい」と私に言った。大学一年生のとき、「専門を換えることを考えていないのか」とまた聞かれ、びっくりした。私のために心配してくれていることはわかっているとはいえ、諦めたくない。この専門は、将来の就職で不利なのかもしれないけど、好きなことを楽しみに勉強することで、思いがけない結果が出るかもしれないのである。

私たちはこの平和な時代に生き、それこそ寛容な姿勢で一緒にじっくり話し合うことができる。私は家族や日本に偏見を持っている人たちに、「落ち着いて、日本をちゃんと理解してください」と言いたい。

「刻舟求剣」という中国の物語を聞いたことがあるだろうか。昔、楚国のある人は船で川を渡るとき、ちょっとした不注意で剣を川に落とした。そのため、彼はナイフを取り出して、船の横腹にマークをし、「ここは私の剣が川に落ちたところだから、マークをつけた」と言った。船が岸に着いた後、その人はマークがついたところで、川に飛び込んで剣を探したが、やっぱり見つけられなかった。

船は落ちた剣のために止まっているわけではなく、ずっと前に進んでいく。マークをつけても、つけなくても、いずれにしても剣は見つけられない。日本の歴史も文化も船のようにずっと進んでいくのに、どうしていつも古い考え方に固執しているのだろう。私たちは悲しみや苦しみに浸って過去に生きるものではない。

歴史は歴史だ。歴史を銘記し、追想し、憎しみ続けるためではなく、大切なことは歴史の悲劇を繰り返さないことだ。戦争のために命を捧げた殉教者に背かず、せっかくの平和を大切にするように、歴史を鑑として、未来に目を向けることが私たちにできることだ。未来を見据えて、発展した今の日本を見なければいけない。そうしないと、物語の中の人のように笑い者になってしまうのではないかと思う。

私は日本に行ったことがないけれど、行ったことがある友人から、日本での心温まる経験を聞いた。ある時、彼女は一人でタクシーに乗ってホテルへ帰った。その時、慌てていて鞄をタクシーに忘れてしまった。気づいたときにはタクシーもう出発したあとでいなかった。「どうしよう、明日提出する重要な書類が鞄に入っているのに」とやきもきしながら、その場でしばらく探してみたが、やっぱりいなかった。だから、警察に助けを求め、警察を通じてタクシーの運転手に連絡することにした。意外だったのは、警察署に向かっている時に、彼女が泊まっているホテルから電話がかかってきたことだ。車の中に忘れ物の鞄を見つけたタクシーの運転手は、すぐに戻ってきたが、彼女をホテルの前で見つけられなかった。そして、ホテルの受付係に何度も念を押して、鞄を受付係に頼んで出て行ったとのことだった。

この世界のすべての人は善人でもなく、悪人でもない。では、善か悪かはどうやって決まるのか。それは自分の考え方次第で、善人にも悪人にもなれるということだ。

私たちが幸せに暮らしているのは、この平和な時代だからこそだ。さらに、日本と中国は一衣帯水の隣国で、アジア太平洋地域の発展に共に力を尽くしている。友好な関係が両国にも役に立つのである。

私は中日両国の橋渡しになりたく、現代の日本をより客観的に人々が理解できるように、自分にできる限りのことをしたい。そして、家族が日本を理解し、日本に対しての偏見を見直して欲しい。できれば、家族を連れて、日本を訪れ、実際の日本に触れさせたい。

（指導教師　王彦、藤波喜代美）

★三等賞　テーマ「東京二〇二〇大会に、かなえたい私の夢！」

東京二〇二〇大会に、写真を撮ろう！

杭州師範大学　李沂霖

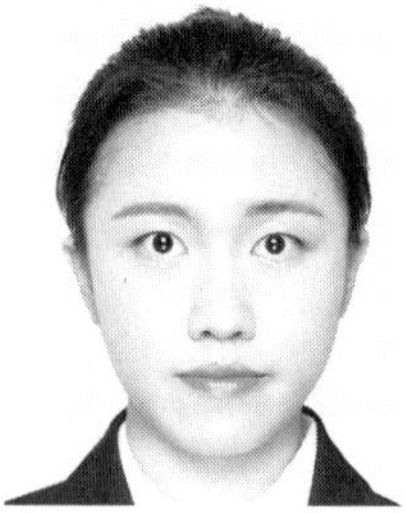

　二〇一八年に本学では、創立百十周年の記念行事が行われた。その記念行事は、前年に全世界に散らばる卒業生たちが、校歌を歌って世界をつなぐことから始まった。杭州師範大学の校歌は、本学の前身の「浙江省立第一師範学校」の校歌であり、教育家で文学者の夏丏尊が作詞、芸術家の李叔同が作曲した。現在まで歌い継がれてきたこの校歌を聞けば、自分は杭州師範大学の学生だと痛感するのだ。

　その記念行事の開幕式は、本学のキャンパスで行われ、学内には世界に見立てた中継地点が二十二カ所設けられた。実際に世界で歌われた校歌の映像は、このリレーの到着場所の順番で公開されることになっていた。この中継地点を、組織委員会によって任命された学校の教師代表、学生代表などの二十三人がリレー形式でつないだのである。このリレーには、二十三人のアンバサダーと四十六人の旗手と百人以上のボランティアが参加した。それは聖火リレーに似ているが、伝えるものは聖火ではなく、校歌の楽譜だった。中継所に着くたびに、アンバサダーと旗手二人は楽譜と旗を次に渡して交代したが、ボランティアの人達は最後まで後方につき従っていた。

　開会式の前日に私は、学校のメディアセンターの撮影部部長にイベントの撮影を依頼され、イベントを記録するための写真記者として、写真を撮ることになった。

　当日、澄んだ銃声が響いて、リレーが始まった。写真記者の数人が、シャッターを押して写真を撮った。最初は必死に追いかけ写真を撮り続けていたが、二つの区間を走った後は息が弾み、ついて行けなくなった。だから近道をして次の区間で待つことにした。カメラを肩にかけて先回りをするために一生懸命走った。走りすぎてお腹が痛くなった。この時初めて私の体力では、後を追って撮影することはできないと悟った。そこでゴール前の区間に行ってチャンスを待つことにした。

五分が過ぎて十分が過ぎた……。私は待ち続けた。突然遠くの足音が聞こえた。すぐに道の真ん中に走って、カメラのパラメーターを調整して、シャッターボタンに手を置き、ファインダーを覗いた。ついに、ランナーたちがやってきた。一人が走りながら、両手で楽譜をささげて持ち、厳かな表情をしていた。隣には校旗を高らかに掲げて進む二人がいた。杭州師範大学と書かれたその旗は、風に翻っていた。その背後にはつき従う大勢の人たちがいた。私はシャッターを押した。その日私が撮った最高の写真だと思った。

イベントが終わってから、写真を整理して部長に送った。翌朝、地元の新聞に私の写真が採用されたことを知った。私はとても感激した。写真を撮るにはシャッターを押すだけでよく、何千分の一秒かですぐに完成すると思っている人は多い。しかし、そのシャッターを押すまでに、時間をかけることが必要だ。根気がなければ、いい写真は撮れない。撮影のために、被写体をあちこち探し歩く。自分の好きな写真が撮れたときには、疲れていても嬉しくなる。

そして、撮影を通じてわかったことがある。それは、美とは私たちの周りの身近なところに存在しているということだ。目で、心で、感覚で、そこに美しさを発見するのが、撮影の最高の楽しみだと思う。私はこれからもカメラで様々な物語を多くの人に伝えていきたい。

最近の私はスポーツに注目し、オリンピックの精神をカメラに収めたいと思っている。そして東京二〇二〇大会を報道するつもりだ。今では「微博」や「ツイッター」といったソーシャル・ネットワーキング・サービス（SNS）で自分の考えや写真を発表することができる。私はSNSを通じて自分の撮った写真を発表するつもりだ。また、自分の撮った写真を多くの人に見てもらうために、新聞社にも投稿するつもりだ。日本は中国の隣国だが、中国の人々の日本に対する理解はそれほど進んでいない。この機会に、カメラで日本を記録し、二〇二〇年の日本を中国人に写真で伝えたい。

（指導教師　洪優、南和見）

★三等賞　テーマ「日中新時代を考える—中国の若者からの提言」

偽中国語と偽日本語

杭州師範大学　王景琳

私は、「フェイト／グランドオーダー」という日本のゲームのプレイヤーであり、そのゲームで知り合った友達からおもしろい話を聞いた。とある日本のプレイヤーが「始皇帝」という中国のゲームのキャラクターに愛を告げた。その様子を見ていた中国のプレイヤーが、「君中国語本当上手」というメッセージを送った。それに対して、その日本人は「君日本語本当面白」というコメントを返した。その話を聞いた私は、偽日本語と偽中国語に非常に興味を持ち、インターネットでさらにそれに関する例を探してみた。結果、たくさんの言葉を見つけた。

例えば、中国人が作った偽日本語の例は次のようなものだ。「風が強く吹いている」という箱根駅伝に関する日本アニメで、「箱根の山は天下の険」という台詞がある。中国のネット利用者たちは、主人公たちの友情と努力に感動して、その台詞にも非常に興味を持ち、たちどころに拡散した。そして、とある中国人がその言葉から連想して作った「桂林の山水は天下の甲」という偽日本語を披露した。それは、もともと中国の広西チワン族自治区の桂林の素晴らしい風景が世界で一番だという意味の中国語である。このアニメを好きな人にとって、アニメに出てくる有名なセリフを中国風にもじった偽日本語は大歓迎された。逆に日本人が作った偽中国語の例は次のようなものだ。「了解。我等何食今晩」や「貴方明日何処行？」などと、日本人同士でチャットをするのだ。または、日本語愛好家の中国人が中国人と交流する場合に日本語を混ぜて使う場合もある。例えば、「工作嫌」や「今夜一緒に食飯どう」などと使用される。そして街に出れば、中国のラーメン屋のメニューにも、「骨湯原味拉麵」や「横浜招牌拉麵」のような偽日本語がたくさんある。

中国語と日本語が混ぜて使われるこの現象は、日中の民間友好交流の現れの一つだと私は考えている。日本の人も、中国の人も、相手の国の言葉を使って自分の国の素晴らしさを相手の国の人へ伝えようとする。同時に、中国の人が日本語を、逆に日本の人が中国語を使って、同国人同士で意思を伝えあう場合も珍しくない。それらは相手の国や相手の言語が好きだという気持ちの現われだとも言えるだろう。

実は、こうした言葉の現象は日中にかかわらず、世界中で見られるようだ。日本語を学んでいるアメリカ人は、時々日本語が混ざっている英語で話していて、「SARABYE！」「SORRYMASEN！」といった和式英語「Japanglish」を使っている。今のアメリカでは、マニアの間で流行っているという。そして、漢式英語「Chinglish」も、もはや多くの人に認識されていて、いくつかの表現は権威的な辞書に収録されている。

それらのことから考えてみると、現在の国と国の差異は次第に消えているという気がしてならない。それは、グローバル化やインターネットの普及による異文化コミュニケーションの増加、即ち、言葉と言葉、文化と文化の触れ合いが増えていることによるものではないだろうか。多様な文化との出会いは、想像力を使って新たな表現を創造する人々を生み出し、この素晴らしい世界にさらなる美しさを与え、次第にまた新しい世界へと拡散していく。

ただし、その偽中国語や偽日本語は、本来の確立された言語と違うため、多少の行き違いや誤解は避けられない。自分の考えや思いを相手に理解してもらいたいという気持ちから使っているにせよ、そこには多くの危険性を孕んでいると思う。だからこそ、仲介者の存在が必要不可欠であり、その役割をになうことができるのは、言語を専門としている人や私のように第二外国語として語学を学んでいる人たちの存在なのではないかと考える。

なぜ日本語を学んでいるのかという質問をよく人にされるが、私の答えは、人と人、世界と世界をつなぐ仲介者になるためだ。前に進めば、きっと、異世界への扉が開くだろうから。

（指導教師　洪優、南和見）

★三等賞　テーマ「東京二〇二〇大会に、かなえたい私の夢！」

北海道に向かって、自分探しと景色巡り

華南農業大学　楊創祥

来年の夏、私は卒業する。大学院生になるつもりはないので、そのまま社会人になる。自分のやること次第で、人生はどうにでもなるだろう。そんなことを考えるたびに、ワクワクしながら、ドキドキする。

やはり、誰にも頼らずに、自分の力で日本の北海道に行って、最北端の地に立ってみたい。実際にそこに立てば、私はどう思うだろう。実際にそこについたら、私は自分がどんな人になりたいかわかるだろうか。私は自分探しをしたいのだ。

日本で、若者が自分探しをすることは珍しくないそうだ。青春の迷いで旅に出る人、または青春時代に別れを告げるため、旅に出る人にとって、北海道はとてもいいところらしい。特に稚内に行く人が多いそうだ。以前、漫画を読んだ。大卒直前、迷っていた主人公は自転車に乗って北海道にたどり着いた。帰ってから友達にそこでなにかあったかと聞かれたら、彼はこう答えた。「何もなかった。でもきれいだった」。旅先では、特別なものがないかもしれないが、旅をすること自体に意味がある。

社会人になっても、生活や仕事がなかなかうまく行かないため、各地からの人が宗谷岬に集まって、新年を迎えることも毎年あるそうだ。ドキュメンタリー番組を見て、その人達の言葉から、自分の力でここまで来られたから、これからの人生のトラブルも乗り越えられるような気持ちが伝わってきて、励まされた感じがする。

このように生きていることは辛いとわかりながら、それでも生きていく気持ちには、いつでも、私は感動させられる。

これらは私が日本語を勉強し始めてからの事だ。そのまえには、私の北海道に対するイメージは中国語に訳された文学作品や、中国人の作家が日本について書いたものに限られていたのだ。

私が今でも覚えている文章は、ある中国の作者が日本に旅行に行ったとき書いたものだ。それは北海道での露天風呂についての話だ。日本語が全然わからなかった彼女は露天風呂を探していたとき、「露天大風呂」と書いたところを見つけた。彼女は中国人らしくこう理解した。「露天大風」というのは、露天で風の強いところだ。そして、その「呂」という漢字は竹から作られた楽器だ。だから、「露天大風呂」というのは、露天で、大風によって「呂」という楽器が鳴るところだと理解した。そのあと、そこの温泉に入って、雪を見ながら、泉の音を聞いて、心が落ち着き、今までにないほど感動してたまらなかった、と彼女が書いた。ただ一度その文章を読んだだけで、その景色が私の心に焼き付いてしまった。その雪と湯けむりがそんなにきれいで、泉の音と冷たい空気がまるで体の中に入り込んでくるように、私は確かに感じた。その数年後、私は日本語を勉強し始め、その「露天大風呂」という言葉のホントの意味がわかるようになった。そこには、強い風があるとは言えないし、竹から作られた楽器もないとわかったが、その感動はなくなっていない。自分の目で見て、自分の体をその風景におきたい気持ちがなくなっていない。そのあと、もし日本のどこかで生活することができれば、日本の社会文化がもっとわかるようになるだろう。それから、新たな視点から、新たな考え方から、物事を理解することもできるだろう。

私はいつもこう思っている。もし、ある国を理解したいなら、その国の言葉をわからないといけない。それに、ただ本や他人の言葉によって、その国をイメージすることだけでは足りない。その国の社会文化または価値観をきちんと理解するためには、自分でその国で生活しないとちゃんと分かることができない。しかも、旅行することでは足りないものだ。短い時間の旅では、見えるのは表層的なことばかりなのだ。留学とか仕事とかで、そこで長い日々を送ってこそ、その国の真実に触れられる。

私は自分探しができるだろうか。この目で、何度も想像した景色を見られるだろうか。

（指導教師　大熊博）

★三等賞　テーマ「日中新時代を考える―中国の若者からの提言」

夢の技術で日本旅行を

広東外語外貿大学南国商学院　黄偉源

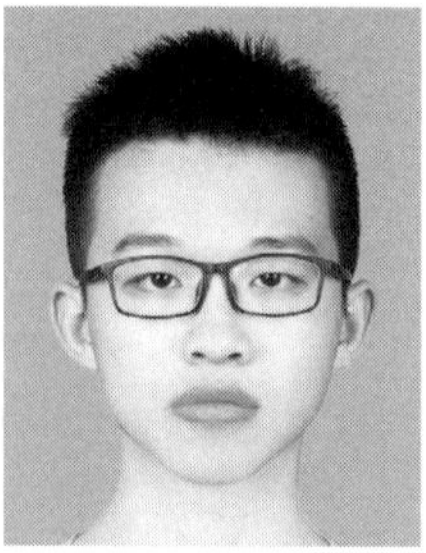

初めて日本のアニメを見たのは、確か中学校二年生の頃のことだった。初めて見たのに、そのアニメの中の美しい日本の様子に、驚くほど引き込まれたのを今でも覚えている。アニメの中の日本は、春のお花見、夏のお祭りに花火大会、秋の紅葉、冬の雪に覆われた真っ白な世界など、美しい季節を描写している。だが、特に私を惹きつけたのは、アニメの中の日本の高校生の日常だ。部活や文化祭などの色々な学校活動、昼休みや放課後の様子。毎日が充実しているようで、その時の私はただ、いいなぁ、と憧れるだけだった。

しかし、大学に入ってから、ネットや大学の授業を通して、今の日本についてもう少し詳しく知ることができるようになった。それも今の日本の現状のほんの一部分であるかもしれないが、昔の私には知らなかったことばかりで、とても驚いた。生活の上でのストレスが多いこと、少子高齢化問題、学校のいじめの問題など、私の考えていた憧れの日本とは正反対のものも多かった。物事にはいつもコインの裏表のように、両面性があることをすっかり忘れてしまっていた。だが、私は日本を嫌いになるというより、むしろさらに興味深く感じるようになった。しかし、もっと日本のことを知りたくても、海の向こうの日本を自分の目で確かめようがない。日本はいったいどんな国なのだろうか？

そんなある時、離れて住む友達とビデオ通話で話をした。友達は、自分がいる場所を画面に映して見せてくれた。その時、写真で見たときよりも、より鮮明に、相手のいる場所をイメージできた。そして、こんなことを思いついた。写真のような２Ｄのものではなく、ビデオ通話のようなツールを使って、立体的に現実の日本を見ることができたらどうだろうか、と。そこで、以前見たＶＲに関するテレビ番組を思い出した。ＶＲを使えば、視覚だけでなく、匂いや感触も仮想世界で再現できるようになるそうだ。ＶＲの世界は仮想だが、現実のように感じられる。空を見上げて、手を伸ばせば、私が一度も見たことも感じたこともない桜の香りや雪の冷たさも感じられるのだ。現実ではないが、同じ空の下にいる感覚を味わうことができる。このことから、ＶＲで日本を再現して、中国にいながらも日本旅行ができたら、と考えた。

これからの中日新時代に、お互いの国を訪問することもより容易になり、機会も増えていくかもしれない。ただ、そのためにはまだまだ壁も存在する。金銭的な問題や、時間の問題で、旅行に行けない人も多いだろう。そんな時に、ＶＲを使って、写真や動画だけでは感じられない、よりリアルな日本を体験するのだ。これによって、実際に旅行に行く勇気を得て、一歩を踏み出す人も出てくるかもしれない。ＶＲで日本を感じ、より日本への気持ちが強くなるかもしれない。

今、ＶＲ、つまり仮想現実の研究が盛んにおこなわれている。機械で仮想の世界を作って体験する夢の技術である。現在もＶＲの技術は実用化されているが、今はまだ特定の情景でしか活動できない。しかし、これから先、ＶＲの技術はどんどん発展していくだろう。この技術が、両国の架け橋になれば、必ず両国の交流の促進に役立つことだろう。自分の国の素晴らしさを遠くの場所にいる人に示すことができるとは、なんと素晴らしいことだろう。ＶＲのカメラで、日本の日常を知り、ＶＲの世界で、空間を越え、同じ世界にいることを実感できる。舞い落ちる雪、ひらひらと散る桜。様々な壁を乗り越え、この美しさを感じられるならば、それはまるで夢を見ているような気分だ。

今はまだ夢のような技術だが、この技術が中日新時代の明るい未来まで私たちを連れて行ってくれるような気がする。新しい技術を使って、新しい交流をする。こんな日がいつか来ることを、私は願っている。

（指導教師　木村あずさ）

★三等賞　テーマ「今こそ伝えよう！　先生、家族、友だちのこと」

「冷たく」かわいい父

華東師範大学　王夢昀

私の父は典型的な中国の男性である。家族を養う重責を担い仕事が忙しく私の成績だけを重視しているようで、私の生活や感情などに全然関心をもっていなさそうにしている。

中学の頃まで、私と父の関係はあまり親密ではなかった。同じ家に住んでいても、普段のコミュニケーションは少なく、私も父との関わりを期待していなかった。

それでも小学生の頃の私は、まだ父と仲良くなりたい気持ちがあった。ある日、先生は私たちに両親に「愛してるよと言う」宿題を出した。私は照れ屋だから、この宿題は非常に難しいと思った。家に帰り母を見て、「愛してるよ」という言葉が口まで出かかったのに、どうしても言えない。他の宿題が終わると私は居ても立っても居られなくなった。両親の部屋に行くと、母一人だけがいる。

「ママ、今日の宿題」「難しいの？」「いいえ、えっと、あ、あい……」。緊張のせいで顔が熱くなった。

「愛してるよ」と叫んだ。ようやく口にして、とても楽になった。

「ママも」。母はとても喜んで、笑って私にキスをした。母にこの言葉を言ってから、ちょっと自信がついた。だから、父の反応を期待していた。夜十時頃、父がやっと残業を終えて帰ってきた。

「パパ、愛してるよ」「なんで急にそんなこと言うんだ？」。父はぽかんとしただけで、これが宿題だと知って、もう寝るように言っただけだった。興奮も喜びもなかった。

次の日、授業で他のクラスメートのお父さんの楽しい反応を聞いた時、父の何の反応もない顔を思い出して、父はきっと私を愛していないと思った。このようなことはそれまでもたくさんあったので、私は徐々に父の愛を望まなくなった。家にいる時はあまり父と話さなかった。時々母と学校のことを話していると、父はただそばで黙って聞いているだけだった。

高校生のある日、母の探し物を手伝うために両親の部屋に入った。そして、父のナイトテーブルの中に、私が小さい頃に書いた誕生日カードや父母会で使った小さな紙の束を見つけた。それを見た瞬間、これは父が集めたものではないと思った。なぜかというと、いつも冷たい父がこのようなものを集めるはずがないからだ。

「これ、ママが集めたの?」「いいえ、父さんが集めたんだよ。この前、引っ越した時、何枚か無くしてしまって、父さんはしばらく機嫌が悪かったのよ」

その話を聞いてとても驚いた。父は私への愛情を一度も表現することがなかった。父はきっと私を愛していないと信じていた。でもこのように重要ではない紙切れが大切にとってあるのだ。父が私を愛していないはずがない。私は気づいた。父の私への愛情は小さなところに隠れている。例えば、仕事がどんなに忙しくても、父は何とかして父母会に参加する。父は母や同僚に私に手書きの誕生日カードをもらったことを自慢する。父は私への愛を直接言うのが苦手かもしれないが、私を愛していて、私を大切にしてくれるに違いない。そんなことを考えて、父がちょっとかわいいと思った。そして、いつの間にか私と父が似ていると気づいた。私たちはお互いを大切にしているが、直接言うことはない。相手への愛を心の中に隠している。

私の記憶の中では、父はずっと厳粛な人だった。中国の伝統的な意味で「厳父」の役割をうまく果たしていた。私にとってはただ「血縁関係がある人」だった。でも父が集めてくれた紙切れを見ていると、父の心の奥では私と親しくなるのを楽しみにしているような気がする。しかし、父はその気持ちを表現することができない。恥ずかしがりやの私があんなに勇気を出して愛を表現しても返事が来ないのは父が冷たい人だからだと思っていた。これが父と私の間のすれ違いだった。でも、父は私への愛情を心の中にずっと隠している。あの時、私の「愛してるよ」を聞いて、きっと「パパもだよ!」と言いたかったのだ。

(指導教師　島田友絵)

★三等賞　テーマ「日中新時代を考える――中国の若者からの提言」

日中新時代を考える

――中国の若者からの提言

大連芸術学院　郜　珊

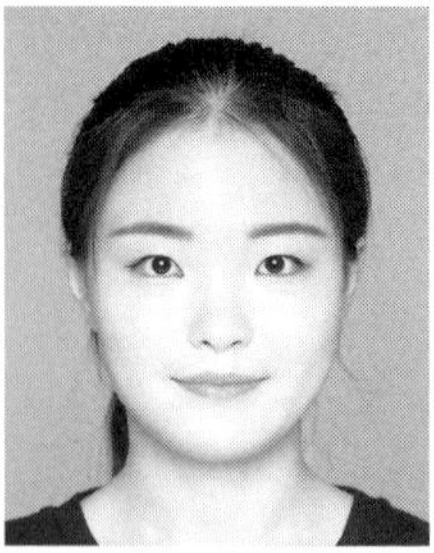

「中日友好のために、微力ながらも全力を尽くしていきたい」という言葉を中日関係に関することを語る時、何気なく偉そうに使っている人がかなりいるだろう。実は昔、私もその一人であった。しかし、「言葉の巨人、行動の侏儒」というように、中日友好に対する本当の意味で貢献したことは、恐らく一つもないことに気付いた。言葉ではなく、何か行動しなければと覚悟した。

そこで、二〇一五年四月二十八日～五月一日、内モンゴル恩格貝のクブチ沙漠で私は第八回日中青年沙漠緑化交流会に参加した。ボランティアとして、中日交流会に参加したことは初めてで、本当に様々な考えに触れることができ、良い経験になった。同時に、中日の関係、特に友好関係を築くためにあんなにも多くの学生、社会人がいることに刺激を受けた。

クブチ沙漠で、私のような中日青年ボランティアたちが沙漠の厳しい環境に悪戦苦闘しながらも現地の方と協力し、約千五百本の苗木を植えることができた。十五年にわたりこの活動が行われてきた。活動によって創成された「地球倫理の森」はもう中日友好のシンボルとして注目されている。不毛の沙漠だった恩格貝は今、心を癒すオアシスとなっている。「少しでもその力になればいいなぁ」と思って、中国緑化のために活動してくれた日本の青年と顔を合わせて一緒に交流し合い、充実した時を過ごすことができた。

当時、主催者は「中国で植樹をするのは、過去の歴史の償いであり、未来の友好への期待でもある」と語った。日本の友人は長年にわたり中国の人々に知られない片隅で黙々と汗を流し、多くの荒れ山や沙漠に緑の木陰ができた。これは中国にとっても日本にとっても、また中日友好にとってもプラスになる。このような友好的でプラスの活動がより多くの人に知られ、両国国民の心により多くの友好のエネルギーを蓄積し、両国関係の改善と発展を後押しすることもできると深く思った。中国には「樹木を育てるのに十年、人を育てるのに百年」という諺がある。私は中日両国人民が手を携え、樹木を一本一本植え、友情の種を一粒一粒まき、自然が美しくなり、両国人民の心が溶け合うという素晴らしい目標を実現できることを信じている。

中国と日本は同じアジアの国であるが、国が異なれば文化や価値観も異なるのは当然のことである。しかも戦争のせいで、中日両国がお互いにずっと誤解している。例えば中国の新聞・テレビなどの報道では、どうしても日本のマイナス面ばかりが取り上げられることが多く、それに影響された私たちは日本を否定的に捉えがちである一方、その情報が正しいのか否かを問うことを見落としてしまっている。または日本の報道によると中国の教科書では日本のことが悪く書かれているとあるが、実際のところ、教科書を読んで反日感情を抱くことはほとんどない。そして反日デモを行っている人は、ほとんど高等教育を受けていない人だそうである。

残念ながら、現在の中日関係がどうも冷ややかで絶えず波立っている。しかしあまり良くない今だからこそ異文化理解を深め、悪い点だけを考えるのではなく、良い点も考え、お互いに理解しあうことの大切さを認識すべきである。

これからは、私たち若者が社会を支える時代である。中日友好のためには、若者同士の草の根レベルでの交流が欠かせない。今後の中日関係を変えるために私たちは何を理解しなければならないのか、どんな行動を起こしたら良いのかを一人ひとり考えるべきである。

そしてネットやメディアの情報に流されることでなく、先入観にとらわれず、自分が目で見て、自分の肌で感じたことをより多くの人に伝えることなど、地道であるが、私たちができる中日友好の関係を築くきっかけになるかもしれない。

皆さん、「大河も水の一滴から」という言葉があるように、出来ることから始めましょう。

（指導教師　陳馥郁）

★三等賞　テーマ「東京二〇二〇大会に、かなえたい私の夢！」

東京二〇二〇大会に叶えたい夢

曲阜師範大学　肖　錦

「今から、第二十九回オリンピック大会を開催します（歓声と拍手）」

　もう一度、二〇〇八年北京五輪開幕式の映像を見て、思わず涙が溢れるのは私一人だけではないだろう。何年経っても我々中国人は、あの日――二〇〇八年八月八日のことを忘れはしない。聖火台で火が絶え間なく燃える画面は、まだ目の前にある。それなのに、あっという間にもう十一年前のことになったのにはびっくりした。「時は過ぎ去り易く、永遠に戻らない」という言葉があるが、その年、その日の記憶は、創意に満ち溢れた素敵な開幕式のおかげで、中国人の心に永遠に残されている。

　十一年間、中国の経済も科学技術も非常な成果を収めるに従って、もっと素晴らしくてオリジナルなものが作られていくはずなのだが、現実は全然逆である。一つの例を挙げてみたい。

　今、中国で流行っているテレビ番組は、ほとんど外国の番組をコピーして作られているものである。さらに版権を取得しなかったものが多いのである。その不適切な（というか違法な）行為を視聴者に聞かれたら、「それは偶然の一致でしかない」とお茶を濁す程度に答えるテレビ局が結構ある。「セリフからカメラワークまで全て同じなので、偶然であるわけはないでしょう」という視聴者の意見がよく聞かれる。

　私から見れば、それはひどい社会問題であると思う。実は現在の中国では、テレビ番組だけでなく、音楽や文化など色々な分野にも、いわゆるパクリ（模倣）と言われるものがいっぱいある。早急に手を打たなければ、社会的にも、国際社会での中国のイメージに、悪い影響を与えるだろう。

　まず、どんな作品も、作者にとっては心血を注いだ大切な宝物である。版権を取得しないで勝手にコピーすることは、道徳的に、法律的に許されないものだ。例えば数年間頑張ってやっとアイデアから実行に移した北京五輪のパフォーマンスを、ある国が許可を取らずに盗用したら、中国人として私達は許さないだろう。「己の欲せざるところに施すことなかれ」。中国人だったら、この言葉をきちんと覚えているはずだ。

パクリのバラエティ番組や音楽などのファンは、若者が多い。パクリだらけで、著作権意識が足りない社会の雰囲気で成長していった若者は、正しくない価値観を持つ可能性が大きい。ネット上でパクリ問題について、誰かがテレビ局の間違いをただす時、必ずそれに反論する人がいる。「お前、外国のことが好きなら、外国人になればいいではないか」「面白いなら、パクリであろうが、なかろうが、どうでもいい」。……もし我が国の若者みんなそういう考えを持って、超娯楽至上社会になったら、オリジナリティーの価値がどんどん少なくなるというおそれがある。それとともに、国の発展動力も衰え、結局難しい局面になるかもしれない。

「五〇％の利益のために危ない橋を渡る。一〇〇％の利益のために世の法律を踏むことができる。二〇〇％の利益のためにどんな罪も犯し、殺されてもやる」と百五十年前、マルクスが言った。今の中国で著作権に関する法律はあるが、実施するのはかなり難しい。犯人が受け取った罰は、手に入れた利益より全然少ない。中国でもっとも注目されたのが、ある人気の作家の盗作事件である。二年間の裁判を行った結果、盗作した人はただの二十万元の罰金を払っただけですんだ。そして今でも彼は活躍しており、大勢のファンがあり、映画やドラマなどの分野で巨大な利益を収めている。つまり、盗作のコストはこういうような社会環境では、とても少なくてすむ。

北京五輪で、一番印象深かったのは、二十九個の花火で作られた巨人の足跡だった。この十一年来、中国の発展は一歩一歩、未来への道を進んでいった。しかし、オリジナリティだけ、遅れている。巨人の姿はどんどん遠くに消えていく。今やオリジナル能力は早く追いかけなければならない時だ。

二〇二〇年、中国ならでこそ見られるオリジナルなことの活躍を期待するのは私の夢である。

（指導教師　田畑博子）

★三等賞　テーマ「日中新時代を考える――中国の若者からの提言」

日中新時代を考える

――中国の若者からの提言

曲阜師範大学　葛玉婷

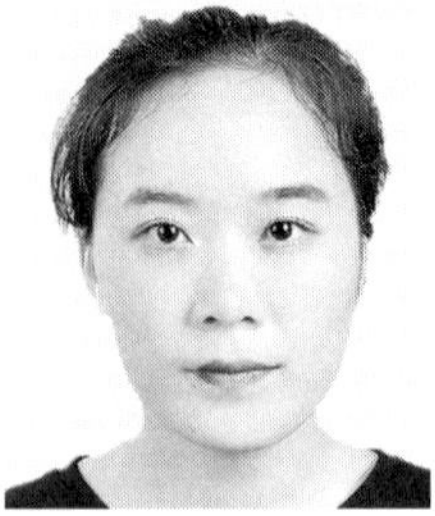

「日本語を勉強してはいけない」と母が言った。それは大学の専攻を選ぶ時のことだ。

　私は日本に行ったことがないが、現在は情報時代だから、日本に関する情報はすべてbilibili（中国の動画共有サイト）やニュース、ウィーチャットなどから得ている。高校時代、週末の時、私はよく家でbilibiliによって日本のアニメを見た。その中で、学園祭やひな祭りなどの日本の風習を知った。中国にはない風習で、大いに興味を持った。

　そして、私は日本の文化をもっと理解したいと思ったから、大学では日本語科を選んだ。その時、家族は私が日本語を学ぶことに強く反対し、母は「日本語を勉強してはいけない、どうして日本語を学ぶの、あんなのは日本鬼子の言葉だ」と言った。父も「日本語だと就職活動をする時に困るよ」と言った。しかし、自分が見て来たものを通して、日本人は父や母が思っているほど冷淡ではなく、親切で真面目な人もいると信じていたから、私は自分の初志を貫き、日本語科を選んだ。日本語を学び始めた後も、何度か文句を言われた。そういう時に、私はつい勉強を続けることに自信を失うこともあった。しかし、私が願った通り、多くの優しい日本人と知り合うことがあり、日本語を学び続ける決心は強くなった。

　印象に深く残っていることがある。大学二年生の時、私たち日本語科の学生はN1の試験を受ける予定であった。試験会場は遠いので、長距離バスで行かなければならなった。試験に行く前に、日本人の先生が「見送りに行く」と言ったが、その日はちょうど雨が降っていたので、来ないかもしれないと思っていた。しかし、そう思っていた時、私は見慣れた姿が車の前に立っているのに気付いた。それは先生だった。こんなにひどい雨が降っているのに、先生はわざわざ私たちを見送りに来てくれたのだ。時間は朝六時で、その頃はまだ暗かった。先生は私たちが出発するまでずっと「がんばってください」と応援してくれていた。私はとても感動した。雨の日なのに先生が見送ってくれるとは思いもしないことだった。私は、恥ずかしいことだが、そうやって話していても、実際は建て前で、ほんとうに見送ることはないかもしれないと思っていた。だから、私は先生を見て非常に感動した。日本人には本当に真面目な人がいると思った。絶対試験に合格して、先生の期待に添いたいと思った。こういうことがあり、私は日本人ともっと深く付き合いたくなった。

その時から私は日本人がみんな親しい人だと信じて、ますます日本人と仲良くなってみようと思った。それから、私は家族や友人に日本人の真面目と優しさをよく伝えている。そのためか、彼らはだんだん日本人に反感を抱かないようになった。さらには日本の文化や習慣などに次第に興味を持ってくれた。そして、ある日、突然女友達の李さんが私にこう言った、「日本語を教えて。将来日本へ旅行に行きたい、本当に言う通りなのか見に行きたい」と。私は大いに驚いた、なぜかというと、李さんは以前は絶対に日本に行かないと言っていたからである。李さんにこのような変化があったことは、私にとって嬉しいことである。

将来、日中両国は新しい時代を迎える。日中新時代とは両国の国民がお互いに理解し、尊敬するということだと私は考えた。具体的に言えば、両国の人々が友好を深め、お互いに熱心に交流し、勉強することである。日中関係はこれまでも一時的に悪くなる歴史があった。だから日本に対して、偏見を持っている人もいるだろう。しかし、日中両国は一衣帯水の隣国である。将来、日中両国が兄弟のように支え合うことを願っている。日中関係のために、私たち若者は自分の力を信じれば、色々な方面で活躍できるだろう。双方の努力によって、きっと暖かい春の日を迎えると信じている。

（指導教師　邵艶平、潮田央）

★三等賞　テーマ「東京二〇二〇大会に、かなえたい私の夢！」

人と自然との共生

上海師範大学天華学院　趙朱依

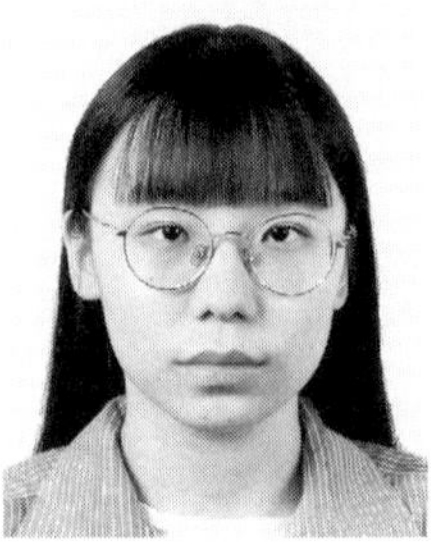

来年、東京オリンピックが開催される。最近注目されているのは、東京オリンピックのメダル作製プロジェクトである。日本全国から使用済みの携帯電話や小型家電を回収し、集めたリサイクル金属でメダルを製作するというプロジェクトが実施されている。オリンピック精神は「より高く、より速く、より強く」であると誰もが知っているが、ここ最近「人と自然との共生」も意味するようになってきたように思われる。自然との共生は世界中に広まっている大きな課題である。人々が環境保護に力を入れ、身近のささやかなことから行動に移すことこそ私の夢である。

私は昔、西安へ旅行したことがある。ちょうど市の立つ日らしく、通りでは車馬の往来が盛んで、非常に賑やかだった。そこで、長い行列を見かけ、スタッフに尋ねたら、ゴミを該当するゴミ箱に捨てることができたら、賞品として願い事が叶える「福カード」をもらえるということだった。

私はノリで列に並んだ。渡されたゴミは「ターフールの食べかけ」というもので、ゴミ箱の選択肢が十八もあるのは予想外だった。ゴミ分別の仕方を習ったことがなかったし、どのゴミ箱に捨てればいいか全く分からなかったのだ。楽勝だと思ったが、あっさり負けてしまった。あまり見苦しい失敗だったので、リベンジと言わんばかりに、私はもう一回列に並んだ。そこでゴミ分別のマニュアルを丸暗記し、勝利を収めることができた。

私は福カードを持って、ゲームに参加した人々の様子を見ていた。周りはだんだん綺麗になっていき、人々が楽しそうにゴミ分別の話をしているのが非常に印象的だった。人々が環境保護活動でこんなに楽しめるのだなあと感じ、私は驚いた上に、心も温かくなった。もし皆が環境保護活動で楽しみを探し出せるのなら、自ら自然を守ろうとする人も多くなるだろう。そう思った私は、福カードを握り締め「より多くの人が環境保護活動に参加し、緑豊かな世界で暮らせるように」と強く願った。

最初は自分のプライドが許せないので覚えたゴミ分別だったが、今では自然と分別してゴミを出すようになり、少しでも自分の力で自然を守りたいと思い、友達にも教え始めた。

最近上海でもゴミの分別を行っており、ゴミ分別のアプリも開発された。子供や老人も使いこなせるために、使い方が簡単で、レイアウトも親切にデザインしてある。リサイクルできるゴミをサービスセンターに出したらポイントがもらえ、ある程度貯まると日用品と交換することができる。中国は東京オリンピックのメダルプロジェクトのように、人々に環境保護活動の中で、喜びと達成感を感じさせたりして、人と自然との互恵関係を構築する努力をしている。

もちろん、国内だけでなく、中国人は海外でも環境保護活動を始めたのである。最近NHKは「西川口ピカピカ隊」を紹介していた。一人で始まったゴミ拾い活動がだんだん他の中国人を引き寄せ、団体で活動するようになった。最近では積極的にその活動に参加する日本人も増えてきている。一人では世界を変えられないかもしれないが、皆の力を合わせて取り組むことはできるのだ。

緑豊かな地球は皆の夢である。もし環境保護活動を世界中に広げたら、より身近で自然に触れることができるだろう。春は百花繚乱、夏は蝉時雨、秋は満山の紅葉、冬は一面の銀世界。四季折々の風景を眺めていると、自然に笑みがこみ上げてくるだろう。

東京オリンピックのメダル作製プロジェクトに我々が学ぶことはたくさんある。自然との共生という夢を叶えるために、この地球上のすべての命や自然を守る義務がある。一人一人が環境のことを思い、小さなことから実行して、環境問題は必ず解決できると私は信じている。この緑豊かな地球で楽しく暮らせるように、今日から自然を守ろう。

（指導教師　張麗珺）

★三等賞　テーマ「日中新時代を考える―中国の若者からの提言」

日中間を結ぶ「海と船」

大連海事大学　朱　栄

現在、中国では壮大な陸のシルクロードを想起させる「一帯一路」という言葉が重要なキーワードとして使われている。このシルクロードは実は陸路だけでなく、古来より海上のシルクロードがあったことも指摘されている。中でも中国と日本をつなぐシルクロードは歴史的にも重要かつ有名で、その際、通った道はまさに海だった。

中国と日本との関係はしばしば一衣帯水と形容されるが、この言葉の意味を考える時、現在では、それは海によって両国が離れていることと捉えられがちだが、一方、海によって両国がつながっているという見方もできる。そして、この両国が海でつながるために、古来より「船」が重要なツールとして使われてきた。私が学ぶ大学は、まさに海洋船を研究する最高学府でもある。

この船というものを私が特に意識し始めたのは、高校時代の「ワンピース」というアニメが原因だ。主人公のルフィが大海原を航海して冒険する姿に憧れた。

実は二年前、日本人の先生が主催された忘年会で素晴らしい景品が当たった。それは「上海」と「神戸」間のフェリーの往復券だった。大学で日本語を専攻する私は、それまで教科書でしか知ることのできなかった日本に、実際に目で見て、触れることができると興奮した。しかも、憧れのルフィのように、船に乗って日本へ行けるのだ。

フェリーが日本へ向けて出発したその日、待ちに待った日本旅行だったため、嬉しくてフェリー内を歩き回り、夕方になると、フェリーのデッキに立ちながら、大海原に広がる美しい夕日の光景に心を奪われた。思わず、隣にいた友達に「よくわからないけど、中国と日本とが一衣帯水の近隣というけど、こうやって日本語を勉強してきて本当によかった」と伝えると、友達は「私も同感。また、こうやって船のおかげで、日本に渡れることが嬉しい」と答え、それから、小野妹子をはじめとする遣唐使や鑑真和尚などの中日交流の先人たち、しまいには徐福伝説まで話題が盛り上がり、「船」というものがいかに両国の交流にとって重要な役割を果たしてきたかを語り合った。

私は思った。中国と日本は大海を隔てて存在するが、古来より「船」という乗り物によって貴重な歴史は誕生したのだと。特に中日交流の歴史にとって「船」は欠かすことのできない乗り物だった。

「船」でこの両国の海上のシルクロードを往来した人たちの心には、まだ実際に見たことがない国に対する未知への恐怖よりも、強烈な期待感や好奇心が占めていたのではないだろうか。だからこそ、彼らは時に嵐にも遭遇する危険、死の恐怖に直面しながらも海を渡るという選択をとったのだと思う。まさに船に乗る行為自体に、大きな夢とロマンがあったのだ。実際、私もフェリーに乗って日本へ渡ったあの時の興奮は今もって鮮やかに残っている。

今の時代、国と国とを往来する主な移動手段は飛行機が主流になった。ですが、私のおすすめとしては、時間が多少かかっても、やはり船で他の国へ行ってみてはどうかというものだ。特に中国と日本は私の経験からすれば、船で行っても、そんなに遠い国同士でもないというのが実感だ。中国と日本の間を船で行き来することは、飛行場についてから飛行機に搭乗するまでの慌ただしい流れ作業と狭い窓から雲間を窮屈に眺めていく空の旅路に比べ、多少、時間はかかるが、美しい大海原を全パノラマで眺めたり、両国の偉大な先人たちの友好の足跡を考えたりしながら、ゆっくりとした時間を存分に満喫することができる。

私は、このように、中日両国同士が、もし、海上のシルクロードを横断しながら一堂に船上で語り合えるならば、それはきっと新しい扉を開きゆく楽しく愉快な友好の一大交流会となり、きっと思い出深い美しい一ページがそれぞれの心に刻まれゆくものと確信し、これを提言とする。

（指導教師　田中哲治、森下朱理）

★三等賞　テーマ「日中新時代を考える―中国の若者からの提言」

日中新時代を考える

――中国の若者からの提言

山東大学　陳予希

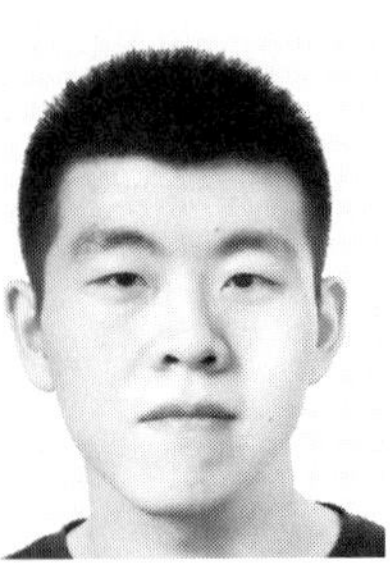

中日関係は複雑に入り組んでいると言っても過言ではない。今も日本に対してまだ恨みを抱いている人がいる。これは理解できると思う。中国人はまだ日本に対しての印象が浅くて、よく知っているのは数十年前の中国侵略戦争についてのことだ。確かに、日本が犯した罪は否定できず、中国人民の被害も忘れられない。

しかし、日本が先進国で、生活水準が高いことが羨ましいという人も多い。私が中学校の時、学校では英語以外の「小語種」も第一外国語として学ぶことができた。私はどの言語を学べばいいか迷っていたが、両親に日本語を選べば良いと勧められた。そうすれば将来日本へ留学できて、日本の発達した教育が受けられるからだという。私のある叔父は今、日本に定住して日本人と結婚し、医者になっている。彼の生活水準は非常に高くて、親類の多くが彼を羨ましがっているらしい。そこで、私は日本語を学ぶことにした。

約六年前、釣魚島問題が最も激しかった時、中国の多くのところで愛国反日パレードが発生した。その時私は中学生だった。故郷の石家荘でも激しいパレードが行われた。その時、多くの人が怒りのあまり、日本製の車を破壊してしまった。しかし、私はそのパレードに参加しなかった。これは愛国心の表現ではないと思ったからだ。また、日本語の勉強を始めてから、両国の人民が民間交流を通じて中日友好のためにたゆまぬ努力を続けていると感じていたからだ。

しかし、中国の多くの映画やドラマの中で日本人は悪人のイメージをもって現れる。私自身、子供の頃の日本のイメージは戦争ドラマの中の日本兵だけだった。彼らは中国で「日本鬼子」と呼ばれている。これはもちろんステレオタイプのイメージだが、その時の私は日本の多くのものは中国によく似ていて、特に漢字があるから、日本文化は大体中国文化の模倣だと思っていた。しかし、その後多くの日本の小説を読んだりアニメーションを見たりすることによって、日本文化の豊かさが理解できて、日本文化はただ中国文化を真似ているのではないことが分かるようになった。特に『雪国』を読んだ後、日本文化の独特な物の哀れが感じられた。近年、日本の文化輸出はますます盛んになっているので、中国人、特に若者が「日本鬼子」のようなステレオタイプのイメージを持つことはだんだん少なくなってきた。

改革開放が始まった頃、多くの日本の映画、ドラマ、アニメなどが中国に輸入され、中国人に大きな衝撃を与えた。私の両親も若い頃、「鉄腕アトム」「赤い疑惑」などのアニメやドラマをよく見ていたそうだ。それに高倉健や山口百恵などの当時の日本の映画スターも中国人の間で非常に人気があった。今でも私が両親にそれらのドラマやアニメについて聞くと、まだはっきり覚えていると言う。このような影響は他の国にはできないだろうと思う。今でも、日本の文化は中国に深い影響を与えている。私のクラスメートの多くは日本のアニメやドラマなどが好きで、日本文化に興味を持つようになって、日本語の勉強を始めたそうだ。

私は四年前に日本に旅行した時、日本人と日本語で交流できる機会が多くなるかと思っていたが、じつは日本で接触していたのはほとんど中国人だった。観光地やデパートで見た中国人は日本人よりも多いのが非常に面白かった。その一、二年の間に多数の中国人が日本に行ったが、主に買い物のためである。よく日本製の炊飯器や便器の蓋などを買っていた。買い物をする中国人が多すぎたので、日本のメディアでも報道された。

また、日本に留学する中国人学生も多い。一方、日本人学生はあまり中国に来ないので、中国では日本に対して表面的なステレオタイプのイメージを持つ人が今でも少なくない。日本語を学んでいても、全面的に日本のことを知るのは難しい。今はこの点に注意して交流の発展を目指すべきだと思う。

（指導教師　岩山泰三）

★三等賞　テーマ「日中新時代を考える―中国の若者からの提言」

十四歳の夢、日中新時代の流行文化について

武漢外国語学校　殷佳琳

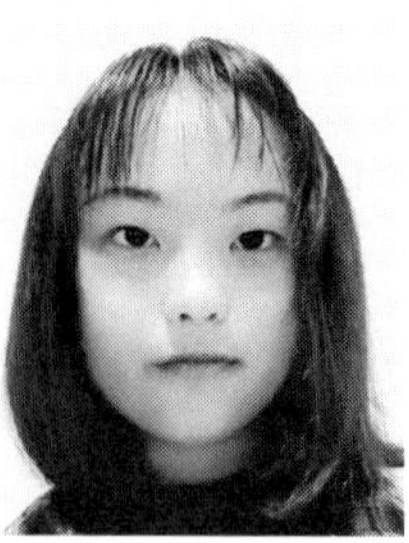

私は、中国武漢市で中学校に通う十四歳の女の子です。そんな若い私に、夢があります。

小学生の時、父と母に日本の東京ディズニーランドへ連れて行ってもらいました。たくさんの可愛いキャラクターたちに出会い、朝から晩まで楽しく遊んで、ここは世界で一番楽しい場所だと思いました。それ以来、日本が大好きになりました。

中国に戻ってからも、日本の色々な事に興味を持つようになりました。不思議な事に、私の周りも日本に興味ある友達がたくさんいる事に気づきました。私たちに一番共通する趣味は何かと聞けば、間違いなくそれは二次元文化と答えるでしょう。

二次元文化は、アニメとか漫画とかゲームとかに関連する事で、ＡＣＧ（Animation・Comic・Game）ともいわれています。日本ではこのＡＣＧ文化の歴史が何十年もあり、世界一を誇る高いレベルです。近年は盛んな国際交流によって中国に伝わって来て、爆発的な人気を博し、若い世代に大きい影響を与えました。

日本の二次元文化が流行している中、中国のファンたちがＡＣＧの発想から中国の伝統的特徴を取り入れて、ある物を作りました。それは、現代的な意味で「漢服」というものです。以前、中国の二次元文化が好きな若者はよくLolita（ロリータ）という服装を着ていました。Lolitaも日本から中国に流入した二次元デザインのドレスで、女の子が大好きな可愛いものが多いです。もちろん、そんな可愛いLolitaは、女の子しか着る事ができません。そこで、中国の古代衣装の元素と二次元を融合して、男性用と女性用のデザインがそれぞれ考えられ、現在の「漢服」という服装が作られました。その特徴的なデザイン性と、男女問わず着られる運用の便利さから、漢服は中国の若者の中であっという間に人気が広がりま

した。

今はＩＴ技術が非常に発達している時代です。インターネットで何でもできるようになりました。では、日中両国の若者が共通して好きな二次元文化を互いに交流できるサイトがあったら、どうなるでしょう。インターネットの情報は無限に豊富なので、見たい物は簡単に見られますし、聞きたい事も簡単に聞けます。欲しい物は簡単に買えて、すぐに手に入ります。日本と中国がそれぞれ考えたデザインと作品もこのサイトで交流する事も出来ます。それだけではなく、同じ趣味を持った若者たちが集まれば、同じ話題で盛り上がって議論できるし、更にレベルアップした素晴らしいものを作れる可能性も高いです。このようなＡＣＧに興味がある人に交流の場を提供するサイトが早くできる事は、私の夢の一つです。

そして、二次元文化においては、コスプレという重要な部分があります。このコスプレは、アニメやゲームや映画などにあるキャラクターに扮して、その特有の表現をしたり、代表的な言動をしたりして楽しむ事です。ＡＣＧ展覧会がある時に、色んなコスプレをしたプレーヤー達が参加して来ます。しかし、多くのＡＣＧ展覧会はそれぞれの国で行われ、中国のコスプレイヤーは日本の展覧会に行けなくて、日本のコスプレイヤーが中国の展覧会に参加する事も難しいです。私は、日中両側が一緒になって定期的に盛大なＡＣＧ展覧会を行って欲しいですし、できれば、日中両国の共同大会でコスプレのコンテストもして欲しいと思います。実際に会って、自分の考えと実践した事を語り合い、競争し合い、そこで互いの考えを交換すれば、新しいヒントが得られるかもしれません。自分の作品に改善点が見つかれば、きっともっと良い作品が生まれます。そんな両国の二次元文化が好きな若者たちが実際に触れ合って交流するステージがたくさんできる事は、私のもう一つの夢です。

これは中学生の夢で、大人たちにとっては理解しがたい事かもしれません。しかし、文化の交流はただ訪問、交換留学、外交のような事だけではないと思います。この時代の交流は伝統を覆して、多元化する事でより幅広く交流することが重要だと思っています。

（指導教師　露木震一）

★三等賞　テーマ「今こそ伝えよう！　先生、家族、友だちのこと」

ありがとう、兄

浙江外国語学院　李沁薷

私が今まで正しい人生の道から外れなかったのは、兄のおかげだといえるだろう。

兄はとても優秀な人だ。浙江大学を卒業してから、スタンフォード大学の大学院に進学した。そして今、彼はフェイスブック社でインターンシップをしていて、間もなく正社員になる。そんな兄を、親戚や近所の人たちはいつも「頭がいい子だね」と褒めてくれた。優秀な兄と正反対の私は、成績もそこそこだし、特技や趣味も特にない。

小学校のころ、私も兄のようにすばらしい人になりたかったが、自分に自信がなくて、気持ちが晴れない毎日を送っていた。親と相談したが、全然理解してくれなかったばかりか、かえって勉学を怠けているのではないかと私を責めた。その時、どうして自分はそんなにだめなのかと思い、ずっと劣等感を持っていた。

ある月曜日の夜、学校から帰ったら、いきなり電話がかかってきた。

「もしもし。あっ、梅先生、何か御用でしょうか」という父の声が聞こえた。父からクラス担任の先生の名前を聞いて、私は今日の午前中に起こったことを思い出して、恐ろしさで身震いした。先生に何回もお詫びをした父はむっとして顔色を変えて怒った。

実は、家に帰る途中で友達がクラスメートの林哲君にいじめられたのを見て、私はそれを止めようと、暴れる林哲君のところに走って行き、彼を殴った。

そこで、「私はただ……」と弁解しようとしたが、

「もういい。私はもう用事で会社に行くから。お兄さん、ちょっと私の代わりに、あいつを連れて梅先生のところに行ってくれないか？」と兄に聞いた。

「わかった」と兄は返事をした。

梅先生の事務室に行く途中で、兄は私に何も聞かなかった。その時、きっと兄も自分のことを誤解しているだ

ろうと思った。

梅先生の事務室に入る前に、大人たちの騒ぎ声がはっきりと聞こえた。たぶん私のことで言い争っているのだろうと思った。事務室の重苦しい雰囲気に怯んだ私はドアの前で立ち止まってしまった。私の緊張を感じた兄は穏やかな声で「大丈夫だ」と言ってくれた。

たった一言だったが、魔法のようにその言葉は私の緊張感を和らげた。

事務室に入ると、騒ぎ声が止まり、林哲君と彼の両親が梅先生のそばに立って、私を睨んでいた。

梅先生は林哲君の傷だらけの顔を見て、私に説明を求めた。

どう説明しても、先生は信じてくれなかった。林哲君は成績が良かったので、それだけで彼がいじめをしたことを先生は信じようとしなかったからだ。

「殴り合った場所にいくつかの防犯カメラがあるんだけど、警備室に行ってその時間のビデオテープを見たらどうですか？」と兄が提案した。

その結果、ビデオテープを見て事実を知った先生は私に謝った。


家に帰ると、兄は私の傷口を洗ってヨードチンキを付けてくれた。そのときやっと、自分の砂や泥で汚れた傷に気付いた。

私は兄に聞いた。「何で私を叱らないの。それどころか、私のこと、信じてくれたよね」

「ずっと君がいい子だと信じているからね。ぼくはね、一度いじめられたクラスメートを助けようとしたことがあったが、勇気が出せなくて何もできなかったよ。そのとき、誰も助けに行けなかった。君にはほかの誰にもない正義感があるんだ。それは、本当に素晴らしいことだよ」と兄が言ってくれた。そのとき、自分にもいいところがあるのだと初めて気付いた。

そのほか、逃避せず粘り強く頑張り続けること、今の自分を認めること、好き嫌いで人を判断しないことや何歳になっても夢を持つことなどと、いろいろな人生の法則を教えてくれた。そして、兄はいつでも懸命に私を大切に守ってくれた。兄に対する感謝の気持ちは言葉では言い表せない。


（指導教師　盛文淵）

★三等賞　テーマ「日中新時代を考える――中国の若者からの提言」

小さいものに見る国際理解

北方工業大学　楊衛娉

大学の教科書のある文章に次のような話がある。

楽しい事は楽しいし、悲しい事は誰だって悲しい。そんな当たり前の感情を素直な気持ちで伝え合い、共有するのは、考えられているほど難しいことではない……「みんな同じなんだ」という思いなくして、国際化も国際理解も始まらない。

「国際理解」といえば、よく奥深いものだと思われがちで、外国の人と交流する時、また外国の文化を勉強する時、母語話者ではない自分が一体本当に理解できるのかとよく迷ってしまう。確かに、言語による文化の違いが、時々文化交流の阻害になるかもしれないが、「楽しい事は楽しいし、悲しい事は誰だって悲しい」という人間共通の感情さえ持っていれば、理解できないわけでもないだろう。

その文章の中では、主人公のミエが大切な指輪を無くした時、留学生がみんなで一緒にその指輪を探してあげた。大切な指輪を無くした時の悲しさを共有し、最後まで見つからなかったにもかかわらず、お互いの友情が深まった。実を言うと、この文章を習った時は、まだ十分に理解していなかった。去年の五月に、内モンゴルの砂漠で日中青年の植林ボランティア活動に参加した時、まったく同じことが起こった。植林していた時、ある中国の女の子が携帯を無くしてしまった。最初はみんなで探したものの場所が場所だけに、なかなか見つからなかった。しかし、皆が諦め始めても日本の男の子たちは、砂まみれになりながら、ずっと探し続けた。やっとの思いで携帯が見つかった時、みんなは歓声をあげ、喜んだ。以前分からなかった気持ちが、その歓声があがった瞬間、分かった。

去年の九月から、交換留学生として日本で五カ月間の留学生活を送った。学校の近くにあったコンビニでアルバイトをした経験がある。店長も常連さんも、また一緒にバイトをしたお婆ちゃんたちもよく私に「中国人、貯金する人は多いの？」と聞く。初めて聞かれた時は「まあ、やっぱり貯金の好きな日本人の質問だね」と思ったが、二度も三度も聞かれて、日本人がこのような好奇心を持つのは、ちょうど私たち中国人が「日本では毎日残業する人が多いのでは？」のような好奇心を持つのと同じことではないかと気づいた。「中国の北京や上海の家賃も東京のように高いね」のような話を通して、次第に相手のことが理解できるようになるだろう。

もう一つは、一番仲の良い日本人の友達、リカちゃんとのことだ。ある日、リカちゃんと一緒に食堂でご飯を食べた時、食器返却コーナーでこのようなシーンがあった。ある女の子がご飯を食べ切れず、いっぱい残したら、「なんでこんなにいっぱい残すのだ！」と食器返却コーナーのおじいさんに怒られた。これを見て、どうしても納得しなかった私はリカちゃんに「どうしてあのおじいさんはこんなに怒ってるの？」と聞いた。

それは世界諸国の普通の人々と同じように、戦争を嫌い、平和を大切にしているからなのだ。戦争を経験したおじいさんは浪費行為が嫌いなのだ。また、戦争を体験したお年寄りの中には天皇が嫌いな人もいる。戦時中には天皇の為に死ぬことがとても美しく素晴らしいことだった。そのせいで若者がたくさん死んだので、皇族を憎んでいる人もいる。彼女のおじいさんの友人も空襲の時に昭和天皇の写真を守るために若くして亡くなっている。このような平和を大切にする普通の、尋常の気持ちは、どの国の人でもきっと理解できるのだろう。

だから、携帯を無くして焦る気持ち、相手の国の日常生活に関する好奇心、また平和を大切にしたい気持ちは人間として同じものではないか。人間としての当たり前の感情さえ持っていれば、日常生活の小さい所から、だんだん「みんな同じなんだ」という気持ちが生まれる。それが新しい時代の日中国際理解にとって大事なものではないだろうか。

（指導教師　梁長歳）

★三等賞　テーマ「東京二〇二〇大会に、かなえたい私の夢！」

ゆるスポーツで君の心を開きたい

河北工業大学　李登宇

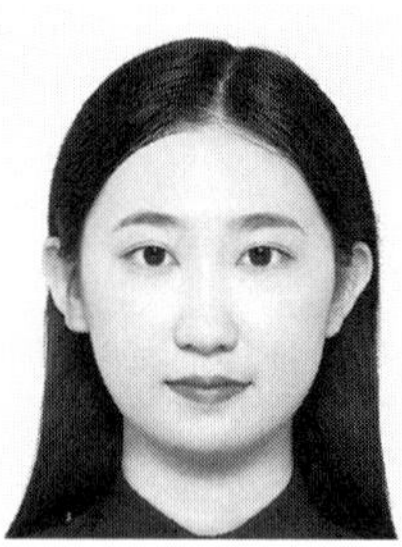

私の心にずっと消えない思い出がある。より正確に言うと、夢である。

私の中学校は地元の特別支援学校への援助活動を発起したことがある。お金と果物を寄付することを呼びかけた。学生代表の私は寄付されたものをプレゼントにして、そこの子どもに贈った時、彼らがきっと非常に喜ぶと思ったが、少し冷淡な感謝の言葉だけが返ってきた。その結果は思いがけないことだ。

私たちのプレゼントが好きではないのか。彼らにとって、最もほしいものは一体何だろうか。どのような方式であれば、助けられる側は他人の善意をすんなり受け入れてくれるのか。これらの疑問の答えを探しているうちに、恵まれない人に温かさを感じさせるのが徐々にかなえたい私の夢になった。幸いなことに、偶々知っていた日本のゆるスポーツに大いに啓発された。

大学二年生の夏休み、タイの学校で英語の先生として、短期ボランティア活動に参加した。ほかの学校と違うのは学生に孤児が多いことだ。学生の性格があまり明るくない上、私たちがタイ語ができないので、なかなか打ち解けられなかった。早く学生たちと親しくなるように、お菓子やパンダのキーホルダーなど、自分なりにいいと思うプレゼントを渡した。だが、相変わらず効果がなかった。その冷たい態度に、私は落ち込むというよりは、彼らの心の扉を開く鍵が何かわからなかったので大変困った。ネット上で経験談を調べている時、ゆるスポーツのビデオを見つけた。私の心は何となく深く動いた。

ゆるスポーツは発端が東京二〇二〇大会と大きくつながり、オリンピックの補充といってもいいかもしれない。オリンピックはトップアスリートのステージなのに対し、ゆるスポーツは普通の人、特にいわゆる弱者層がスポーツを体験する場だ。ゆるスポーツの最大の魅力は新奇なルールで弱さを強さに変え、全ての人が平等のスタートラインに立ってスポーツを楽しめることにある。

　私が感動させられたのは人々がベビーバスケットを楽しんでいる場面だ。力強い動作が一切必要ないので、子どももお年寄りも車椅子の障害者も、みんな進んでその面白い競技に参加している。コロコロした笑い声は羽が生えたように私の心に届いた。人々の中で、体つきが痩せて小さい子どもはとりわけ私の目を引き付けた。彼の明るい笑顔から読み出した本当の喜びこそ、目の前にいる学生にもたらしたいものだからだ。楽しさを与えるのは目が見えるものとは限らず、ゆるスポーツにならって元のルールにこだわらない活動を行うのも相当いい選択だろうと突然意識した。そして、私は大胆な決定をした。

「さあ、体育の授業をやりましょう」

　運動場にバレーボールだけがあった。ボランティアと学生は年齢の差があるので、強い力が要求される運動は明らかに不公平だ。そこで、私は「ゆる」を中心にルールを立てた。両チームに分け、ボールを一つずつ持たせた。体の前で両手を握り、腕を張ってボールを支え、そのままボールを落とさずに動き、できるだけ早くボールを次の人に渡すというリレーのような競技を行った。簡単な活動といっても、意外に学生たちの心の壁を突き破ることに成功した。無邪気な笑顔やキラキラと輝いた目を見て、達成感が湧いてきた。

　その経験は私にさらに深い考えを与えてくれた。助けられる側にとって、最もよいプレゼントは何か貴重なものというわけではなく、同等に扱われることである。上から好意を恵み与える態度を捨て、平等な方式で付き合うのは、恵まれない人にとって、最大の「善」と「愛」なのだ。それも私がゆるスポーツからしみじみ感じたことだ。

　百聞は一見に如かず。オリンピックに熱くなる日本で、ゆるスポーツの特別活動も行われると聞いた。二〇二〇年にその新たなスポーツを自ら体験し、よいアイディアを収集したい。将来のある日、活用してより多くの人に楽しさを与えるのを夢見ている。

（指導教師　高良和麻）

★三等賞　テーマ「日中新時代を考える――中国の若者からの提言」

流行語を学ぼう

恵州学院　呂鵬堅

今まで僕は、あまり流行語を重視することはなかった。

今年の三月、札幌大学からの留学生が、僕の大学に二週間の留学生活にやってきた。僕はその中の一人、女生徒の草野さんのお世話をさせていただいた。正直言うと、初め僕は何も分からず、草野さんと何を話せばいいのか、どう接すればいいのか、全然頭に浮かばなかった。人生初の同い年の外国人と話す機会だったが、初対面の時はただ無言のまま冷たく空気が流れていた。だがその後、彼女は僕に積極的に話しかけて来るようになった。まるで案内役と客の立場が逆転したようだったが、そのおかげで僕は少し落ち着くことができた。

ある日、僕たちは草野さん、そして彼女の友だちと一緒に食事をした。食事の時、彼女たちはたくさんの質問をしてきた。「どうして日本語を勉強しているの?」「趣味は何?」「彼女はいるの?」、そして「ファーストキスはいつですか?」などということも聞かれた。「えっ、彼女? だれのこと?」と僕はうまくリアクションできなかった。「彼女」は日本語で「恋人」の意味だと後で分かった。その場は友だちがフォローしてくれたおかげで、何となく誤魔化すことができた。

草野さんによると、日本人はこういう話にとても開放的だそうだ。中国人はそういう話は、恥ずかしいからあまり人に言いたくないと思う。その時、中日両国の文化の差を確かに感じた。すると彼女が急に指を出して、『あげみざわ』って、言ってみて」と僕に言った。「えっ、どういうこと?」と思いながら、とりあえず言ってみたら、彼女が凄く笑った。彼女は「これはテンションを上げる時、使う言葉なんです」と僕に説明してくれた。「えっ、テンションを上げる?」と僕は疑問に思ったが、突然閃いた。多分、この「あげみざわ」の「あげ」って、「上げる」の意味かも。そのあとも「マジ卍」とか、「やばたん、やばたにえん」など、よくわからない流行語を教えてくれた。僕たちも、今中国のネット上で流行っているパンダのスタンプなどを彼女に紹介した。この時が、彼女との会話で一番盛り上がった瞬間だった。

その後調べてみると、「あげみざわ」とはテンションが上がり、嬉しい時、盛り上がった時に使う言葉だと分かった。そして僕が考えた通り、「あげ→あげみ→あげみざわ」という風に変化していた。そして「マジ卍」も同様に、感情の高ぶりや、信じられない物事を表す言葉だった。「マジ」は「本気」、「卍」は「やばい」の意味で、「本当にすごい」という感情を表す言葉だ。これらの言葉には、一つの共通点がある。それは、日本の若者の間で流行っている言葉だということだ。

次の日、草野さんたちと会った時、彼女たちは僕の名前を呼ぶのではなく、「あげみざわ」と僕に呼びかけてきた。

二週間はあっという間に経った。今回の留学生との交流で、僕は多くのことを学んだ。一つは、日本語はもとより、自分の国のことも勉強して、いろいろな知識を身につけなければならないということだ。二つ目は、日本の経済、政治、文化などについて学ぶことも大事だ。特に今回の留学生との体験で、僕は流行語のメリットを知った。日本をよりよく理解するため、僕は流行語を学び、また活用することを提案したい。特に昨今の若者は、流行に敏感だ。流行語について紹介し合い、共通の話題を見つけると、さらに話に花が咲く。

流行語という物は、元々世間で注目されて話題になる言葉だ。そして流行語は、難しい単語を使わないので分かりやすく、誰にでもすぐ理解できるという特徴があるそうだ。

今の僕の日本語レベルはまだ未熟で、自分の考えを上手く伝えられないことがある。だからこそもっと沢山話すべきだし、話そうとしなければ、相手のことを理解しようとしなければ、交流は成り立たない。

日本をよりよく理解し、日本人とより良い交流をするため、流行語を学ぼう。

（指導教師　宍倉正也）

★三等賞　テーマ「日中新時代を考える――中国の若者からの提言」

私を変えた京都

浙江師範大学　冉美薇

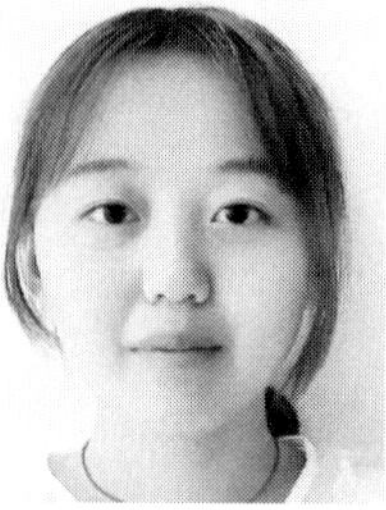

卒業旅行は京都でした。

高校を卒業したばかりでしたから、当時の私の日本に対する印象は、アニメや映画のイメージだけでしたが、せっかく友達が誘ってくれたので、誘われるままに京都へ行きました。

まず、最初は伏見稲荷大社。ガイドさんから神社での参拝方法を教わり、初めて日本で祈りました。神社ではキツネの像をたくさん見かけましたし、お土産屋さんには可愛いキツネが並んでいました。かわいさにがまんできなくなって、ついつい買ってしまいましたが、稲荷神社とキツネの関わりを知ることができたのも楽しい思い出です。日本にも中国にもキツネはいますが、中国ではいつも狡猾で邪悪な化身というイメージがあります。それなのに、日本では守護神のようなものになれますから、私は少しずつ日本文化というものに興味を抱き始めました。

次の旅行地は祇園の花見小路でした。ここでは、日本の伝統衣装である着物を着た芸者さんたちが、伝統的な楽器を抱えてゆっくりと優雅に街を歩いていました。映画のワンシーンのような光景を、現実として自分の目の前で見ることができたのが印象深く私の心に刻まれました。この小道の近くには、着物を借りるお店や着物を売るお店がたくさんありましたので、私たちも着物を借りることにしました。店長さんはとても親切な日本人で、初めて着物を手に取る私たちにたくさん推薦してくれましたが、もちろん私たちは日本語がわかりません。それでも、店長さんと手振りや英語を交えながら、意思疎通できました。外国語を使って外国人とコミュニケーションできることがこんなにも楽しいものだと初めて知りました。あのころの私は、日本語を勉強している今の私よりも勇気や度胸があったのかもしれません。今、思い出すと不思議な感覚になります。店長さんが着付けについてたくさん教えてくれ、私たちもそれを楽しんでいる間に時間がどんどん過ぎてしまい、結局、着物を借りて外を歩くことはできませんでした。それでも、店長さんの笑顔は変わらず、おかしな中国語で「また京都に遊びに来てね」というような感じのことを言ってくれました。

その後の旅行で出会った日本人たちもみな親切で、地元のグルメや観光地をとても熱心に紹介してくれました。私たちが日本語のわからない中国人観光客だと気付いた後も、少しも親切さも丁寧さも変わりませんでした。ある食堂の若いウェイターさんは、私たちが中国から日本へ旅行した観光客だとわかると、私たちに中国のことをたくさん尋ねてくれ、私たちの紹介を聞き終わった後、「次は僕たちが中国へ遊びに行くよ」と言ってくれました。前から友達だったかのように親しくなり、連絡先まで交換しました。

たった何日かの京都旅行でしたが、私は、日本の伝統文化と日本人の性格を知ることができました。日本文化と中国文化の違いや共通点を発見し、日本で撮影した写真や映像を自分のSNSに投稿しましたので、友達のコメントからさらに深く多く日本を理解することもできました。日本を知ってもらえたこと、日本に行きたいといってもらえたことにうれしくなりました。

今の私は日本語を専門に学ぶ大学二年生です。卒業後は旅行ガイドになりたいと考えています。この卒業旅行の経験が私を変えたのかもしれません。日本へ来た中国人旅行客と中国へ来た日本人旅行客のために日本と中国を紹介し、両国の人々に楽しんでもらい、その体験を通してお互いの国を深く理解してもらいたいのです。私自身もそのための情報をどんどんSNSで発信していくつもりです。

二〇一八年に安倍首相が訪中し、中日関係が新時代に入ったとはいえ、ずっと中日両国が一衣帯水の隣国だったのは遣唐使の時代から変わっていません。京都が私を変えてくれたように、旅行こそが両国の交流を促進し、人々の心まで変えていく何よりのきっかけになると私は信じています。

（指導教師　濱田亮輔、金稀玉）

★三等賞　テーマ「日中新時代を考える――中国の若者からの提言」

三菱のシャープペンシル

浙江師範大学　何仁武

日系企業で働いていたおばさんからもらった三菱のシャープペンシルが、私の初めての「日本」だ。田舎町の小学生の私にも日本製の使いやすさはわかった。宿題をずっと書き続けても指が痛くならないほど握り心地が良かった。中学に上がっても使い続けられるほどの耐久性まで兼ね備えていた。

私の二つめの「日本」は、デマだった。「東日本大地震の原発事故により東シナ海の海水が汚染されたため、これからは食塩が放射能に汚染されるかもしれない」というデマだ。デマには尾鰭も背鰭も付くもので、いつしか「日本人はまだまだ中国人へ殺意を抱いてるから、わざわざこんなことをしたんだ」というものまで加わっていた。落ち着いて考えてみたらデマだと分かるはずだが、当時は私の家族でさえ、このデマを信じていた。母は食塩の買い溜めに奔走する傍ら、日本人がまた中国を侵略する気なのかとおろおろしながら何度もつぶやいていた。

今になっては一笑に付すしかない話だが、しかしながら、現実に起こった以上、田舎町の庶民の教養程度やデマの拡散は笑い話では済まされない。さらに言えば、戦争を仕掛けた日本に対する不信感や恐怖感を潜在的に持っている人たちが、こんなデマを信用するのも無理はないのである。恐怖に支配されたときは、複雑で抽象的な概念よりも、単純で具体的な体験をあっさりと選んでしまうものなのである。私が思うに、デマはこうやって急速に広がっていくのだろう。

そのうえ、当時の私にはわからなかったが、デマは覆すのもひと苦労だ。恐怖という感情で動いている人たちに対して、論理的に冷静に説得しようとしても無理なのである。説得しようとすれば、「日本の味方なのか」と不信感が増大するだけだ。

もしかしたら、今の私がデマを笑い飛ばせるのは、

「三菱のシャープペンシル」のおかげなのかもしれない。日本人への信頼より先に、日本製品への信頼を抱いていたならば、不信感と恐怖に支配されずに済むのではないだろうか。実際、私が大学で日本語を専門として学んでいると知った人たちは、「日本は決して好きじゃないんだけど、日本製は嫌いじゃないよ」とよく話しかけてくれていた。

その根底を探ってみると、「嘘つきは信用できないが、物品は嘘をつかない」という認識を誰もが持っているのではないかという考えに至る。たとえ極悪人が作ったものであれ、製品の質が良いなら、そこだけは認めようという認識が広くあるのではないだろうか。このように考えていけば、デマに流されやすい先入観を変えるためには日本製を知ってもらうことが効果的になる。

中国Ｅコマース研究センターのデータによると、一昨年の六月までに中国Ｅコマースの従業者数が二千三百万人を超えたらしい。さらに、中国速達協会の報告によれば、一昨年の中国速達サービスネットワークでは、農村でさえ小包の配送量は八十億個に達している。このように盛り上がっているネット通販や物流の現状を見れば、中米関税引き上げ競争とは真逆に、日本製品の関税を下げることで、日本製品を手にする人たちが田舎町でも急増するのではないかという夢が広がってくる。それにより、物の信頼を通してデマに流されない関係を築くことができるのではないかと私は思う。

友好は挨拶から。私が日本での交換留学で実感したことだ。挨拶から交流が始まり、やがては友好や信頼へ深まっていく。日中新時代を迎えるにあたり、国を越えた物品の交流こそが、やがては国と国との交流さえ支えるのではないだろうか。抽象的な国家という概念を、複雑に育まれる信頼を、まずは具体的な製品に込めて届けていく。小さな物品が両国の生活に便利さと幸福をもたらし、それが不信感を薄めていくきっかけを生み出し、ひいてはデマに流されないほどの真摯に向き合う中日関係へ向かっていくことを、私は三菱のシャープペンシルを見つめながら祈っている。

（指導教師　濱田亮輔、徐微潔）

★三等賞　テーマ「東京二〇二〇大会に、かなえたい私の夢！」

東京二〇二〇大会に、かなえたい私の夢！

浙江師範大学　肖思佳

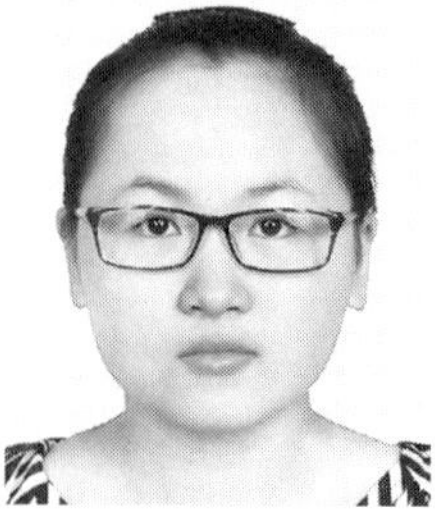

オリンピックと言えば、一般的には、遠く現実感のない言葉だと思います。平凡な私たちがオリンピックに参加することなど考えたこともないのですから。強いていえば、家族でテレビを囲んで応援するぐらいしか、この言葉との繋がりはみつかりません。しかし、大学に入学した当時の私は強固な繋がりを見出していました。

「日本に行きたいですか。日本に行ったら何をしたいですか」

「二〇二〇年に私は大学を卒業しますので、卒業旅行として、夏休みに、家族と東京オリンピックを見に日本に行きたいです」と（もちろん中国語で）答えました。家族に日本を見せたい気持ちは今も変わりませんが、三年生になった私の今の夢はあれから少し変わりました。

私は東京オリンピックで通訳ボランティアとして活動したいです。空港や駅のような交通機関、競技場やその周辺、さらに主要観光スポットなどには、海外から観客が大勢つめかけますので交通案内サービスや競技案内サービスを担うボランティアが多数必要になります。私もオリンピックの「一員」として参加したいのです。

この夢が明確になったのは、私が日本へ留学したときでした。交換留学は半年間だけでしたから、そのチャンスを活かして勉強の合間に日本の名所旧跡に足を延ばしました。そうしているうちに私はある問題に気づきました。世界各地からの観光客は言葉が通じなかったり、文化的な違いによって困難にぶつかるかもしれないということです。「もし私の日本語がもっと上達したら、そういう人たちを助けられるのにな」と思いましたが、そのとき、ふと東京オリンピックのことを思い出しました。

私が大学を卒業する二〇二〇年の夏までに、もっと自分のレベルを向上させて、そのときにボランティアの一人として参加すれば、自分の力を役立てることができるのではないかと。

交換留学が終わって中国に戻り、中国の大学で日本語の勉強が再び始まりました。生活にも日常が戻り、ボランティアには何が必要かを考える日々が続きました。ボランティアに必要なのは語学力だけではないと思い始めたのです。

まず、私が最初にレベルアップしなければいけないのは、招致運動でも話題になった「おもてなしの心」かもしれません。訪れた異国の地にあっても、母国と変わらないような、あるいはそれ以上の安心感と信頼感を与えられるのが「おもてなし」だと思います。私が一年後にそのレベルに達することができるかは正直自信がありませんが、まずはできることから練習したいです。今の私が練習できるのは、見知らぬ人の立場に立って心からの笑顔を見せられるようになること、それと、毎日の生活の中で元気を出し、前向きに生きていく精神力を鍛えていくことです。

次に必要なのは、訪れてくるであろう観客の多様な文化を少しでも学んでおくことです。私が留学していたとき、大学の異文化交流活動の時間で、中国の旧正月の料理について私が紹介するチャンスがありました。私にとっては当たり前の話をしたにすぎませんが、聞いてくれたみんなは興味で目をキラキラさせてくれました。開催国である日本の文化や慣習を学ぶことはもちろん必要不可欠ですが、それ以外にも観客の立場で観客の文化や考え方に理解をもっていたほうが、より心の通じるボランティアになれるのではないかと考えています。

最後に必要なのは、夢をあきらめないで、その実現に向かって体験を増やしていくことです。ボランティア活動はオリンピックだけではありません。大学の中でも、市内でも、ボランティアは求められています。ボランティアとしての実績を積み重ね、少しでも余裕のある笑顔と仕事を提供したいと思います。

あと一年と少しでオリンピックが始まります。今日からまた新しい一日が始まり、未来に繋がります。テレビの前ではなく、そのスタッフとして笑顔でボランティアに励み、世界に繋がりたいです。


（指導教師　濱田亮輔、徐微潔）

★三等賞　テーマ「東京二〇二〇大会に、かなえたい私の夢！」

私のコーチになる夢を叶えたい

大連外国語大学　王子健

私には一つの夢があります。私の夢は二〇二〇年までにプロのアーチェリーのコーチになることです。そして、東京の競技場に行き、コーチとして試合に同行すると共に、各国の強豪を見て勉強しようと考えています。

今年、私は二十二歳になります。三年前、私はアーチェリーの選手として活躍していました。当時、私は過酷な訓練を経て優秀な成績を次々と収めていました。しかし、家族が亡くなったことでひどくショックを受け、私は引退を決めました。引退後の暮らしは毎日疲れることなく、訓練も試合もせず、時間があれば麻雀をしていました。「多分このままでいいんだろう。このまま、静かに暮らしたい」と思っていました。

しかし、半年前、私に転機が訪れました。私の元コーチからかかってきた一本の電話です。

「もしもし、王さん、中国のアーチェリー選手がアジア大会で優勝したから、市の青少年アーチェリーチームを設立することになったんだ。手伝ってくれよ。君の成績は同学年では最高だったぜ。アーチェリーを簡単に諦めないでくれ」

とコーチは電話で言いました。

「はい、承知しました。全力で頑張ります！」

私はこう答えました。

電話を切って、私はネットでそのニュースを調べました。アジア大会のアーチェリー種目の最初の金メダルは、中国の新世代選手、張心妍が獲得したものです。韓国の四十年間の独占を破りました。そして、二〇二〇年の東京オリンピック大会の出場も決まっています。

全ての中国人は大国の夢を持っています。かつて選手だった私も張選手と同じように、スポーツ大国を作る一人になりたいと思っています。だから、もう選手として再びオリンピック大会に登場することができないのなら、プロのコーチになろうと決意をしました。

次の日、私は見習いコーチとしてクラブに戻りました。しかし、何事も最初は難しいものです。私はコーチとしての経歴と指導者の引率歴がないため、機材の管理とユニフォームのクリーニングから始めなければなりません。同時に私は後輩たちとアーチェリーの基礎訓練についても学ぶ必要があります。その頃、私は大変な思いをしていました。しかし、これは夢の糧となると信じていました。


二カ月後、私は観光客の体験エリアに派遣され、指導員を担当することになりました。次々に来る未経験の観光客の指導を一手に引き受け、どうやって矢を射るか教えました。アーチェリー選手としての経験があり、実戦経験は十分にあるので、やってみると案外うまくいきます。その時は業績がどんどん上がっていき、すっかりいい気分でした。

こうして数日が過ぎました。ある日コーチに「チームと一緒に試合に出かけるか」と聞かれました。元選手として出ていた時と同じようなものだと思い、あまり考えずに承諾しました。ところが、競技場に着いてコーチとしての試合と、選手としての試合が全く異なっていたことに気が付きました。

試合当日、選手たちは休息と心理状態を調整することだけに集中します。アーチェリーは心理状態と密接に関係しているからです。コーチは違います。彼らは選手たちの健康と衣食住、道具のメンテナンス、試合の日程、審判員との交流、試合の進行状況などを理解し管理しなければなりません。しかしながら、私は選手の生活のサポートをすること以外は何も知りません。私は自己満足に浸っていただけでした。

それを機に、私はプロの大規模な試合を見に行き、プロ選手とコーチはどのように試合に向かうのかを学習することにしました。それは、私のコーチ人生には絶対に有益だと思っています。来年の東京オリンピック大会は絶好の機会なので、必ず見に行きます。

これが私の二〇二〇年に実現しようと決めた夢です。大きい夢ではありませんが、私が選んだ道です。自らの努力によって、中国をもっと強いスポーツ大国にしてみせます。


（指導教師　永田隼也）

★三等賞　テーマ「東京二〇二〇大会に、かなえたい私の夢！」

二〇二〇年の夢

――絶対あきらめない！

大連外国語大学　金智慧

「愛ちゃんにとって卓球ってなに？」

「うーん。私を絶対に裏切らない存在！」

これは日本の卓球界を代表する福原愛選手を、カメラが四半世紀にわたり追い続けた成長記録のワンシーンだ。福原選手を初めて知ったのは友達が紹介してくれたドキュメンタリーを見た時だった。そこに映っていたのは可愛いくて、泣き虫な女の子だ。卓球台から少しだけ顔をのぞかせ、真剣に卓球をするその姿に私は心惹かれた。しかし、取材班は一体なんのために、この泣き虫な幼稚園生の女の子を二十四年間も撮影し続けたのだろうか？

一九九四年五月四日、当時七歳の愛ちゃんは、東京で行われた小学生トップ選手の強化合宿に参加していた。いつものようにお母さんと練習を始めた愛ちゃんだったが、周りの目が気になって集中できず、いつものようにうまく出来ずにいた。お母さんはそんな愛ちゃんを見て、「そんなことなら、やめなさい」と叱りつけたが、愛ちゃんは「いやだ、続ける！」と、泣きながらラケットを振り続けた。私はその厳しさにびっくりしてしまった。愛ちゃんは卓球を始めた時、お母さんとある一つの約束をしたそうだ。それは、「絶対に途中でやめないこと」この女の子は、泣き虫で、とても弱そうだが、本当は決して諦めない強い心の持ち主だということを知った。きっと彼女が当時から、史上最年少の日本代表メンバーとして日本人に愛され、みんなの期待を背負っているという自覚があったからだろう。この女の子が後に、二〇〇四年のアテネオリンピックから四回連続でオリンピックに出場し、輝かしい成績を残したことは皆さんご存知の通りだ。二〇一二年には日本卓球史上初の団体銀メダルを、次のリオ・オリンピックでは団体銅メダルを獲得した。

私はそんな福原選手を見て、自分自身の夢に対する姿勢を振り返ってみることにした。私は子供の時から真っ白な紙の上に、思いのままに絵を描くことが好きだった。そして、日本の有名な漫画『ONE PIECE』を読んで、漫画家になりたいと思うようになった。小学校の時、母にお願いして絵画教室に入れてもらった。教室で絵を描く毎日で、私は日が暮れるまで描き続けた。父が街灯の下で私を待ってくれている姿を今でもよく覚えている。父はいつも「疲れないか?」と心配してくれたが、私は手が傷だらけになっても、不思議と疲れを感じることは無かった。手に付着するものは鉛筆の粉から水彩絵の具に変わっていった。私はひたすら描き続けた。しかし、私は美術学校の入学試験に落ちた。両親は、絵を描き続けても未来がないと反対し、あの時の私にはやり遂げる自信と勇気がなく、泣く泣く自分の夢を諦めてしまった。そしていつの間にか、平凡な道を選ぶようになっていった。

福原愛選手は、そんな私とは違うということを思い知らされた。私の涙は自らを沈める波となったが、福原選手の涙はまるで朝日を映す露のようだ。泣き虫だからといって弱いわけではない。泣いても最後まで諦めないことがなにより肝心だ。いったん諦めたら、そこから成長することはできない。漫画家になるという夢を諦めていたことへの後悔からか、これからの道が定まったことに対する感激からか、私の目には涙が込み上げてきた。しかし、今回の涙は以前のネガティブなものとは異なるということを私は知っている。この涙は私を未来へと前進させる希望に満ちたものだ。福原選手に励まされ、諦めていた漫画家になるという夢を、もう一度追いかけてみようと思えた。私の二〇二〇年の夢は来年の絵画大会に参加することだ。そして、漫画サイトにも積極的に投稿しようと思う。今は多くの作品がホームページだけでなく、携帯電話のアプリケーションにも掲載される。これは私にとってのチャンスだ。長いブランクがあったが、今回は諦めない。未知の世界には困難が待っているが、やってみないと結果は誰にも分からないのだ。泣き虫でも、私は絶対に夢を諦めない!

（指導教師　マジャロペス明香里）

★三等賞　テーマ「日中新時代を考える──中国の若者からの提言」

繋いだ文化　繋いでいる人達

東北大学秦皇島分校　武小萱

この前の冬休みに田舎の実家に帰った時、めでたくちゃんとした輸入商品スーパーができた。見慣れぬ文字付きの商品が花を咲かせ、まさに「国際化」そのものだ。

せっかくのチャンスなので、日本語専門の私は説明係員として務めさせてもらい、三日間「日中を繋ぐ橋」となった。驚いたことに、そこへショッピングに来る人々は、中国に来た外国人や新しいものに目がない地元の若者だけでなく、お年寄りまで時々寄ってきて、異国からの商品を手に取り、見知らぬ文字を指でさしながらひそひそと何かを笑っている。

「すみません～これはどういう商品なのですかねえ」

と、おばあちゃんが訪ねてくることもあった。

「あ、はい。こちらですね。こちらは日本の商品で、ｍｉｒｉｎと読んでいますが、料理酒みたいなものです」

「ああ、調味料っていうことかねえ～」

「はい。魚などの生臭さを抑え、食材に味を浸透させる助けをして、素材の煮崩れを防ぐことなどができます」

「あら、日本のですね。一本ください。試して料理してみるわ」

「はい！　ぜひ！　毎度ありがとうございます！」

このような会話があちこちで聞こえる。そして、そこから浮かんできた考えが一つ。

今を生きる中国の人々は、疎外感に皮肉的な意味まで付加させて名づけられた「洋貨」という見方を既に捨て、広く外国の商品、更に文化と接触し始めたのではないかと。

日中文化を共に愛でる若者の一人としては、私はいろいろな面でこの傾向を掴み、そしてここに書いてみた。

この前、普段よく使われない漢字を歌詞に取り入れて作った歌「生僻字」は全国各地で爆発的な人気をとり、その後まもなく形を変えて「四字熟語」と言う日本語バージョンも出ていた。日本語とは全く接触のない人が聴いて「あ、これ、中国でも同じようなものあったじゃん」と感服する声も多かった。その他、以心伝心、一期一会、花鳥風月など日本ならではの言葉も含められ、同じ仏教の影響を受けた文化圏に生まれ育ったが故か、なんとなく意味がわかると同時に、それらが含む日本独自の思想も伝わってくる。四字熟語（中国語では四字成語）を初めとする漢字、それを書く国同士だからこそ会得しうる、漢字に含まれる歴史と情緒、物語と情動を互いに習い合い、感じ取ることができるのはなんと素晴らしいことだろう。

「文学作品の魅力」も両国のつながりとなっている。夏目漱石、太宰治など日本の文豪をめぐる逸話がこの前ネットで多くの中国人の注目を集めた。作品は未読でも名前ぐらいは知っている人も多いが、東野圭吾なら誰もが知っていて、彼をはじめとする日本推理小説作品は中国各地の書店で一コーナーを独占するほど人々に愛読されている。書物に限らず、「私に恋したお坊さん」「きみはペット」などの恋愛ドラマ、「君の名は。」「名探偵コナン劇場版」などアニメ映画の輸入に伴い、中国人は日本の作品に含まれた魅力を積極的に取り入れる傾向が高まっていくだろう。

スマホアプリのティックトックでは「ｌｅｍｏｎ」など日本の歌が大変はやり、中島美嘉の「僕が死のうと思ったのは」に含まれた生命の鼓動は多くの人を感動させた。去年、日本語能力試験Ｎ１が初めてネットで急上昇一位となったこともより多くの人が日本語の勉強に関心を寄せていて、或いは将来のため日本語を身につけたい中国人が近年急増していることの証ではないだろうか。日中共同制作のアニメが放送されるようになって、中国のゲーム会社が開発したスマホゲームには日本語アフレコが付いているなど多くの現象から見れば、日本の文化を受け入れて好きになった中国人はだんだん多くなりつつあるようだ。

この際、新元号の公布及び中国駐日本特命全権大使程氏の九年ぶりの交代を控え、日中がチャンスを掴み、繋いだ文化を通して、人々を繋いでいくのではないだろうか（二〇一九年四月記）。

（指導教師　邢雅怡、小田孟）

★三等賞　テーマ「東京二〇二〇大会に、かなえたい私の夢！」

着物に託す卒業の夢

合肥学院　呉文文

「死のうと思っていた。ことしの正月、よそから着物を一反もらった。お年玉としてである。着物の布地は麻であった。鼠色のこまかい縞目が織りこめられていた。これは夏に着る着物であろう。夏まで生きていようと思った」

太宰治は『人間失格』でそう書いた。

私はこの文章を読み、なぜか感動的な気分になった。友人からもらった着物は、彼に生きることへの希望を与えた。そして、私にも着物の夢があった。

大学に入り、伝統文化に興味を持った私は、初めて着物と接した時、その緻密な模様、光沢のある生地に一目惚れしてしまった。それに、その見事な作品には、中日両国文明の融合が見て取れた。しかし残念ながら、和服に関する知識は本から得られるのみであって、実際に着用する機会がなかった。しかし、綺麗な着物を着た美しい女性が、何度も私の夢に出てきた。

二年生の時、身をもって日本文化を体験したかった私は、日本料理店でアルバイトを始めた。以前、その料理店の店主は、中国に来て十五年になる一組の日本人夫婦だった。徐々にお歳を召される中で、やはり郷土愛に目覚めたのか、日本に帰ってしまった。現在、その店を引き継いでいるのは中国人の夫婦だ。都市の中心部の変化に伴い、以前は活気付いていた店の周辺は、すっかり寂れていた。

大雨が降っていたある日、元々人気がない店だったが、お客が一人も来なかった。店員みんなで雑談をし、和服について語り合った。以前の店主だった日本人夫婦は、日本の伝統文化を大変誇りに思っていたため、接客の際も和服を着ていた。お客が和服について「どうして中国なのに、和服を着ているんだ」と文句を言う時があった。しかしその日本人夫婦は笑顔で丁寧に応対したものだった。そんな彼らの姿を見て、最初は文句を言っていたお客も、帰り際には夫婦のおもてなしの精神に感動した様子だった。

実は、現在の中国人の女将さんも和服が大好きで、日本人の夫婦たちと日本文化をよく話していた。女将さんが変わったのは二〇一二年のこと。中日関係は氷河期に入っていた。その時もし、和服を着て接客していたら、危険な目に合っていたかもしれない。女将さんは長年大切にしてきた着物を着ることを諦めざるを得なかった。

その後、私は自分の夢を店員たちに語った。

「日本語学科を卒業する時、和服を着て、堂々と日本の街を歩きたいなあ、記念に」

女将さんが二階に行って、色褪せてしまった押入れを開き、黒、紫、ピンクの三枚の和服を取り出してきてくれた。私は白い木綿の花が描かれたピンクの着物を選んだ。教科書で着付けの勉強をしていたが、実際に自分で着てみると、中々上手にできなかった。私が苦戦している様子を見た女将さんは、笑いながら手伝ってくれた。その織物は私の体を柔らかく包んでくれた。そして女将さんは、服に似合う髪型にしてくれた。鏡の中の自分を見て、太宰治の言葉を思い出した。その時、彼の気持ちがよく理解できた。

「生きていて、よかった」という感じがした。

文化というものは、国境を超えて伝わることができると確信した。

二〇二〇年東京五輪に向け、日本は世界百九十六カ国を表現した着物を制作した。アメリカの振袖には合衆国を表現した五十州の州花を、イタリアの振袖にはルネサンス建築物を描いた。そして中国の振袖には五色の瑞雲、牡丹、万里の長城、幼いパンダなどがあしらわれており、黒をベースに赤や黄色という中国の特色あるカラーが採用されている。いずれも各国の特徴を織り込んだ個性豊かなデザインになっている。この「キモノプロジェクト」は、世界を一つにつなぐであろう。

二〇二〇年、卒業の年。大学生の四年間、ずっと日本語と向き合って来た私。日本文化が大好きな今の私の夢、それは着物を着て、日本を周遊することである。その旅を通じて、「文化には国境がない」ということを誰かに伝えたい。

（指導教師　汪瑋嘉、齋藤和美）

★三等賞　テーマ「東京二〇二〇大会に、かなえたい私の夢！」

夢が消えない

湖州師範学院　沈　意

「もうすぐ女子十キロのマラソンスイミングが始まります」

解説者が試合に参加する選手の紹介をしていると、突然、プールサイドの女子選手が私の注意を引いた。彼女は南アフリカから来た障害者選手のナタリー・デュトワさんだ。彼女は十四歳の時から南アフリカの国家水泳チームで活躍していたが、二〇〇一年二月に水泳の訓練の後、小型バイクで家に帰る途中、交通事故に遭い、左足の膝の下を切断し、左すねを失った。

私は試合の進行を見ていた。澄みきった水の中で動く、一人一人の細長い姿は人魚のようで、彼女たちは力強い両手で水しぶきを広げて、両足はよく回転して力強いオールのようにまっすぐに進んでいた。ナタリーさんは、試合中に他の障害者選手のように義足を使うことはなかった。あたかも、二本のオールでボートを漕ぐ試合で一本のオールだけを使うかのように、このオールを力強くこぎ続けていた。障害者選手が健常者と競い合うなんて、考えられないことだ。画面がナタリーさんに切り替わり、解説者がこの選手のことを話し出した。

ナタリーさんはもともと細長い両足を持っていた。彼女は、「私は泳ぎが好きで、いつも水の中にいると、自分がきれいなマグロのような気がする」と話した。練習するたびに、彼女はマグロよりもっと一生懸命に努力した。

しかし、二〇〇一年の思いがけない交通事故は、彼女の力強い左すねを無情にも奪った。寝耳に水のように、夢は水泡に帰しそうになった。眩しいプールを見て、彼女は悲しい涙を流した。友人たちは、「ナタリー、お前は素晴らしい！　あなたは泳げなくなったが、生活の中で他のするべきことがたくさんある」と言った。しかし彼女は、「いや！　プールなしではできない！　私は左の足を失ったが、私の右足には夢がある！」と頑なにチームメイトとコーチに言った。

事故からわずか一年後、彼女は二〇〇二年に南アフリカで開催された総合競技大会に、健常者のように現われた。そのうえ、二〇〇四年のアテネパラリンピックでは金メダル五枚を獲得した。二〇〇八年、マラソンスイミングは北京で初めてオリンピックの競技種目となって、彼女は一つの注目ポイントとなった。

夢が消えず、奮闘が止まらない。できそうもないことを可能にして、ナタリーさんはついに夢を実現した。彼女は私の心の英雄になっていた！

ナタリーさんはすでに自分の努力によって夢を実現し、オリンピックの選手になった。私も間もなく自分の夢を実現しようとしている。私の夢は観客としてオリンピックに出場すると同時に、中国将棋を通じて日本人と交流することだ。

私は小さいときから、祖父の影響を受けて中国将棋をやっていた。普段、私は祖父と碁をするのが好きで、いつも負けていたが、楽しかった。その後、母は私に中国将棋をもっと勉強させるために、私を訓練所に送ってくれた。どのぐらいの試合に参加したか覚えていない。成功の栄光があり、失敗の教訓もある。

年齢を重ねるにつれて、宿題がますます多く難しくなり、中国将棋をする時間も少なくなった。知らず知らずのうちに私はもう大学三年生になってしまった。去年、私は学校の中国将棋の趣味クラスに参加した。日本語を勉強したので、その時から、私は中国将棋を日本に持っていこうという気が生まれた。これから日本へ行ったら、現地で日本人の友達と知り合い、中国将棋を教えてあげたいと思った。

かつて、ナタリーさんはどうしても北京オリンピックに参加する夢をあきらめなかった。私も彼女のように、夢を堅持して、日本に行って、東京オリンピックを見たい。また、私は現地で中国将棋に興味のある日本人の友達と知り合い、一緒に中国将棋を検討したい。日中の将棋文化の交流を促したい。

来年は二〇二〇年だ。私はもうすぐ大学を卒業する。ちょうど東京オリンピックも始まる。だから、私は自分のチャンスが来ると思う。

（指導教師　冨田絵美）

★三等賞　テーマ「東京二〇二〇大会に、かなえたい私の夢！」

互いをもっと身近に！

安徽師範大学　程　雅

　去年、あるスピーチコンテストに出た時、他校の先生からこんなことを聞かれました。「将来、何をするつもりですか？」。その先生は、きっと職業についてお尋ねになったのでしょう。しかし、緊張した私は「自分のビデオを作って、ネットにアップロードしたいです」と答えました。答えることには答えましたが、どんなタイプのビデオを作るかはまだ決めておらず、その計画はしばらく宙に浮いたままでした。そんな中、私はインターネットで、ある日本人のビデオを見つけました。彼は中国の文化が大好きで、よく自分が作ったビデオで日本と中国の風習や食べ物を紹介しています。例えばその時、彼は中国の友人と一緒に中日両国のおやつを食べながら、その起源や原料などをいろいろ紹介してくれました。彼のビデオを見た後には「ああ、そういうことか。勉強になったなあ」という満足感が残りました。その時、私の頭の中に、ひとつのアイディアが浮かびました。「私もあんなビデオを作りたい。二〇二〇年の東京オリンピック。これだ！」

　私は日本語を専攻する学生として、アニメやドラマはもちろん、様々な日本の文化に触れてきました。また、日本人が私たち中国人に対してどう思っているかについても、いろいろと調べたり聞いたりしました。そこから分かったことは、日本人の多くが中国や中国人に対して悪い印象をもっているという悲しい現実でした。一方、中国人の中にも、日本に対して未だに「わが国を侵略した国家」としか認識していない人が数多く存在するのも事実です。ある日の授業で、日本人の先生はこう言いました。「中国を悪く言う日本人に、中国人の友達はいない。日本を悪く言う中国人に、日本人の友達はいない」。そうだ、個人のレベルで相手を知ることができたら、お互いに誤解は解けるんじゃないか。私はそう思いました。二〇二〇年の東京オリンピックは、まさにそのチャンスです。

私はいま、日本に関する様々なビデオを編集しています。中国のウェブサイトでアップロードするためです。美しい自然や伝統工芸、和食や歌舞伎や学校の文化祭など、紹介したいことは山ほどあります。また同時に、友人たちの協力を得て中国のビデオも編集しています。もちろん、日本のウェブサイトでアップロードするためです。旅行ガイドブックに載っていない美しい景色や、中国人の結婚観など、これも多種多彩です。これらをアップロードして、もし意見や質問が来たら、できる限り誠実に答えようと思います。

そして、東京オリンピックが始まったら、中国のネットで日本の選手を一人ずつ簡単に紹介するつもりです。例えば、福原愛さんの出身や特技、また中国との関係などです。そうすれば、それを見た中国人がテレビでオリンピックを観戦する時、中国の選手だけでなく日本選手にも親近感が沸くに違いありません。同じく、中国の選手についても簡単な紹介ビデオを制作して、日本のサイトにアップロードするつもりです。こうした活動が簡単ではないことは理解しています。でも、もっと多くの協力者を募って、きっとやり遂げます。

去年の夏休み、私は日本の詩を朗読して、それを中国のサイトにアッププしました。すると意外にも大きな反響があって、多くの人たちが聞いてくれました。ビデオを撮って日本のことをインターネットで紹介するというのは、以前から私の夢でした。今回の試みは、その発展形です。これをきっかけに、多くの資料を調べたり、ビデオに関する技術を学んだり、日本と中国のことをもっともっと研究するつもりです。その活動を通して、一人でも多くの中国人と日本人が、互いの誤解を解消してくれればいいと、心から願います。それが東京オリンピックの基本コンセプト、即ち「すべての人が自己ベストを目指し」「一人ひとりが互いを認め合う」ことになるのではないかと思います。

（指導教師　大滝成一、金蕾）

★三等賞　テーマ「今こそ伝えよう！　先生、家族、友だちのこと」

高校時代の先生のこと

安徽師範大学　孟沪生

高校三年生の時、私の担任は背が低くて太った中年の男性だった。彼は私たちに国語を教え、毎日冗談を言って、私たちを笑わせた。朝、彼は誰よりも早く教室に来て、放課後は私たちが全員寮に戻るまで決して帰らなかった。彼は他の先生のように、私たちを差別しなかった。成績のよい生徒もそうでない生徒も、同じように接した。むしろ、成績の悪い生徒に対して時間を割いていたように思う。学力不足に悩む生徒には激励ばかりでなく、原因を突き詰めて、なんとかしようと一緒に努力してくれた。それだけではない。先生は知識だけでなく人間としての道理も教えてくれた。彼はよく「国の役に立つ人材になるよりも、あなた方ひとりひとりが立派な人になって欲しい」と言っていた。彼はとても辛抱強く、まるで父親のように、いや父親以上に、私たちの面倒を見てくれた。勉強や進路のことはもちろん、生活面に至るまで、親身になってくれた。だから当然、私たちも他の先生たちも、彼のことが好きだった。

しかし、大学入試を二週間後に控えたある日、先生は帰宅の途中で不幸にも交通事故に遭遇してしまった。彼自身は助かったものの、一緒に車に乗っていた彼の息子が命を落としてしまったのだ。その事故のことを聞いた学生や先生たちは、とても驚いた。そして、彼がこの苦境を乗り越えられるよう、心から祈った。学校では、彼のためにみんなで寄付金を集め、彼が困難を乗り越えられるように手助けした。この時になって、やっとわかったことがある。それは、先生の家庭状況が大変だったという事実だった。奥さんは病気のせいで働けず、家の中で寝たり起きたりを繰り返していた。それに、彼は四人もの老人を扶養していた。先生の生活がそんなに大変だったなんて、私たちは誰も知らなかった。先生は一度も愚痴をこぼさなかったからだ。事故で命を落とした息子さんは、私たちと同じく、もうじき大学入試を受けるはずだった。

私とクラスメートたちは病院へ見舞いに行こうと決めた。しかし、先生にどんな慰めの言葉を掛けたらいいのか、見当もつかなかった。病室に着いた時、本来は白いはずの壁やベッドが、夕焼けに染まっていた。先生はぼんやりと窓から外を見ていたが、私たちの気配に気が付いて急に振り向いて笑顔を浮かべた。でも、涙を拭くのは忘れていた。先生の涙は、オレンジ色だった。そんな顔を見せられて、私たちも泣き出してしまいそうだった。だから、涙がこぼれないように天井ばかり見つめていた。先生は、交通事故のことなど一言も言わずに、まもなくやってくる大学受験へのアドバイスをしてくれた。最後まで気を抜かずに、しっかりと復習して試験に備えるようにと、私たちを励ました。「違うんだよ、先生。今日は僕たちが先生を励ましに来たんだ」。僕は叫びたかったけれど、それは最後まで言葉にならなかった。先生だって本当は大声で泣きたいに違いない。しかし、生徒の前だから、きっと我慢してぎこちない笑顔を見せているんだ。私にもクラスメートにも、それがよく分かった。

私たちは結局、少しも先生を励ますことができずに、逆に先生から励まされて、病院を後にした。やがて私たちは高校を卒業した。先生は、卒業式には来られなかったが、秋には高校に復帰したらしい。現在もきっと、学生たちを励まし続けていることだろう。

人間の強さって何だろう。私は今でも時々、あの先生を思い出しながら考える。もしかしたら、自分の運命の悲惨さと正面から向き合って、それを受け入れる覚悟がある人なのかな。最近私はそう思うようになった。困難にぶつかったとき、私はいつも環境を呪い、他人をねたみ、言い訳を探してきた。でも、それじゃダメなんだ。「先生、元気ですか。私はいま、日本語を勉強しています。くじけそうですけど頑張ります。今度の夏休み、会いに行きますね！」

（指導教師　大滝成一、金蕾）

★三等賞　テーマ「今こそ伝えよう！　先生、家族、友だちのこと」

八十歳の容貌、十八歳の魂

遼寧大学外国語学院　畢　淼

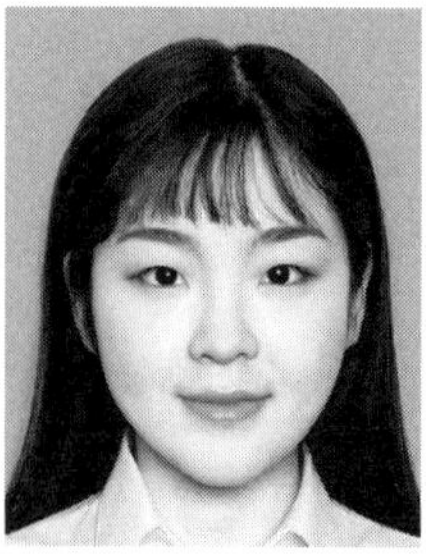

すべての人の心の中には尊敬する人がいるはず。あるいは、お手本と言える人がいるはず。私の心の中のそのような人はおじいさんだ。おじいさんは今年八十歳で、とっくに古希を過ぎている。顔は皺だらけで、鼻の周りは歳月によって点々と描かれたシミ。でも、見た目と違っておじいさんは若者に負けないぐらい元気でやる気満々だ。

私にとっておじいさんは人生の指導者だ。おじいさんは勉強ができて努力する子供が好きで、教育をとても重視している。「学校教育は唯一の進路ではないが、人生の必ず通るべき道ではないだろうか」という言葉をよく口にしている。私が大学入学試験を準備していた頃、おじいさんは毎週私に電話をかけてくれる。私の悩みを聞き、私と話し合い、励ましてくれた。十何枚の手紙を書いてくれたこともあって、自分の調べた大学の情報などを私に教え、迷っている私を導いてくれた。おじいさんは私の大きな支えだった。

大学に進学してふるさとを離れるようになったが、実家に帰ると必ずおじいさんのところに行く。行っておじいさんと大学での勉強や生活における問題を相談する。おじいさんは日本語ができないが、いろいろと役に立つアドバイスをしてくれる。外国語を学ぶというのは言語だけではなく、その言語を通してその国の文化や歴史も学ばなければならないと教えてくれたのもおじいさんだ。また、日本語を勉強している私のために、テレビや新聞、ネットから日本に関する情報を集めはじめた。おじいさんのおかげで日本語だけではなく日本についてもいろいろ分かるようになり、それがまた私の日本語を上達させた。

おじいさんは私の手本でもある。お父さんを早く亡くしたおじいさんは小さい時から家の手伝いをし、学校にも行けなかった。でも、おじいさんは自分の努力を通して、いい仕事に就き、一家の大黒柱になった。正規の学校教育を受けていないおじいさんは自分のスキルを高めるために、独学でいろんな知識を学び、ほとんどの教育を受けている人よりも豊かな知識を持っている。これは、おじいさんの読書好きとも深く関係している。読書が大好きなおじいさんは今でも毎日本を読んでいる。朝は新聞、寝る前には読書、一度も中断したことがない。その根性には本当に感心している。

それだけではない。定年退職したおじいさんはのんびりした生活ができるにもかかわらず、商売を始めたのだ。小さい商売なので、自らやらないといけないことが多く、一年中休む時間もないぐらい忙しい。もちろん、その過程も順風満帆ではなく、様々な困難が訪れる。最も大変だったのは、何年か前に投資に失敗して大金を損したことだ。かなりの金額だったので、さすがのおじいさんもしばらく落ち込んでいたが、やる気を失わなかった。子供たちの助けを断り、一人で最初からやり直した。そして、三年間の努力を通して、損失を補い、利益を上げるようになる。その三年間、おじいさんは朝早く起きて夜遅くまで仕事することが多かった。でも、いくら忙しくても寝る前に必ず本を読む。おそらくおじいさんは動けなくなるまで自分のやりたいことをやり続けると思う。きっとおじいさんの心の中には自分なりの目標と計画があるに違いない。

おじいさんは八十歳の年寄りだが、十八歳の若者のような元気と活力で、自分の信念を貫き通している。まさに八十歳の容貌、十八歳の魂だ。私はおじいさんを誇りに思っている。おじいさんの生き方に学ぶ「前向きの姿勢」はいつも私を励ましてくれる。たった一度の人生だから、我々は悔いの無い人生を生きていくために努力しなければならない。必死に生きてこそ、その人生は光を放つから。八十歳のおじいさんに負けないように私も頑張らなきゃ。

（指導教師　芮真慧）

★三等賞　テーマ「東京二〇二〇大会に、かなえたい私の夢！」

中国人に知ってもらいたい優しい日本

東華大学　司天宇

「父さん、日本のこと、どう思う？」「うーん、特に言うことがないなー、あえて言うと、ちょっと嫌な国だな」

大学で日本語を学んでからもう二年、十四年も日本のアニメにハマっている私は気づきました。どれほど夢中になっていても、日本のことがそこまで好きなのは家では自分だけだということです。ですから東京二〇二〇大会を通して、両親にも日本の良さを理解してもらいたいです。

別に両親が現代の日本に嫌悪感を持っているわけではありません。ただ過去に見た「抗日」ドラマや映画に縛られて、何となく日本への印象が「侵略者」や「軍国主義」に留まっているのです。そんな両親のことは少し残念に思いますが、両親はこの十四年間、私の日本アニメ文化への傾倒には一度も反対せず、日本語の勉強も応援してくれています。だからこそ、私を見守ってくれている両親に自分が知っている優しい日本、天野こずえ先生の『ARIA』のような多くの温かい物語を生んだ日本、多くの美しい歌を創作した日本、人に微笑みで接してくれる日本を知ってもらいたいと思います。

私にはこんな一人の友人がいます。二〇一四年に「艦これ」というゲームをきっかけにSNSで知り合った友人です。皆は彼のことを「まんじゅう」と呼んでいます。親しくなってから二カ月、私達と他の数人で北京でオフ会を開きました。彼は非常に人見知りで、話しかけても「ああ」「うん」「ありがとう」のようなわずかな返事しかしてくれませんでした。しかし、皆がゲームの内容を話し始めると、彼はまるでテレビでよく見るお笑い芸人と入れ替わったようになり、皆とゲームの話で勢いよく盛り上がりました。しかしその後、何故か彼の姿がSNS上であまり見えなくなりました。メッセージを送っても、「最近はちょっと忙しいから」というつれない返事が来るだけでした。そして、二カ月後の二回目のオフ会で、彼は真実を打ち明けてくれました。彼の話によると、両親は昔から日本が嫌いで、アニメやゲームにも反対で、親子喧嘩が毎日のように繰り返されているというのです。また、髪を伸ばした彼は両親に嫌われ、「日韓の男気のないアイドルのようだ」と罵られ、結局彼は携帯も没収されて、学校にも行けず、家から出させてもらえなくなったそうです。残念ですが、私は彼の幸せを祈ることしかできません。

私達のような学生の言葉は大人にはすんなり聞き入れてもらえないかもしれません。やはり身をもって体験してもらう必要があります。今年二月、中国で上映された「さよならの朝に約束の花をかざろう」という映画を一家で見に行きました。映画の中では、両親のいないマキアという少女が一人の孤児と出会います。十代半ばのマキアはよいお母さんになるために必死に頑張って、子供を育てていくという物語です。映画の終わりに、母は、「いい映画だね」と涙を拭きながら父に言いました。「まあー、そういうもんだろう」と父は顔を横に向けました。私はそんな両親を見て、決意しました。来年の壮大なイベントと日本ならではの「おもてなし」で、両親の日本への印象を一変させたいと思います。朝は前の晩にコンビニで買っておいたおにぎりと味噌汁で、少し日本的な感じのする朝ご飯を食べてもらいたい、観光スポットでボランティアの誠意と熱意を感じてもらいたい、海に沈む夕日の美しい景色を心に刻んでもらいたいです。そうすれば、両親も多かれ少なかれ日本の良さを実感できるでしょう。

「寿司はちょっと無理だけど、すき焼きともんじゃ焼きは美味しいな」「日本の街はゴミひとつなくてきれいだな」「日本人は優しいな」というような両親の言葉で日本に興味を持つ他の人々も現れるかもしれません。私は東京二〇二〇大会を感動が集まる場所であるだけでなく、多くの感動を咲かせ始められる場所にしたいです。

（指導教師　岩佐和美）

★三等賞　テーマ「今こそ伝えよう！　先生、家族、友だちのこと」

「月」を探し求める勇気をくれてありがとう

東華大学　孫瑞閣

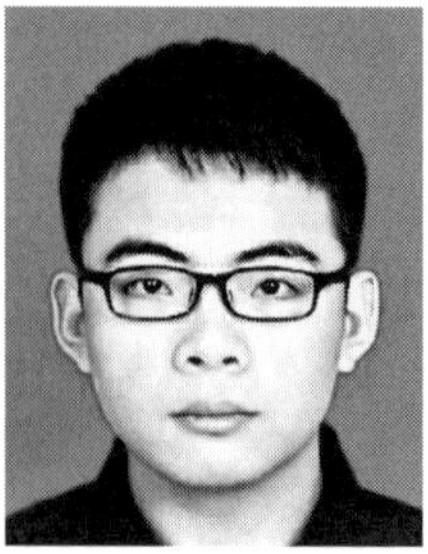

毎学期、新学期が始まる時に、先生は慣例に従って出席を取ります。多くの人から見れば、それは当たり前のことでしょうが、転部をしたため一年生をやり直した私にとっては不快なことです。

二〇一七年入学のクラスメートの学籍番号はみな「17」から始まりますが、名簿上の私の「16」には先生方は違和感を覚えるようです。それで先生はいつも「あれ、君の番号はどうして他の学生と違いますか?」と聞くのです。「君は留年生ですか?　自分の勉強に緊張感を持たないと」と言われることもしばしばあり、「親身」な戒めなのに、聞いていても全く嬉しくありません。

このようなことがあるので、私は友人が言ってくれた「新しい環境にはいつも面倒がつきまとう」という言葉をより深く理解できました。

私はニュース学科から日本語学科に専門を変えました。日本語の基礎がないので、一から学ぶことが必要で、二年生から一年生に変わったのです。専門を変えるかどうか、ずっと思い悩んでいましたが、高校時代のクラスメートの李さんのお陰でようやく決心がつきました。

李さんと私の共通の趣味は読書です。ですから彼がくれた唯一の誕生日プレゼントもモームの『月と六ペンス』という本でした。

大学一年生の夏休み、李さんとともに食事に行きました。彼は日本語専攻で、前学期の試験はクラスでトップでした。高校時代の私の成績は彼よりよかったですが、今は逆転されてしまい、心の中は複雑でした。

「この間、日本語の本を何冊か読んだんだ、やっぱり原文で読んだ方がいいよ。翻訳すると意味が変わっちゃうし」と李さんは言いました。

外国語と読書に興味を持っている私は、「日本語ができていいなあ」と思わず心の中で感嘆の声を上げました。

「あのう、相談したいことがあるんだけど……」。私は彼に向かって、真剣な表情で言いました。

「ええ、どうしたの？　急に真面目になって……」。彼は少し驚いた様子でした。

「僕は、日本語に専門を変えたいんだ。ただ、そうすれば、卒業が延びるし新しい環境に対応しないといけないから困ってるんだ」と私が言うと、李さんは何か思うところがあるようで、しばらく黙っていました。

「『月と六ペンス』っていう本のこと、まだ覚えてる？」彼は口を開きました。一瞬で時間は十八歳の誕生日会に逆戻りしたようでした。

「君は、『月』と『六ペンス』のどっちを選ぶの？『理想』という意味を含む『月』を選んだ方がいいと思うぞ。小説の主人公のストイックランドみたいに、夢を追い求めるために全てを捨てるなどと極端な行動を取らなきゃいけないっていう意味じゃないよ。ただ、若いうちに本当に自分の欲しいもののために戦った方がいいと思うよ」。李さんはこう言ってくれました。

「人生の究極の意味は何か分かる？　規則に従って一生を過ごす必要ないし、自分の学びたい専門を選ぶために卒業が延期になるのは全然恥ずかしいことじゃないよ。ただ、多くの利点はあるけど、新しい環境には絶対苦労はつきものだよ」と続けました。

私はしばらく黙っていました。

「どうするかまだ分からないけど、もう疲れたから帰ろう」。私は立ち上がって言いました。

帰り道、夕陽が西に沈みすでに夕暮れ近く、遠くの空に雲が浮かび、夜風が頬を撫でて、私の落ち着かない心を癒してくれました。

その夜、私は専門を変えるための申請書を書きました。

李さんのお陰で、新しい分野に触れる勇気を出せて自分の夢に向かって進んでいます。本当に欲しいものを追い求めて全力で勝ち取ることこそ、人生の意義だと思います。

ターニングポイントで助けてくれた人を抜きにしては、今の自分はありません。今後の人生の道で、もう一度同じことが起こっても、迷うことはありません。李さんの話は明かりのように、夢を追う道を照らしてくれています。

（指導教師　岩佐和美）

東京二〇二〇大会に、かなえたい私の夢！

東北師範大学　董同罡

　オリンピックというと、選手たちが何年にもわたって準備し、四年に一度の大会に全てをかけて、身体能力の極限を超えようと一生懸命に頑張る姿を思い浮かべます。しかし、正直に言って、私はオリンピックに対する関心があまり高くなかったと思います。過去の大会で思い出せるのは、中国で行われた、二〇〇八年の北京オリンピックの開会式しかありません。それは、スポーツ選手でもないので、スポーツニュースにあまり関心を持っていないからです。

　しかし、こんな私でしたが、オリンピックと繋がりができました。高校時代、ずっと日本語を勉強してきた私は、二〇二〇年のオリンピック大会が東京で行われるということを知って、冗談半分に「東京オリンピックのボランティアになろう」と友達に言いました。すると、「ああ！　僕もやりたい！　まずはN1試験を目指して、一緒に頑張ろう」と、励ましてくれた一人の友人がいました。私にとって、それは冗談まじりの一言でしたので、夢とは言えません。しかし、その後、日本語の勉強を続けようと決心した時、ぼんやりと東京オリンピックで、私が堂々と中日両国の人たちのために、通訳をしている光景が頭に浮かんできました。こういう光景が、何度も躓いた私を励ましてくれて、いつの間にか、それが一つの小さな夢になったのです。

　高校時代の私は、大学入試のためにひたすら頑張って、ついに大学で日本語を専攻として、勉強し続けることができました。これで、東京オリンピックのボランティアになるという夢がもうすぐ叶うと思ったら、実は大間違いでした。ボランティアの応募要項によると、外国人ボランティアに応募する場合は、日本語だけでなく、英語も上手でなければならない、と書いてあるではありませんか。それは当時、英語が苦手な私にとって、大変ショックでした。さらに、大学で日常の勉強やいろいろな部活、イベントでとても忙しかったので、オリンピック大会のボランティアになるという空想みたいな夢は、だんだん忘れてしまいました。

先日、ウィーチャットでこういう投稿を見ました――「オリンピックボランティア募集に合格した！」。投稿した人はなんと、三年前、その励ましてくれた友人でした。彼は今、日本で留学しています。彼は、自分の努力を通して、私にとって空想のような夢をついに実現したのです。その投稿を見た時の私の気持ちは、正直に言って、悔しかったです。そして、そのほぼ忘れかけていた「夢」を思い出しました。

しかし、大学に入ってからの一年間半を顧みて、気づいたことがありました。試験を心配していた私は、N1の試験にも合格できました。英語が苦手だった私は、絶えざる努力のおかげで、大学英語四級試験にも合格しました。つまり、私は夢を実現してはいないが、せめて知らず知らずのうちに、夢に近づいたのです。

今日の私にとって、「東京オリンピック大会のボランティアになる」というのはただの空想ではなく、手の届く夢になったのです。東京大会には行けないとしても、まだ二〇二二年の北京大会があります。私はようやくわかりました――私は夢を忘れたのではなく、心の底に埋めたのです。今日の私には、自分を変える勇気と力があります。だからこそ、「これこそ私の夢！」と大声で叫ぶことができるようになりました。その夢を実現するために、一生懸命に頑張って、オリンピック選手のように自分の極限を超えようとずっと努力していこうと決意しました。もちろん、この先には、まだ様々な困難が待っているでしょう。しかし、「路は曼曼として其れ修遠なり。吾将に上下して求索せんとす」（屈原）。いつかきっと、中日交流のために、世界の平和と友好のために役に立つ人になれると、私は信じています。

（指導教師　太文慧）

★三等賞　テーマ「日中新時代を考える―中国の若者からの提言」

交わりを結ぶ

福州大学　劉紫苑

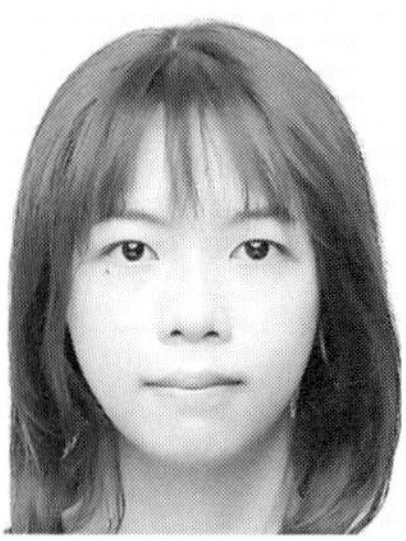

「西望恩を憶ふ日、東帰義に感ずる辰。平生の一宝剣、留贈す交りを結びし人に」

これは、阿倍仲麻呂が日本へ帰る前に、唐の友人の前で披露した詩である。当時、唐は大国であり、日本を野蛮な国のように見下していた傾向があるので、どんな想いで書いたのかは疑わしい。でも、あることがきっかけで「この詩から感じ取れる、人と人との深い交わりが、現代にもあればいいな」と思うようになった。

その日は涼しかった。日本語学科の黒岡先生と、作文の書き方について、相談することになった。でも、先生が来た時、驚いた。この季節に合わないほど汗だくで、見るからに疲れていたからだ。「なにかあったんですか」と聞くと、「スマホに集中して、遠回りしちゃったよ」と先生は答えた。私は、いい歳なのに、スマホに夢中になるわけはないと思い、意地悪く「面白いことでもあったんですか」と問い続けた。すると先生は、「別に隠すわけではないけど……。コンテストで入賞した学生にメッセージを送りたいけど、どんなお祝いの言葉を送ればいいのかを考えてたんだ」と答えた。結局、作文の面談で、先生から学生へのお祝いの言葉は遅れてしまった。その後を推測すると、受賞した学生のスマホには、こんなデジタル文字だけが送られたことだろう。「返事が遅れまして、すみません」

「返事が遅れまして、すみません」。私は、学生のスマホに残ったこの無機質な文字を思うと、そっと悲しくなった。SNSが広く使われている今では、朗報があれば、すぐに伝えることができる。次に会った時に話すか、手紙や文章にする必要もない。でも、遠くにいる誰かと、時間をかけて連絡を取らなくてもいいようになった現代の生活のなかでは、「返事が遅れまして、すみません」という言葉の裏にある、遠回りしてまでお祝いの言葉を考えた先生の優しさは、決して伝わらない。そう思うと私は、やり切れない思いに駆られた。

ネットがない唐の時代では、相手に言葉を伝えるために、長い時間がかかったことだろう。でも、簡単に伝えられないからこそ、自分の気持ちや考えを、目の前にいる人に伝えられるその都度の機会を、現代以上に大切にしていたと思う。一緒に秋風にあたりながら、再会した喜びを朝まで伝え合った阿倍仲麻呂と儲光羲。唐で暮らした日々を思い出し、友人に感謝の気持ちを伝え、大事な剣を唐に残した阿倍仲麻呂。こうした人々は、訪れた交流のチャンスに全力を注ぎ、自分の気持ちを相手に伝えたのだ。

そして、こうした過程から築き上げられた関係だからこそ、その詩にも強烈な「想い」が込められている。例えば、李白は、親友の阿倍仲麻呂が帰国途中で亡くなった知らせを聞いて、こんな詩を書き、ひどく悲しんだそうだ。

「明月帰らず碧海に沈み、白雲愁色蒼梧に満つ」

大好きな月に例えられるほど、李白にとっての仲麻呂は、大切な友であったことが伝わってくる。こうした詩を書けるのも、その都度の重みのある交流のなかで培われた、二人の関係があってこそである。私は、黒岡先生との一件から、こうしたＳＮＳを介さない、面と向かった交流に思いを馳せてしまったのだ。

ＳＮＳを否定するわけではない。でも、ＳＮＳの言葉だけでは伝えきれない、見えないものがある。それはきっと、偏見も弾き返し、人と人との心を通わせる巨大な力で、ＳＮＳを知らなかった、唐の時代の李白や仲麻呂のような、古代の人々の交流から感じ取ることができるものだと思う。それゆえ、ＳＮＳでの交流が主流になったこの現代にこそ、ＳＮＳでの交流だけでなく、相手の気持ちを理解できる、面と向かった交流の機会が増えてほしいと切に願う。そうすれば、中日、いや世界中の人々が、互いに交わり合い、思いやりをもって結びつくような、まさに「新」時代になるだろう。

（指導教師　黒岡佳柾）

★三等賞　テーマ「日中新時代を考える――中国の若者からの提言」

乃木坂46が西安にもたらしてくれたもの

西安翻訳学院　潘鎮華

先学期、一生に残る思い出ができた。

中日平和友好条約締結四十周年をお祝いするイベント「二〇一八回望長安――日中文化交流活動」が私の住む西安で開催された。私たちの学校の学生がボランティアに選ばれ、三日間イベント開催のお手伝いをすることになった。

このイベントに来たのは、なんと今をときめくアイドルグループの乃木坂46。私たちの興奮は最高潮だった。毎日、夜十二時に寮に帰るというような生活の三日間だったが、本当に楽しい日々だった。

乃木坂46が舞台に立つ日、私は楽屋で彼女たちと共に過ごすことになった。こんな機会は一生に一度、あるかないかだ。私は話しかけようと思ったが、やっぱり、難しい。日本語も不安だったし、何より、彼女たちは私なんかよりもとても輝いている人たちだ。私なんかが声をかけても……。そんなことを考えていたときだった、

「あなた、とてもきれいだね！　かわいい！」

乃木坂のメンバーの一人の女の子が、声をかけてくれたのだ。私は頭の中で花火が上がったようだった。驚きと、うれしさと、なんとも言えない感情が頭の中をぐるぐると回っていた。もう、どんな返事をしたかさえ忘れてしまったけれど、あのときの彼女の笑顔、言葉の中の誠実さ、親切さを忘れることはできない。

こんな彼女たちだからこそ、人を喜ばせることができるのだろうなと思った。

では、今度は私たちが何をできるだろうか。私たちは乃木坂46のように、人に勇気を与えたり、人を喜ばせたりすることができるのだろうか。

私がこの経験から考えたことがある。

一つは「大それたことをしなくとも、小さなことを積み重ねていけば良い」ということだ。

乃木坂46の彼女たちからしてみれば、何気ない声かけだっただろう。日常のちょっとした行動だったかもしれない。しかし、小さなことが積もって、大きなものになっていくのだ。私はきっと乃木坂のメンバーのように、たくさんの人を喜ばせたり、幸せにしたりすることはできないだろう。しかし、周りの人から少しずつ、幸せにすることはできるかもしれない。今は一人の学生でも、将来、日中の関係を大きく変えることができるようになるかもしれない。そのために、今は日々の積み重ねを大事にする。日本語を学び、得た知識を活かして、周りの中国人に日本のことを教えたり、話したりする。そういった小さなことから取り組んでいこう。

もう一つは「誠実さ、親切さ」を忘れないようにしようということだ。乃木坂46のメンバーはステージの上で、中国語で自己紹介し、陝西省の方言まで話してくれた。通訳を通すこともできるのに、自分たちで伝えることを彼女たちは望んでいた。難しい中国語の発音を一生懸命練習し、たどたどしい中国語ではあったけれど、ステージの上で私たちに向けて自己紹介している姿は本当に感動的だった。こういった誠実さ、親切さを大事にしたいのだ。

若者たちが中心となる日中友好の新時代において、信頼し合うことこそ、最も重要なことだ。誠実さを持ち、若者一人一人が国の名刺だと思って交流していく。名刺を汚すようなことはしてはならないのだ。

今回、西安に乃木坂が来てくれたことで、にわかに西安の「日本熱」が活気づいたように思う。この町は内陸部にあり、日本企業も多くない。日本を間近に感じられることなどほとんどない場所なのだ。そんな場所に来てくれた乃木坂のメンバーたちが残してくれたものは本当に大きい。

新時代の日中若者交流における私の提言。それは、「誠実さ、親切さを忘れず、小さなことを積み上げていこう」ということだ。

私たちが互いに交流する過程で、生まれたすべての良い感情は少しずつ日中友好の橋の上に積もり、私達のすべての努力はこの橋を更に強くすることができるだろう。

（指導教師　斉娜、奥野昂人）

★三等賞　テーマ「日中新時代を考える―中国の若者からの提言」

若者よ、ボランティア解説員をしよう

――己を知りつつ、国際交流へと進む道

上海理工大学　孫思婧

　子供の頃からアニメ好きだった私は、いつしか日本文化にも興味を持つようになり、もっと日本を知ろうと思って大学で日本語の勉強をはじめた。そして去年の夏、私は長崎県が主催した中日青少年交流事業に参加し、初めて訪れた日本で多くの日本人の友達を作った。

　交流イベントの合間に、モモちゃんという女の子が長崎の街を案内してくれたが、彼女のガイド振りは実にすばらしかった。「ねえ、このカステラのお店、百年以上の歴史があるのよ」「ここが長崎名物チャンポン発祥のお店。ちなみに中国とのゆかりがとても深いんだって」「そうだ！　大浦天主堂へ行ってみない？　最近、世界遺産に指定されたんだよ」……その豊富な知識には本当に感心させられた。

「どうしてそんなに詳しいの？」と私は聞いた。

「大したことじゃないわ。自分の住んでる街をちゃんと観察しながら、いつも歩き回るだけよ」

「ああ、そうなの」

　何だ、そんなの簡単じゃないか、と私は思った。上海に生まれ育ち、今も上海の大学で勉強している私は、地元のことならよく知っているつもりだった。モモちゃんほどではないが、市外から来たクラスメートのために街の案内をしたり、時々一緒に軽食を食べに行ったりすることもあるのだ。

　その夏の終わり頃、今度は上海で交流イベントがあり、モモちゃんたちが長崎からやってきた。そして私たちは、交流事業の一環として市内にある孫文旧居に行くことになった。恥ずかしながら私が孫文旧居を訪れたのはその時が初めてだったため、モモちゃんたちの質問にろくろく答えられなかった。「これ、民国時代の旗？　今の国旗とずいぶん違うね。このデザインにどういう意味があるの？」「この誓約書、日本語で書いてあるわ！　どう

して?」など。日本語どころか中国語で答えるのも難しい質問の数々に、私はたじたじになった。答えあぐねている私を見て、モモちゃんはだんだん質問をしなくなった。そして私は、なんだか悔しいような恥ずかしいような気持ちになる一方だった。

そもそも外国人との交流は、他国の歴史や文化を学ぶ機会であると同時に、自国のそれらを相手に伝える、双方向の営みである。一方向のコミュニケーションでは本当の交流にならないことを私は痛感した。また、それらをしっかり身につけるためには、モモちゃんの言うように「ちゃんと観察しながら、いつも歩き回る」べきだが、これは実際には簡単でない。自分がその中で当たり前に生きている歴史や文化は、あたかも空気のような存在だ。それらを本当の空気のように意識せずにいたら、その意義や本質を他者に教えることができない。だからこそ意識的にそれらを学び、さらに実地に観察して回る必要があるのだ。

今年は中日青少年交流促進年であり、これからますます中日間の交流は盛んになっていくだろう。そこで私は次のように提言したい。ある程度相手の言葉が話せる中日の学生が、モモちゃんのように好奇心溢れる観光客のため、歴史や文化を解説するボランティア解説員をしたらどうだろう。博覧会や運動会のような大イベントでボランティアをする学生は少なくないが、博物館や記念館など町の観光施設に常駐する学生はそれほど多くない。中国にも日本にも博物館、記念館、資料館などは沢山あるのに、残念ながら多くの観光客がそれらを急ぎ足で見るだけだ。しかし、その場で若い解説員が心のこもった解説を加えてあげれば、きっと観光客の心を引きつけ、両国民のコミュニケーションや相互理解を促進できる。

それから私自身のように、外国の知識があっても地元や自国の知識に欠ける人は少なくない。いわゆる「灯台もと暗し」である。その点、この種のボランティア解説員になるためには、地元の歴史や文化を学んでおく必要がある。つまり、私のような知識不足の若者こそこうした仕事に適役と言えよう。まずは「己を知ること」、それが私たちには必要だからである。

（指導教師　郭麗、福井祐介）

★三等賞　テーマ「東京二〇二〇大会に、かなえたい私の夢！」

東京二〇二〇大会に、かなえたい私の夢！

天津理工大学　劉琛瑜

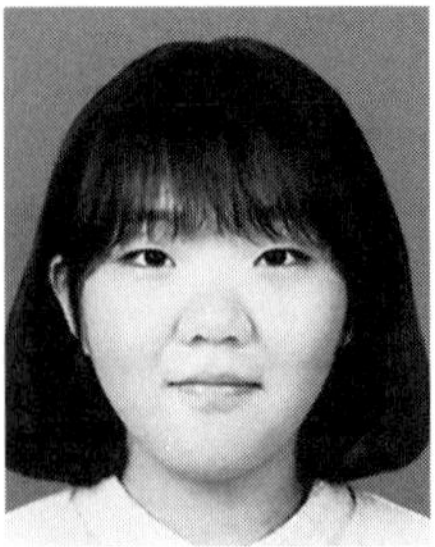

「どうして日本語を専攻として勉強するの？　日本人って冷たいでしょう？　特に外国人に」。日本語を専攻として勉強して以来、私の周りからこういう質問が絶えない。こう質問されるたびに、私はいつも急いで「日本人はそうじゃないよ」と彼らに説明し、そして、自分の経験した次のような話を彼らに聞かせる。

これは一つの夢に関する話である。誰にも夢があるはずだが、その夢がきっと何かのきっかけがあって初めてその人の心に植えられるのであろうと思う。私の心にある夢は十年前にこのように植えられたのである。

私はまだその日のことをはっきりと覚えている。それは二〇〇八年の夏で、北京オリンピックの開催の際に母が私を連れて北京へ旅行に行った。その日、焼け付くような日差しが私を溶かしそうだった。たくさん歩いて喉が渇いて疲れた私は大声で泣き出して、水が飲みたくてたまらなかった。でも、周りにはコンビニは一つもなかった。自分の騒ぎが周りに迷惑をかけることを心配していたお母さんは大変困った。そこへ、あるオリンピックボランティアのお姉さんが遠くから歩いてきて、私の前にしゃがみ、顔の涙を優しく拭いてくれた。私の泣いた原因を聞いた後、彼女はすぐ鞄からミネラルウォーターを一本取り出し、蓋を開け、私に渡した。そして、面白い話を聞かせ、私を笑わせてくれた。あの時、彼女の優しい声がまるで清泉のように私の心を落ち着かせた。私はボランティアとしての彼女の笑顔と親切さに胸を打たれた。彼女が私を助けてくれているうちに、知らず知らず夢の種が私の心に植えられた。温かく、誠意に満ちる心で苦境に立った人に援助を与えることは平等と理解と友好のオリンピック精神を伝えているのではないかと思う。ボランティアの仕事はかっこいい、そして、私も人を助けるボランティアの仕事をやりたいと思っている。

ところが、その日のことはここで終わらなかった。中国語が上手だから、お姉さんが中国人だと思っていたが、母が彼女と話しているうちに、彼女が日本人留学生だとわかり、驚いた。日本人のお姉さんが中国人の私を助けることは各国人民の心が繋がり、協力し合うオリンピック精神そのものだろう。それで、私のオリンピックボランティアに対する理解が深まった。優しく熱心に他人を助けるという日本人の初イメージもできた。お姉さんの助けを受けてから、日本に関することをさらに詳しく知りたくなり、大学入学の際は日本語を自分の専攻として選んだ。

毎回そのお姉さんのことを話したら、周りの人は「本当にそうですか？　印象の中の日本人とは全然違うね」と言った。日本人と中国人との間にはやはりが誤解があるんだ。この誤解を解くために、私は何かしなければならないと思うようになった。

だから、私は東京二〇二〇の大会のボランティアになるために努力したいと思う。十年前の夢の種がやっと芽生えはじめたのだ。

東京オリンピック開閉会式で、演出の総合統括責任者の野村萬斎さんが復興五輪の名に恥じないようにシンボルかつ和の精神に富んだオリパラになるよう全力を尽くしたいと語ったように、自分もボランティアとして日本で和の精神を具体的に感じ、帰国してから周りの人に伝えたいと思う。日本で見たものを通じ、本当の日本社会の姿を周りの中国人に伝えると同時に中国人として日本の方を助け、東京オリンピックが順調に進むことを協力したいと思う。

そうすれば、水滴りて石を穿つように、両国の誤解が少しずつ解けるだろう。お姉さんが日中友好の橋となるように私もぜひ中日友好の橋になりたいと考えている。それは私の夢で、東京二〇二〇大会に叶えたい夢だ。

ね、お姉さん、知っていますか。十年前にあなたが助けたあの子はすでに大きくなって、彼女もあなたのように中日両国の素晴らしい未来のために努力しているのよ。

二〇二〇年の夏が二〇〇八年の夏と同じように輝くことを希望する。

（指導教師　孟会君）

★三等賞　テーマ「日中新時代を考える──中国の若者からの提言」

「普通」とは何か？「特別」とは何か？

大連理工大学　王子尭

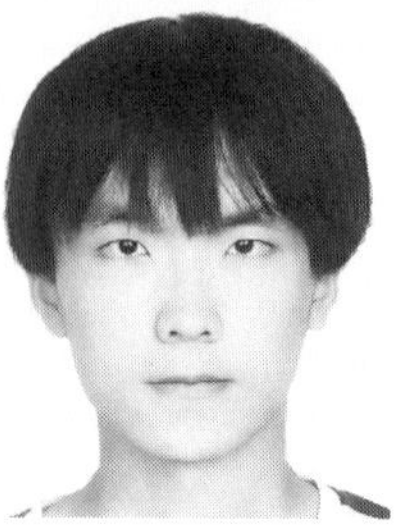

自分の国の生活に多少飽きてきた私は、「外国に行って、何か特別なものを見聞きしたい！」、視野を広げたいと、去年の十二月、日本の大学の十日間の短期留学プログラムに参加した。行く前は思いもしなかったのだが、外国人の私にとって日本で一番印象に残ったのは電車の「発車メロディ」だった。

活動の合間の自由時間に、私は初めて日本の電車に乗ってみた。発車した瞬間、聞いたことのないメロディが耳に飛び込んできた。優しくも親しみを感じる曲、聞き慣れないのに何か懐かしい、気づいたら私は思わずそのメロディを口ずさんでいた。

私は後で知り合った日本人ボランティアに興奮して報告した。「ね、今日、電車が発車する時、駅で音楽が流れたよ！」「え、それ普通じゃん、駅ごとに発車メロディの曲が違うよ」「えー、でも中国にはないよ？　駅に流れるのはアナウンスだけ」「へえー、そうなの？」。逆に彼の方から驚かれる始末だった。

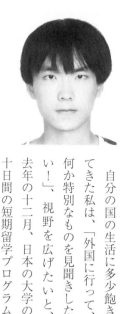

日本人は何だってこんなメロディを普通だと思うんだ？　ネットで調べたら、私が耳にした発車メロディは、実はもともと日本にもなかったらしい。発車の合図が一九七〇年代後半から電子音化したベル（ピロピロという）の音が耳障りだと乗客から不評で、発車メロディが生まれたのだ。そうか、日本人の友達は聞き慣れていたから普通だと思ったのだ。

そういえば、この前、中国・大連の私の大学を訪れた日本人学生を案内していた時、こんなことを言われた。今、私の大学は開学七十周年で、キャンパス内の建物の改築が進んでいるのだが、図書館や建設中の大学生センターを見た時、彼らはみんな思わず建物を見上げて感嘆していた。「立派だなぁ」。「普通でしょ？」と私が言ったら彼らは口を揃えてこう言った。「日本の僕達の大学にはこんな立派な建物、ないんだもん」

自分の大学、自分の国ってこんなにすごかったっけ？私が普通と思っていたものが、他の国の人にとって実は特別なものだった。普通が特別に変わった瞬間だった。人間にとって「特別」なものは「普通」に隠れてしまうことが多いのだろう。だから、自分の普通を再認識することは良いことではないだろうか。

さて、世の中には相手の存在を普通に思わない、つまり、「偏見」という問題もあると私は思う。私の日本人の友達で、大連へ留学に来ている人がいる。大連では毎年「国際友好イベント」がたくさん行われている。それは彼と、ある日中友好イベントに行った時のことだった。途中まで雰囲気がよかったのに、すれ違った見知らぬ中国人が中国語で吐き捨てた。「チッ、日本人かよ」。その言葉に彼は黙りこんでしまった。その嫌な言葉を発した中国人にとって、日本人がそこにいることは「普通」じゃなかったのだ。この土地の日本人の存在を普通に思う人もいるし、特別だと思う人もいる。その侮蔑的に舌打ちした中国人は、日本人の存在を「普通」と認めないのだ。

それでは、両国の関係は進まないじゃないか。私は落ち込んでしまった。でも元気を振り絞り、友達を慰めようと何か言いかけた瞬間だった。

「まぁ普通だろ、まだまだかな、へへ……」

友達のほうが先に口を開いた。友達は諦めず頑張っていた。日本人の友達は普通だと受け入れてくれない中国人がいることを、「普通のこと」と受け止め、中国で生活している。日本人と中国人が一緒にいることが「どちらにとっても普通」になるといいな。そういう人が増えることが真のグローバル化なのではないだろうか。

両国の新時代を迎えるためには、自分の国にいる外国の人の存在を「普通」と認め、受け入れ、お互いの存在を認め合うべきではないか。その上で自分が普通だと思うことを真剣に見つめ、相手が持つ特別な文化を認め、自分達の普通に隠れた文化のユニークさを感じればよい。そして、それを互いに伝え合うべきではないか。だから、皆さんに提言する。

「一緒に自分達の普通をふり返ってみませんか」

（指導教師　飯田美穂子）

★三等賞　テーマ「日中新時代を考える――中国の若者からの提言」

近寄ると、他の姿が見える

桂林理工大学　呉運恵

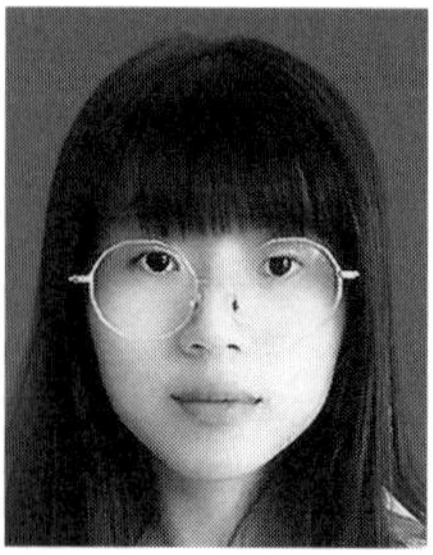

「大学で何の専門を勉強したいか」と大学入学試験の成績が出た後、母がこう聞きました。「日本語」と迷わずに答えました。

「日本が昔、中国で何をしたか忘れたか。あんた、その恨みを捨てたいか」。父が怒鳴りました。最後に、私は家族の反対にもかまわず、日本語を専門として選びましたが、家族の考えは変わっていませんでした。

幼い頃から、周りの年寄りから「日本人は悪人だ」「日本は最悪だ」という言論をよく耳にしました。歴史テキストの中も、日中戦争のことを載せています。「これは気分が重い歴史だ。私はこの歴史を心の中に刻んで、日本を一生許さない」と思っていました。しかし、年を重ねるにつれて、日本人に対するイメージが変わってきました。そのきっかけは、小学六年の時に発生した四川大地震です。

二〇〇八年五月十二日、四川大地震が引き起こって、まったく忘れがたい、忘れたい記憶です。道路も寸断され、橋も壊れ、建物も破壊されました。被災地の人々は恐慌状態に陥りました。この時、日本の政府は、国際緊急援助隊の救援チーム、医療チームを被災地に派遣して、支援を行いました。また、被災地で必要となったテントや毛布、発電機、医療品等の緊急物資も送ってくれました。しかし、被災地の被災者数が多くて、必要なテントの数が足りませんでした。それに対して、日本各地の政府も当地の予備テントを提供してくれました。他に、多くの日本人が、老若男女を問わず、当地街道で募金活動を行って、募金と物資を被災地に送りました。被災地が復興の段階に入った後、中国の復興に役立てたいと考えている日本は、何十年の間に積み上げてきた地震に関する知識を中国に教えてくれました。その上、多くの専門家を派遣して、被災地の人と一緒に復興に取り組んでいました。

このことから、日本その国に少しずつ好感を持つようになりました。

大学に入った後、私は一生懸命日本語を勉強しました。幸いなことに、短期のインターンシップに参加できました。インターンシップの過程で、日本人に対して、前より深い認識ができました。エレベーターに乗る時、最後の人が入るまでに、ずっと開くボタンを押しています。また、周りの先輩も、いつも世話してくれます。ある日はせっかくの給料日だから、ちょっとはしゃいで友達と一緒にデパートへ行きました。気がついた時、携帯がなくなっていました。前に行った店に探しに行きましたが、見つかりませんでした。その時、ある店の店員は「サービスカウンターに行ってお探しになればあるかもしれません」とアドバイスしてくれました。慌ててそちらに行くと、やはり見つかりました。携帯をもらった時、とても感動しました。

インターンシップが終わって、家に帰った後、家族と雑談をしているうちに、日本で助けてもらったことを話しました。彼らは日本に対する先入観を除いていきました。「全ての日本人が悪いとも言えない」と分かったそうです。私の努力は認められました。

先日、ビリビリというウェブサイトでこういうビデオを見ました。北京の街で日本の留学生は中日両国の友好のために、フリーハグという活動を行いました。彼は横の壁に「私は日本人です。日本では多くの人が『中国人は日本のことが嫌いである』と思っています。でも、私はそう思いません。私は、あなたを信じます。あなたは私を信じてくれますか。もしそうなら、ハグを」という文を中国語で書きました。

中国では私のように日本が好きな人もいれば、日本ではビデオの中の男性のような人もいると確信しています。もし、私達は手を繋いで両国の親善関係を築くことを目指して努力すれば、両国の関係もきっともう一段階ステップアップできるでしょう。

（指導教師　鄧圓、李秋萍）

★三等賞　テーマ「今こそ伝えよう！　先生、家族、友だちのこと」

沈黙の愛

西安電子科技大学　薛梓霖

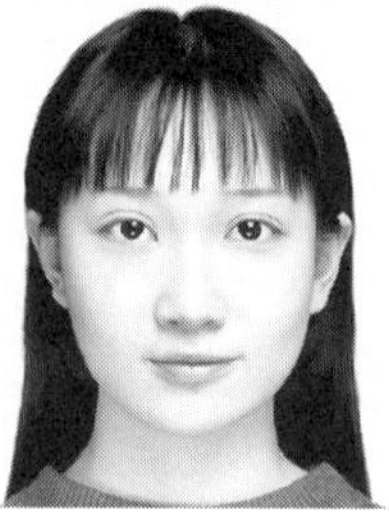

十歳の時に初めて彼に会った。彼は皮膚が黒く、背が高く、俯いて笑って、チョコレートキャンディーを一箱渡してくれた。彼のことを、どう呼んだらいいのか分からず困った時、母が私の肩を軽く叩いて、「おじさんと呼んで」と言った。その時、彼が私の人生の中でどれだけ重要な存在になるか知らなかった。

その人は私の義父だ。でも、彼を「義父」と呼びたくない。義父がいることが恥ずかしいわけではない。私の心の中で、彼は私の父だ。血縁がなくとも、世界で唯一の父だ。しかし、かつて私たちの間には大きな隔たりがあった。

私の反抗期は少し早くて、十二歳だった。その年、私たちは法律上の家族となって、一つの屋根の下に住み始めた。私は彼を受け入れるつもりだったが、家の中に突然現れた異性に対して、不快感しか表現できなかった。彼がドアをノックせずに部屋に入ってくることが嫌で、彼に説教されることにも慣れなかった。何より母が彼に相槌を打っていることが大嫌いだった。母の愛を失ってしまったような気がしたからだった。

ある日、彼がまたノックをせずにドアを開けた。私の怒りが急に沸き上がった。ペンを机に落とし、振り向きもせずに「出て行け！」と叫んだ。その瞬間、部屋の中の空気が固まったように感じ、息が詰まった。私に向かって歩いてきた足音が突然止まった。数秒後、その足は素早く後ろを向いて出て行った。私は何事もなかったかのように落とした筆を拾い上げたが、後悔が込み上げてきて、胸が痛んだ。

その後、私たちはその事を避けるようにして何も語らなかった。彼がノックせずに私の部屋に入ってくるのを止めたこと以外、今回の不愉快な出来事を証明する痕跡がなかった。彼は沈黙の中で自分の誤りを改め、また沈黙の中で私の無礼を大目に見てくれた。お詫びをする気持ちと感謝が心の中で絡み合って、今も消え去らない。

彼は口下手で、愛を言い出すことはできない。彼は無言の中で行動して、私に優しくしてくれた。彼は私に、自転車の乗り方を教えて、スケートも教えて、ずっと学校に送り迎えして、父としての役目を果たそうと努力してくれた。でも、思春期のプライドのせいか、私はちゃんと謝ることができなかった。十年近く経って、すっかり遅れてしまった「ごめんね」を、今どうやって言い出せば良いか分からない。

今学期は以前より少し忙しくなって、家に帰る頻度が少なくなって、彼と会える時間も少なくなった。数日前に、家を出て学校に戻ろうとした時、彼は私が玄関で靴を履いているのを見て、「お金は足りている?」と聞いた。「足りてるよ」と急いで答えた。しかし、彼はジーンズのポケットを探って、ピカピカの三百元を取り出して、私に渡そうとした。私はやはり受け取らず、「お父さんは自分の好きなものを買ってよ。もっと自分にも優しくしてよ」と言った。でも、彼はそれを聞いて、頭を下げて沈黙した。お金をポケットに戻さずに、寝室に行った。そして、室内から「あの子に果物でも買ってあげて」という声が聞こえてきた。彼は寝室を出て、また私の前に来て、少し得意げな笑顔をして、「君にあげない!お母さんにあげる。学校に着いたら教えてくれよ」と言った。そして、また寝室の方へ行った。その背中は昔ほど高くないように見えた。髪は短くて、新しく生えた灰色の毛があった。スーツケースを持ってドアを出た時、私は涙が出そうになった。

今日、父について文章を書いてみると、何度書き直しても感情を表しきれないと感じた。父の姿、父と一緒に経験したことを思った。もし父がいなければ、私はこの世界にこんな愛があることを知らなかった。私にとって、沈黙の愛は一番深い。

(指導教師 王金博、加藤保之)

★三等賞　テーマ「東京二〇二〇大会に、かなえたい私の夢！」

東京オリンピックで恩返し

西安財経大学　趙中孚

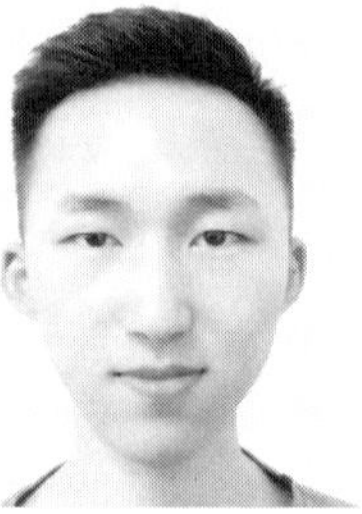

「毎年、中国の砂漠に木を植えているんです。少しでも中国の緑化の役に立ちたいと思ってね」

去年の春、私たちの大学に日本語を教えにきてくれた藤田先生は、こんな話をしてくれた。毎年、先生が砂漠で植林活動をしているという話だ。私達はとても驚いた。藤田先生はもう七十歳以上の年配の先生だったからだ。

中国で長年生活し、植林活動をし続けるパワーに、話を聞いた私たちにも熱いものが込み上げて来るのを感じた。

藤田先生の話を聞いて、ある一人の人物を思い出した。砂漠での植林活動で知られる、遠山正瑛さんだ。「砂漠の父」とも言われる正瑛さんは、中国の内モンゴル自治区恩格貝で毎日十時間以上も植林活動を行っていたそうだ。彼の影響で、日本からすでに七千人以上のボランティアが恩格貝に行った。日本からの無償の愛は、こんなにもたくさん中国に届いているのだ。

中国のいたるところに遠山正瑛さんや藤田先生のような、中国に貢献している無名の日本人の方々がきっとたくさんいるのだ。

私も将来はこの方々のように、公益活動を続けたい。日本人に、日本に何か恩返しがしたい！

折しも二〇二〇年には東京オリンピックが開催される。そこで何かできることはないだろうか。

恩返しをするのは、今だ。

そう考えたときに、ある一つの問題に思い当たった。今、中国の若者が「愛国心」の名のもとに日本のホテルやマンションで信じられないようなことをしている。例えば、水を出しっぱなしにして帰る。部屋中を汚して帰る。そんな若者の行動が問題になっている。そのような行動は「愛国心」でも何でもない。

中国人が部屋を汚したり、町にゴミを捨てたりすることで、それを見た日本人が中国人に悪いイメージを持つ、それによってまた別の中国人に不利益が生まれる。例えば、「中国人お断り」などの貼紙を貼るマンションもある。さらに不利益を受けた中国人が日本人に対して悪いイメージを持つ。そして、中国のウェイボーやウィーチャットのモーメンツにこのことについて紹介して、さらに多くの中国人が日本人や日本を憎んでしまう。このような悪循環をなんとか断ち切らなければならない。

このような悪循環を断ち切ることこそ、一つの恩返しの形ではないだろうか。

二〇二〇年、東京に行って、私は私のできるボランティア活動を行う。私一人でできることは限られているが、まずは私が一人でできることをやっていくのだ。

例えば外国人の多く泊まるホテルやマンションを回り、正しい中国語で注意書きを書いたチラシを配り、部屋に貼ってもらう。また、東京を中心に、中国人に人気がある料理屋、観光スポットなどの中国語訳のおかしい看板や、メニューを直す。

中国語が正しくなく、真意が伝わっていない場合も多い。中国語がわからずにそういったお客さんに注意できず、困っているホテル、料理屋、観光スポットなどもたくさんあると聞く。正しい中国語と正しい日本語でより良いコミュニケーションができるようにお手伝いしたい。ちゃんとルールを守るように中国人へ伝えることができれば、中国人に正しく日本の文化を理解してもらい、日本人や日本をより深く理解してもらうことができる。

少しずつでもいいから、イメージを変えていく。そうすれば、悪循環は断ち切れるのだ。悪循環を断ち切れば、日中両国の若者がお互いによいところを見つけられるはずだ。そして、日本人と中国人が手を携えて長く、長くより良い関係を作り出す。これが私の夢だ。

来年の東京オリンピックをきっかけに、恩返しのため、自分の夢をかなえるため、私は日本人の先生の藤田先生や遠山さんのように、少しずつ頑張っていきたいと思っている。

東京オリンピックは私の恩返しの舞台だ。そして、壮大な夢への第一歩なのだ。

（指導教師　馬聡麗）

★三等賞　テーマ「東京二〇二〇大会に、かなえたい私の夢！」

東京二〇二〇大会に、かなえたい私の夢！

浙江外国語学院　尤藝寧

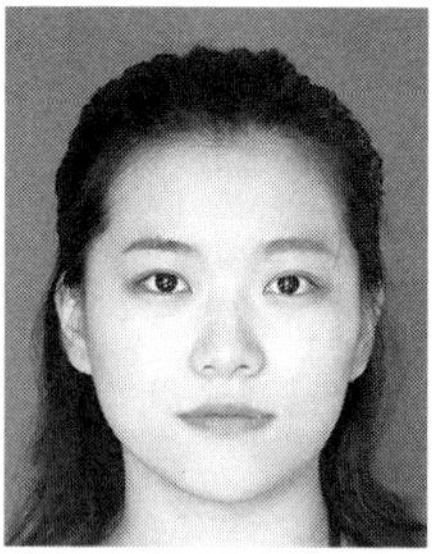

杭州に来てから、世界水泳選手権大会やアジア大会など、白熱の試合を間近で見たり、ボランティアをしたり、オリンピックに徐々に興味が生まれた。

真のオリンピック精神に触れ、一般人として何ができるかを考えるきっかけを与えてくれたのはパラリンピック金メダリストで本学副書記の譚玉嬌選手だ。彼女は障害を抱えながら、様々な試練を次々と乗り越えてきた。

譚選手は「スポーツ選手はメダル以外に、人や社会に役立つ何かをしなければならない」と言い、忙しい練習の合間に、学校や職場など各地での講演をはじめ、障害者への理解や支援の呼びかけにも努力している。彼女はスポーツを起点とした思いやり、連帯といった真のスポーツマンシップを見せてくれ、それこそ本当のオリンピック精神ではないかと思う。

後日、こんな出来事があった。バスの中で、新しく乗ってきた男性が、スマホ決済サービス・アリペイのバーコードを出して、認識端末に携帯をかざすと、奥へと進んだ。と、そのとき、「ピーと鳴ってない、決済できていない」と、運転手が呼び止めようとしたが、その男性は気づかず席に着いた。「おい！　聞こえてないのか」。運転手が大声で繰り返しても、男性は、無反応だった。「おい、白いワイシャツのお前、ちゃんと支払え！」。運転手がすごい剣幕で怒鳴った。車内の空気が一瞬緊迫した。ふと、私は近くにある身体障害者学校を思い出し、「あっ、もしかして耳の不自由な方？」と思い彼の席に歩み寄り、携帯に文章を書いて、支払いが失敗したことを気づかせてあげた。彼がびっくりして、すぐにやり直した。

この騒ぎののち、身体障害者のために頑張っている譚選手のことを思い出し、勇気を振り絞って、バス会社に電話した。「耳の不自由な人がよく利用するバスとして、配慮が足りなく、対応を改善したらどうか」とアドバイスをした。

些細なことだが、よく考えると、パラリンピック選手の講演で、直にいかなるものに対しても思いやり、尊重、相互理解が必要だという理念に触れ、その日自ずと行動に出られたのだ。今思えば、オリンピック精神が一般人まで広がるとはこういうことなのではないかと思う。

二〇二〇年の東京オリンピックは、「多様性と調和」を掲げ、「和」の精神の大会を目指している。スポーツに参加することは、人と付き合うことだというように、オリンピックといった世界的なスポーツ大会に参加することは、国や文化、価値観が違う人と付き合い、友情を育み、相互理解を深めることになる。

一九六四年の東京オリンピックをきっかけに、日本ではボランティア活動が一気に普及し、その後多くの国が東京を手本にしボランティアを始めたように、二〇二〇年の東京と二〇二二年の北京が何を持って世界に手本を示すかは、両国民一人一人の知恵と行動に関わっている。

一大学生として、微力ながらもオリンピックに役立つ何かをしたいと思っている。

日本の小中学校で「オリンピック・パラリンピック教育」が行われていることを知り、それを我が校が小中学校で実施しているSOULコース（「SOUL」とは大学生が主体となり、小中学生向けに、外国語・外国文化、芸術鑑賞、文化体育技能などを教える授業）に取り入れることを考えついた。四つの小中学校で、オリンピックの知識や魅力を伝えている。最初は、応援ソング「パプリカ」の歌やダンスを教えることから始めた。文化の違い、オリンピックの意義、東京オリンピックの理念と東京の方々の努力を紹介している。今は、「東京五輪音頭－二〇二〇－」の踊りを猛練習中！　東京二〇二〇大会に、子供の踊りをビデオに撮って、東京に応援の気持ちを届けたいと思っている。

東京二〇二〇大会をきっかけに、子供たちに、オリンピックの知識や魅力を伝え、尊重、相互理解に基づいたオリンピック精神を知ってもらい、将来より良い社会、平和な世界に貢献できる人を育てる手助けをするのが私の叶えたい夢である。

（指導教師　陳新妍）

★三等賞　テーマ「今こそ伝えよう！　先生、家族、友だちのこと」

オアシス

華中師範大学　王　珺

おばあさん、お元気ですか。いつかまたお目にかかる日をお待ちしております。数年前のことですが、今でも心に色濃く残っています。

それは日本に短期留学していた時のことでした。寮の近くにあるコンビニでアルバイトをしていました。店長や同僚たちの優しい笑顔、見知らぬおばあさんからのお菓子と励ましの言葉は今でも忘れられないです。

初めての海外暮らしで、初体験の仕事、すべてが新鮮でしたが、かなりてこずりました。アルバイトでミスをして、店長に怒られることも度々ありました。自分の間違いだと分かっていても、怒られてかなり落ち込みました。徐々に仕事に対する熱意もなくなりました。ある日、店長に注意されて落ち込んでいた時、あるお客さんを迎えました……。

頭を下げて呆然としていたとき、商品がたくさん入っている買い物カゴがカウンターに置かれました。「いらっしゃいませ」と言いながら、顔を上げたらやさしい笑顔が見えました。おばあさんは少し年配の方で、額には深いしわがたたまれ、まるで歳月の跡を隠していたようです。身なりは質素で、さっぱりしていました。淡々とした笑顔に合わせて、元気満々に見えました。おばあさんの「よろしくお願いします」という声を聞いたら、心の中の黒い雲が一掃されました。

おばあさんは私の名札を見て「えっと、この苗字からすると……お姉ちゃんは中国の方ですか」と声をかけてくれました。

「はい、中国から来た留学生です。ここでアルバイトをしています」

「おお！　やはり中国の方ですか～。中国はいいところですね。私は前からずっと中国文化に興味を持っていて、中国に何回も旅行に行きましたよ」

そして、お会計のわずかな間に、中国についていくつかのことを訪ねました。会計が済んでから、おばあさんは何かを思い出したかのように、ビニール袋から小さなクッキーを取り出しで私にくれました。「海外生活はやはりいろいろ大変でしょうね。これから何事があっても、落ち込まず、最後まで諦めず、精一杯頑張ってくださいね。このクッキーは私の大好物で、とってもおいしいですよ。どうぞ召し上がれ」と言いました。感謝の意を表そうとした時、喉に何かに詰まったようで、「ありがとうございます」しか言えませんでしたが、温かい気持ちに包まれたような気がしました。お礼を言おうと思ったのですが、おばあさんはにこにこ笑って、ゆっくりと外へ出ていきました。真っ赤な夕日とともに、その後ろ姿は私の目に暖かい太陽のように輝いていました。僅か一瞬の出会いが冬の心の奥に入ってゆき一束の光のようであり、異国の地では心を温めました。

「袖ふり合うも他生の縁」という言葉がありますが、見知らぬ地でしかも国籍も文化も違う日本人のおばあさんが励ましのことばをくれました。家族でもない、友達でもない、初めて会うおばあさんですが、曇っている私の顔を見て心配してくれました。

人情味があふれているクッキーの味は今でも覚えています。寂しいときに、優しい言葉をくれた人、砂漠でさまよっていた時のオアシスのような存在です。

私もオアシスのような人になりたいです。親友に対しても、見知らぬ人に対しても、中国人に対しても、日本人に対しても。

以前は、「いらっしゃいませ」「ご馳走様でした」など、このような言葉は丁寧な言葉だけと思っていました。今は、日本のような生活リズムの早い社会の中で、お互いに与えられた温かさと関心ではないだろうかと思います。

この文章を通じて、まだご健在であるおばあさんに伝えたいです。クッキーと元気をくれて、ありがとうおばあちゃん！

（指導教師　張成）

★三等賞　テーマ「東京二〇二〇大会に、かなえたい私の夢！」

東京オリンピックで叶えたい僕の夢

上海外国語大学附属外国語学校　張晁欽

小さい頃の僕は、内向的で「自分だけでもいい、自分ひとりでできることも結構あるじゃん！」と思っていました。そんなとき、偶然僕はあるスポーツクライミングのドキュメンタリーを見ました。スポーツクライミングは壁にホールドしか設置されず、どうやって登っていくかは、選手が自分で方法を考えながら、頂点を目指して未知の道に挑戦する運動です。自分ひとりで挑戦することが僕を引きつけて、僕はスポーツクライミング、特にその中のボルダリングを始めました。

だから小学生のときから僕は毎週クライミングのクラブに通い始めました。いつも黙って一人でクライミングをしていました。ある日、何回もクライミングに失敗していた僕に、あるコーチが話しかけてくれました。

「おい、君！　君のその登り方を変えてみたらどうだ？例えばこうやって体の姿勢と重心を変えてみたら？」

「こう、ですか？」

「その通りだ！　その姿勢で進めばいいと思うよ」

コーチの言う通りに試してみたら、不思議と成功できたのです。「自分だけでは考えが足りないこともほかの人と交流すれば全然違う考えをもたらしてきますね。交流って、大事なことだ。僕も、人と交流しなきゃ！」と僕は思いました。

スポーツクライミングというスポーツは、成功へのたどり着き方が限定されていないから、その登り方は人の考えによって違います。自分の考えにこだわらず、他人の考えと経験を加えたら、成功にも近づきやすいでしょう。そう考えてみれば交流は考え方の筋道の交換そのもので、生活のあらゆるものに対しても大切なものではないでしょうか。

こんな思いをもって、僕は中学生になりました。そのころ、日本語を習い始めたばかりの僕は、もっと上手に日本語を話したくて、魯迅公園にあった日本語コーナーのことを知り、そこである日本人のおじさん――神代さんと出会いました。日本に留学したこともある魯迅にならって、子どもからお爺さん、お婆さんまでが屋外で日本語を練習しているのです。神代さんは六十歳ぐらいなのに、毎週公園の日本語コーナーに通って、そこに集まっている日本語のファンたちを指導していました。僕も毎週通っていました。日本語のまだ下手な僕に会話の練習をしてくれて、僕はすごく感動しました。神代さんは僕の間違いを丁寧に直してくれた上、日本の文化についてもいっぱい話してくれました。それは日本語を習い始めたばかりの僕に深い影響を与えました。神代さんは自分から進んで、日本語と日本文化を広げながら、日中交流を進ませていました。このような交流も身につけるべきだと僕は思いました。僕も神代さんのように、自分の好きなロッククライミングを交流で広げたいです。

二〇二〇年、東京オリンピックで、スポーツクライミングは初めて正式な競技種目になりました。僕も中国の青少年アマチュアとして、現場に行って、金メダルを目指す選手たちの姿を見たいです。試合を見ると同時に、日本のファンたちと技術や考え、訓練の方法などを交流しあい、それと同時に自分の考えも伝えたいです。それに、現場にはスポーツクライミングのファンではない観客たちもきっといるでしょう。小さいときの自分に話しかけてくれた神代さんのように、僕もほかの人と交流して、友だちを作りたいです。自分の好きなスポーツをより多くの人に知ってもらい、好きになってもらうことこそ、東京オリンピックを通してかなえたい夢です。自分ひとりの力は弱いけれども、交流でつながった力は必ずスポーツクライミング、さらには世界を繁栄させていけるでしょう。

僕はこれからもスポーツクライミングとともに新時代に挑戦していきたいです。新時代は未知な道で、無数の困難に出合うに違いありません。しかし、新時代の主人公は僕たちです。困難の中でも交流をしながら、試行錯誤を繰り返し、頂点へ挑むスポーツクライミングのように、新時代に挑戦しましょう！

（指導教師　山口聡）

第十五回　中国人の日本語作文コンクール　佳作賞受賞者一覧（229名、受付番号順）

聊城大学	尹　哲
紹興越秀外国語学校	鐘雨霏
上海財経大学	石佳漪
上海財経大学	白　陽
南陽理工学院	劉錦錦
常州大学	栗　聡
嘉興学院	潘一諾
東華理工大学長江学院	劉汝霞
東華理工大学長江学院	廖詩穎
東華理工大学長江学院	鐘　君
中南財経政法大学	顔澤晨
ハルビン工業大学	雷　韜
南開大学	孟昕然
広東東軟学院	朱穎琳
青島職業技術学院	鍾希富
南開大学	張崧卓
遼寧対外経貿学院	曹芷溦
南京郵電大学	杜晨嵐
首都師範大学	張思璇
南陽理工学院	鍾子龍
蘇州科技大学	荘寓諧
中国海洋大学	楊宇耀
ハルビン理工大学栄成学院	陳芸璇
煙台大学	徐　敏
陽光学院	張若鵬
陽光学院	黄淑華
陽光学院	王鈺婷
陽光学院	陳思凱
陽光学院	何佳東
江西財経大学	魯素雲
中国人民大学	黄琳婷
中国人民大学	曹　妍
中国人民大学	王　寧
中国人民大学	孟軒如
中国人民大学	于　翠
中国人民大学	白雅琳
中国人民大学	王璟琨
中国人民大学	付小軒
中国人民大学	楊　諾
上海建橋学院	趙世豪
曲阜師範大学	段若巍
武漢大学	韋煜翔
電子科技大学	張超穎
貴州大学	張雯雯
貴州大学	陳虹兵
大連東軟信息学院	李　穎
大連東軟信息学院	李興宇
大連東軟信息学院	馬明宇
北方工業大学	林傾城
浙江外国語学院	金恒賢
広東東軟学院	趙穎琪

ハルビン師範大学	林　琳
華中科技大学	宋凌逸
同済大学	郭雲霞
華中科技大学	張晨璐
華東理工大学	徐琳琳
ハルビン師範大学	布露露
山東科技大学	郝文佳
山東財経大学	陳心茹
北京第二外国語大学	陳　卓
山西大学	丁宇希
西北大学	張家桐
西北大学	毛桂香
東莞理工学院	黄鈺峰
東莞理工学院	劉嘉慧
東莞理工学院	潘　明
海南師範大学	黄潤萍
蘭州理工大学	付　榕
南京信息工程大学	王晨萌
南京信息工程大学	朱園園
杭州師範大学	高鑫贇
杭州師範大学	韓俊祺
寧波大学	周維維
湖南大学	王維宇
湖南大学	兪肖妍
湖南大学	胡煊赫
青島理工大学	楊夢秋
江漢大学	王晨宇
山東財経大学	程　瑞
集美大学	張程程
大連外国語大学	万巨鳳
大連外国語大学	傅　婷
大連外国語大学	曹佳鑫
大連外国語大学	張愛佳
大連民族大学	孫　瑋
大連民族大学	周　寧
大連民族大学	閻正昊
広東外語外貿大学南国商学院	楊劉莉
通化師範学院	曽　佳
通化師範学院	王　也
華東師範大学	唐綉然
菏澤学院	張新禹
菏澤学院	殷雪珂
四川師範大学	張鏵升
四川師範大学	朱俊賢
大連芸術学院	趙夢閣
瀋陽工業大学	桂菀婷
嶺南師範学院	簡麗萍
嶺南師範学院	盧巧玲
嶺南師範学院	雷雅婷
嶺南師範学院	張　浩
嶺南師範学院	彭万里
寧波工程学院	陳　依
寧波工程学院	潘暐炎
韶関学院	謝青青
韶関学院	何穎芸
曲阜師範大学	費興元
南京農業大学	李羽鵬
黒龍江東方学院	邸銘崴
上海師範大学天華学院	黄語婕
大連海事大学	李晨銘

天津科技大学　田欣宜
五邑大学　何燕飛
山東大学外国語学院　王　鋭
山東大学外国語学院　黄　萱
吉林大学　呂亦然
運城学院　張俊芸
江漢大学　万斐婭
長安大学　孫　可
天津外国語大学　郭明言
河北工業大学　呉樹郁
五邑大学　楊雅婷
大連科技学院　李佳音
大連科技学院　楊　陽
淮陰師範学院　王若瑄
浙江万里学院　陳　濤
南京林業大学　陳貝思
山東大学（威海）東北アジア学院　葉嘉卉
上海杉達学院　杜　烜
棗荘学院　朱　樺

棗荘学院　袁　傑
蘭州大学　張黙林
蘭州大学　張宏瑞
蘭州大学　陳　晨
大連外国語大学　黄　渤
大連外国語大学　梁　越
大連外国語大学　何冠釗
常熟理工学院　陳亦鑫
長春理工大学　張椿婧
浙江師範大学　孟廷威
商丘師範学院　趙思邈
福建師範大学　丁帝淞
暨南大学　周　影
暨南大学　黄丹琦
江西農業大学南昌商学院　呉向陽
大連外国語大学　張宇鑫
大連外国語大学　鄒運沢
大連外国語大学　王嘉迪
大連外国語大学　段敬渝
大連外国語大学　崔伯安

大連外国語大学　孫正一
山東工商学院　劉敬怡
武漢理工大学　劉璐璐
武漢理工大学　王嘉穎
武漢理工大学　馮　瑶
武漢理工大学　鄭　欣
武漢理工大学　李昊林
武漢理工大学　陳珞茜
武漢理工大学　劉子傑
青島大学　鄭　燁
青島大学　陳翔宇
上海理工大学　周思捷
西安交通大学　朱琦一
西安交通大学　楊啓航
西安交通大学　張牧雲
西安交通大学　趙梓伊
五邑大学　方華妮
中国海洋大学　林　玥
合肥学院　汪芳芳
大連外国語大学　張慧怡

南昌大学　張桂寧
安徽外国語学院　陳　思
浙江外国語学院　陳清泉
黒龍江外国語学院　陳丹丹
南京農業大学　張　栩
貴州財経大学　呉潤梅
延辺大学　李　曄
湖州師範学院　張淑傑
湖州師範学院　陸潔琴
湖州師範学院　張潔静
湖州師範学院　朱雅雯
湖州師範学院　屠冬晴
安徽師範大学　王舒嘉
南京理工大学　劉淑萍
大連外国語大学　宋暁蕊
吉林外国語大学　趙悦彤
吉林外国語大学　段　欣
吉林外国語大学　許佳林
吉林外国語大学　唐　瑩
吉林外国語大学　姜佳玉

吉林外国語大学　田　馳
吉林外国語大学　劉旻婕
吉林外国語大学　劉彦孜
吉林外国語大学　王　鵬
宜賓学院　林小婷
大連理工大学　李　博
東北大学　劉智睿
東北大学　劉子祺
東華大学　白洺綺
東華大学　朱柄丞
東華大学　余亦沁
東華大学　石佑君
浙江外国語学院　呂夢潔
大連工業大学　李志偉
南京農業大学　楽伊凡
浙江農林大学　江　玥
浙江農林大学　張雨馨
浙江農林大学　周　煒
江西農業大学外国語学院　羅　松
江西農業大学外国語学院　邱成哲

江西農業大学外国語学院　李嘯寅
江西農業大学外国語学院　陳暁東
華東政法大学　丁文婷
広州工商学院　谷　源
福州大学　黄欽昀
西北師範大学　覃瀅琳
浙江外国語学院　陳　楊
浙江外国語学院　金仁鵬
魯東大学　張笑妍
広東財経大学　胡金成
広東財経大学　鄧婉瑩
上海海事大学　尹凡欣
長安大学　張小暁
嘉興学院南湖学院　王一安
嘉興学院南湖学院　王佳蓓
青島農業大学　王　琳
雲南民族大学　謝瑞婷
長安大学　馮李琪
玉林師範学院　劉功鳳

第十五回　中国人の日本語作文コンクール
開催報告と謝辞

日本僑報社・日中交流研究所 所長　段　躍中

第十五回コンクールのポスター

■概　要■

日本僑報社・日中交流研究所が主催する「中国人の日本語作文コンクール」は、日本と中国の相互理解と文化交流の促進をめざして、二〇〇五年にスタートしました。中国で日本語を学ぶ、日本に半年以上の留学経験のない学生を対象として、今年二〇一九年で第十五回を迎えました。この十五年で中国全土の三百校を超える大学や大学院、専門学校などから、のべ四万五千八百四十九名が応募。日中両国でも規模の大きい、知名度と権威性の高いコンクールへと成長を遂げています。作文は一つひとつが中国の若者たちのリアルな生の声であり、貴重な世論として両国の関心が高まっています。本書『東京二〇二〇大会にかなえたい、私の夢！――日本人に伝えたい中国の若者たちの生の声』は、上位受賞作シリーズの第十五巻として刊行されました。

主催　日本僑報社・日中交流研究所

協賛　株式会社パン・パシフィック・インターナショナルホールディングス、公益財団法人東芝国際交流財団

メディアパートナー　朝日新聞社

後援　在中国日本国大使館、(公社)日本中国友好協会、日本国際貿易促進協会、(一財)日本中国文化交流協会、日中友好議員連盟、(一財)日中経済協会、(一社)日中協会、(公財)日中友好会館、日本日中関係学会、(一社)アジア調査会、中国日本商会、北京日本倶楽部　(順不同)

協力　日中文化交流センター、(公財)日中国際教育交流協会

※第十五回中国人の日本語作文コンクールは、外務省により、二〇一九年の「日中青少年交流推進年」行事として認定されました。

■応募状況■

第十五回日本語作文コンクールは従来通り、日本での半年以上の留学経験のない中国人学生を対象として、今年は五月十五日から三十一日までの約二週間にわたり作品を募集しました。

集計の結果、中国のほぼ全土にわたる二十六省市自治区の二百八校の大学、大学院、専門学校、高校などから、計四千三百五十九本もの作品が寄せられたことがわかりました。これは前年の四千二百八十八本を上回り、近年でも上位に並ぶ作品数の多さとなりました。

日中関係は、二〇一七年の国交正常化四十五周年、二〇一八年の平和友好条約締結四十周年という節目の年を経て、両国首脳の相互往来が重ねられるなど改善の流れが加速しています。また今年は青少年交流を進めるため、両国政府が定めた「日中青少年交流推進年」と位置づけられています。

こうした積極的な日中関係の背景をとらえ、中国で日本語を学ぶ中国の若者たちの日本語学習熱が今なお高まりを見せていることが示された形となりました。

詳しい集計結果を見ると、応募総数四千三百五十九本のうち、男女別では男性七百八十六本、女性三千五百七十三本。女性が男性の約四・五倍に上り、圧倒的多数でした。

今回のテーマは（一）東京二〇二〇大会に、かなえたい私の夢！（二）日中新時代を考える――中国の若者からの提言（三）今こそ伝えよう！先生、家族、友だちのこと――の三つあり、テーマ別では（一）九百八十一本、（二）千三百三十六本、（三）二千四十二本と、（三）が最多となりました。

※作文コンクール公式サイト「テーマ趣旨説明」
http://duan.jp/jp/20192.htm

地域（行政区）別では、寧夏回族自治区、新疆ウイグル自治区、チベット自治区などを除く中国のほぼ全土にわたる二十六省市自治区から応募がありました。最多は遼寧省の六百四十二本、次いで山東省の六百三十九本、浙江省の五百四十二本、広東省の三百二十五本、江蘇省の三百十九本と、日本語学習者が多いとされる中国東北部と沿海部からの応募が上位を占めました。

■審査の経過■

【第一次審査】

第一次審査は、日本僑報社・日中交流研究所の「中国人の日本語作文コンクール」事務局を中心に、さらに本活動にご協力いただける一次審査員を一般公募した上で、個別に依頼し進めました（審査の公平性を確保するため、在中国の現任教師は審査員として依頼しませんでした）。

審査の前に、募集要項の規定文字数に満たない、あるいは超過している作品を審査対象外とした上で、各規定をクリアした作品について採点しました。

今回の一次審査の審査員として、主に左記の方々がご協力くださいました。

岩楯嘉之、大上忠幸、岡田貴子、小林さゆり、佐藤則次、高橋文行、高柳義美、田中敏裕、中山孝蔵の各氏です（五十音順）。

【第二次審査】

第二次審査は、公正を期するために応募者の氏名と大学名を伏せ、受付番号のみがついた対象作文（上位二十一作品）を審査員に採点していただく形で実施しました。

今回は、左記の審査員十一名が二次審査にご協力くださいました（五十音順・敬称略）。

赤岡直人　（公財）日中国際教育交流協会 業務執行理事
岩楯嘉之　前NPO法人日中交流支援機構 事務局長
折原利男　看護専門学校講師、日中友好8・15の会会員
関　史江　技術アドバイザー
瀬野清水　元重慶総領事
高橋文行　日本経済大学大学院教授
塚越　誠　書家、日中文化交流の会 日本代表
林　千野　日中関係学会副会長、双日株式会社海外業務部中国デスクリーダー
二井康雄　映画ジャーナリスト、書き文字作家
古谷浩一　朝日新聞論説委員
和田　宏　前NHKグローバルメディアサービス 専門委員、神奈川県日中友好協会会員

【第三次審査】

第三次審査は、二次審査による合計得点の高かった学生に対し、スマートフォンの音声アプリ（ウィーチャット）でそれぞれ直接通話をし、口述審査を行いました（審査員・佐藤則次氏、段躍中）。その上で、新たに日本語による短い感想文を即日提出してもらい、審査基準に加えました。

【最終審査】

最終審査は、二次審査と三次審査の合計点により選出した一等賞以上の候補者計六名の作品を北京の日本大使館あてに送付し、現任の横井裕大使ご自身による審査で最優秀賞となる「日本大使賞」を決定していただきました。

■各賞と結果報告■

各審査員による厳正な審査の結果、今回の応募総数四千三百五十九本から、計三百十本の作者に対して各賞を授与しました。内訳は、最優秀・日本大使賞一名、一等賞五名、二等賞十五名、三等賞六十名、佳作賞二百二十九名です。

第十五回コンクールにおいても従来と同様に、三等賞までの上位入賞作（八十一本）は「受賞作品集」として書籍（本書）にまとめ、日本僑報社から出版しました。

表彰式は二〇一九年十二月十二日(木)に北京の日本大使館で開催。最優秀賞受賞者は、副賞として翌二〇二〇年上半期に日本に一週間招待される予定です。

■園丁賞について■

学生の日本語能力向上に貢献された功績をたたえるため、日中国交正常化三十五周年にあたる二〇〇七年の第三回コンクールから、学生の作文指導に実績のある学校及び日本語教師を表彰する「園丁賞」(第三回の「園丁奨」より改称)を創設しました。「園丁」とは中国語で教師のことを意味しています。

対象となるのは、応募校一校につき団体応募数が五十本を超えた学校です。当該校には賞状を授与しました。また、より多くの学生に学びの幅を広げてもらうよう、最も応募作の多かった学校に十五万円相当、五十本以上の応募があった学校に五万円相当の書籍をそれぞれ寄贈いたしました。

日本語を学ぶ学生たちに十分に活用していただきたいと思います。日本語教師の皆様には記念書籍を通じて、日本文化と日本語の普及、日本語教育の推進に役立てていただければ幸いです。

今回の園丁賞受賞校は、計三十五校となりました。受賞校と応募数(算用数字)は次の通り。受賞校の皆様、誠におめでとうございます。

吉林外国語大学(169)、湖州師範学院(156)、大連工業大学(119)、陽光学院(116)、大連外国語大学ソフトウェア学院(113)、武漢理工大学(112)、大連芸術学院(108)、大連民族大学(103)、天津科技大学(102)、魯東大学(84)、安陽師範学院(82)、嶺南師範学院(82)、三峡大学(76)、山東工商学院(76)、恵州学院(75)、常熟理工学院(74)、山西大学(72)、湖北文理学院(65)、大連交通大学(64)、曲阜師範大学(62)、寧波工程学院(57)、ハルビン理工大学栄成学院(56)、貴州大学(56)、棗荘学院(55)、江西農業大学外国語学院(54)、塩城工学院(53)、蘭州大学(51)、浙江大学寧波理工学院(50)、嘉興学院(50)、湖南大学(50)、韶関学院(50)、浙江万里学院(50)、江西農業大学南昌商学院(50)、上海海事大学(50)、中南林業科技大学(50)。

■優秀指導教師賞について■

二〇一五年の第十一回コンクールより、前述の「園丁賞」のほか優れた指導教師個人をたたえる「優秀指導教師賞」と「指導教師努力賞」をそれぞれ創設、二〇一六年の第十二回コンクールより「優秀指導教師賞」の授与を継続実施しています。

これは中国で日本語を学ぶ学生たちに、日本語や日本の文化を熱心に教えておられる中国人教師、ならびに日本人教師の日ごろの努力とその成果をたたえるものです。対象となるのは、三等賞以上の受賞者を育てた日本語教師で、受賞者には賞状と記念品が授与されます。

今回の優秀指導教師賞の受賞者と学校名は次の通り（発表順、敬称略、複数受賞者は二回目から省略）。教師の皆様、誠におめでとうございます。

張文碧、福井祐介（上海理工大学）、盧磊、加藤保之（西安電子科技大学）、薛紅玲（西北大学）、川内浩一（大連外国語大学）、丁寧（河北工業大学）、李錦淑、佐藤敦信（青島農業大学）、魏海燕、奥野昂人（西安翻訳学院）、毛賀力（上海海事大学）、汪瑋嘉、齋藤和美（合肥学院）、島田友絵（華東師範大学）、孫斐、小田孟（東北大学秦皇島分校）、川口智久（北京理工大学附属中学）、柳井貴士（蘭州大学）、神田英敬（武漢理工大学）、李紅、仙翔太（南京農業大学）、小椋学（南京郵電大学）、宍倉正也（恵州学院）、汪南（西華大学）、桐田知樹（北京第二外国語学院）、大工原勇人（中国人民大学）、古田島和美（常州大学）、邱春泉、佐藤力哉（湖南大学）、井田正道（華僑大学）、大橋あゆみ（中南大学）、伏見博美、厳文紅（広東東軟学院）、大竹昌平、丹波秀夫（蘭州理工大学）、金花（煙台大学）、許霄翔（ハルビン理工大学栄成学院）、池田健太郎（電子科技大学）、南由希子（東北育才外国語学校）、劉峰（上海師範大学）、森本卓也（江西農業大学南昌商学院）、田鴻儒、水野洋子（浙江外国語学院）、堀川英嗣、清原健（山西大学）、張鵬、高橋智子（西北大学）、王彦、藤波喜代美（東華理工大学長江学院）、洪優、南和見（杭州師範大学）、大熊博（華南農業大学）、木村あずさ（広東外語外貿大学南国商学院）、陳馥郁（大連芸術学院）、田畑博子、邵艶平、潮田央（曲阜師範大学）、張麗珺（上海師範大学天華学院）、田中哲治（大連海事大学）、岩山泰三（山東大学外国語学院）、露木震一（武漢外国語学校）、盛文淵（浙江外国語学院）、梁長歳（北方工業大学）、高良和麻（河北工業大学）、濱田亮輔、金稀玉（浙江師範大学）、永田隼也、マジャロペス明香里（大連外国語大学）、邢雅怡（東北大学秦皇島分校）、冨田絵美（湖州師範学院）、大滝成一、金蕾（安徽師範大学）、芮真慧（遼寧大学外国語学院）、岩佐和美（東華大学）、太文慧（東北師範大学）、黒岡佳柾（福州大学）、斉娜（西安翻訳学院）、郭麗（上海理工大学）、孟会君（天津理工大学）、飯田美穂子（大連理工大学）、鄧圓、李秋萍（桂林理工大学）、王金博（西安電子科技大学）、馬聡麗（西安財経大学）、陳新妍（浙江外国語学院）、張成（華中師範大学）、山口聡（上海外国語大学附属外国語学校）。

■作品集と講評について■

日中交流研究所の母体である日本僑報社は、第一回の作文コンクールから受賞作品集を刊行しており、本書で十五作目となります。

これまでのタイトルは順に、

第一回『日中友好への提言二〇〇五』
第二回『壁を取り除きたい』
第三回『国という枠を越えて』
第四回『私の知っている日本人』
第五回『中国への日本人の貢献』
第六回『メイドインジャパンと中国人の生活』
第七回『蘇る日本！今こそ示す日本の底力』
第八回『中国人がいつも大声で喋るのはなんでなのか？』
第九回『中国人の心を動かした「日本力」』
第十回『「御宅《オタク》」と呼ばれても』
第十一回『なんでそうなるの？中国の若者は日本のココが理解できない』
第十二回『訪日中国人「爆買い」以外にできること』
第十三回『日本人に伝えたい中国の新しい魅力』
第十四回『中国の若者が見つけた日本の新しい魅力―見た・聞いた・感じた・書いた、新鮮ニッポン！』

これら十四作の作品集は大変ご好評をいただき、朝日新聞、読売新聞、毎日新聞、ＮＨＫなど大手メディアで多数紹介されたほか、全国各地の図書館、研究室などに収蔵されております。

今回のテーマは前述の通り、(一)東京二〇二〇大会に、かなえたい私の夢！　(二)日中新時代を考える――中国の若者からの提言　(三)今こそ伝えよう！　先生、家族、友だちのこと――の三つとしました。今回は、二〇二〇年の東京オリンピック・パラリンピック競技大会（東京二〇二〇大会）を翌年にひかえることからこれをテーマの一つとし、日中関係のさらなる深化・発展の一助になり得るような意見や提言のある作文を募集しました。

(一)の「東京二〇二〇大会に、かなえたい私の夢！」は、今回の作文コンクールのメインテーマといえるものであり、本書のタイトルとしても使用しました。東京二〇二〇大会は、分野的・時間的・地域的に広がりを持った、これまで以上に世界に開かれ、世界とつながる熱い大会になることが期待されています。そこで、中国で日本語を学ぶ若い皆さんに「東京二〇二〇大会に、かなえたい夢」について自由に書き綴ってもらいました。

大会への関わりは直接的でも間接的でも、あるいは全く関係がなくても、二〇二〇年のその年に照準を合わせたものであれば、スポーツに限らずどのような内容でも構わないこととしました。若者らしい柔軟な発想、フレッシュな感性、多様な視点で、二〇二〇年への大いなる夢を述べてもらいました。

(二)の「日中新時代を考える――中国の若者からの提言」は、日中関係の新しい時代について考えてもらいました。日中関係は、二〇一七年の国交正常化四十五周年、二〇一八年の平和友好条約締結四十周年という節目の年を経て、両国首脳の相互往来が重ねられるなど改善の流れがいっそう加速しています。

こうした情勢のもと、今後の日中関係はどうあるべきか？　これからの両国関係に求められること、両国がともに目指すべきことは？　未来の両国関係にとって重要なこととは何か？　日本と中国にとっての新しい時代――「日中新時代」について、また「日中新時代」のあるべき姿、理想像などについて、若者ならではの自由な発想で考えをまとめてもらいました。

(三)の「今こそ伝えよう！　先生、家族、友だちのこと」は、日本語作文コンクールの第十一回（二〇一五年）より、毎年掲げるテーマの一つ「日本語教師の教え」の流れを汲むものです。今回は先生のみならず、家族や友だち、先輩など、テーマとなる対象を幅広く考えました。

学生の皆さんの周りには、個性的な魅力あふれる自慢の先生や家族、友だち、先輩などが少なからずおられるのではないでしょうか？　そのような、どうしてもほかの人に伝えたい魅力的な人物について紹介してもらいました。それをもって学生側から周囲の人たちに対して感謝の気持ちを表すとともに、先生方にはその作文を今後の指導の参考にしていただければと考えました。

総評としては、今回の作品はこれまで同様、またはそれ以上に優劣つけがたい優れた作品が多く、各審査員を悩ませました。

ある審査員は、今回の印象として「作者たちは日本語の専攻をしているとはいえ、大変綺麗な日本語を書き、表現力も見事なので、感心するばかりである。日本人の大学生で、これだけ立派な日本語を書ける人が一体どれだけいるだろうか?」と、中国の学生たちの日本語レベルの高さにすっかり感心しておられました。

また、上位の審査にかかわったある審査員は「文法も、内容も、いずれも十分に推敲された作文で、すべて素晴らしく、評価にとても迷いました。全てを読み終わった後に、心に残る内容の作文に、高い点を付けました」と採点の難しさと高評価となった作文のポイントについて明かされました。

総じて言えば（一）日本語の正しい文法、適切な表現を使っていること（二）強いメッセージ性やきちんとした主張があること（三）実際の体験談や事例を挙げる場合に、説得力があること（四）総花的（要点をしぼらずに全ての事柄をならべること）、こじつけ的、観念的ではないこと（五）読者の心に残るような感動を与えること、またはこれからの日中関係にプラスになるような具体的提言があること——などが高評価のポイントになったようです。

入賞作品は最終的にこのような結果となりましたが、順位はあくまでも一つの目安でしかありません。最優秀賞から佳作賞まで入賞した作品は、どの作品が上位に選ばれてもおかしくない優秀なできばえであったことを申し添えたいと思います。

いずれの作品にも、普段なかなか知り得ない中国の若者たちの「本音」がギッシリと詰まっていました。中には、日本人にはおよそ考えもつかないような斬新な視点やユニークな提言もありました。そうした彼ら彼女らの素直な「心の声」、まっすぐで強いメッセージは、一般の日本人読者にもきっと届くであろうと思います。

日本の読者の皆様には、本書を通じて中国の若者たちの「心の声」に耳を傾け、それによってこれからの日本と中国の関係を考えていただくほか、日本人と中国人の「本音」の交流のあり方についても思いを致していただければ幸いです。

このほか今回のコンクールにおいても、在中国の日本語教師の皆様からそれぞれ貴重な体験談をお寄せいただき、本書に併せて掲載しました。これら教育現場の第一線におられる先生方の体験談は、その日々の教育へのご尽力を伝えるのみならず、学生たちが作文コンクールで優秀な成績を収めるための「アドバイス」でもあるといえます。

この作文コンクールに初トライしたい学生の皆さん、今回は残念な結果に終わったものの、次回以降またチャレンジしたい学生の皆さん、現場の先生方、そして本書シリーズの愛読者の皆様にはぜひ、この『東京二〇二〇大会にかなえたい、私の夢！』に収められた優秀作、そして日本語教師の方々の体験談を参考にしていただけたら幸いです。

＊書籍化にあたり、今回より受賞作は筆者ご自身に版下データの校正をしていただきました。ご協力ありがとうございました。その上で、本書掲載の作文はいずれも文法や表記、表現（修辞法など）について、明らかな誤りや不統一が見られた箇所について、編集部が若干の修正を加えさせていただきました。

＊本書の掲載順は、一等賞と二等賞が総合得点の順、三等賞と佳作賞が登録番号順となっております。併せてご了承いただけましたら幸いです。

■謝辞■

おかげさまで、今年も「中国人の日本語作文コンクール」を滞りなく開催することができました。この場をお借りして、ご支援、ご協力いただいた全ての皆様に厚く御礼を申し上げます。

在中国日本大使館には第一回からご後援をいただいております。第四回からは最優秀賞に当たる「日本大使賞」を設け、歴代大使の宮本雄二、丹羽宇一郎、木寺昌人、および現任大使の横井裕の各氏にはご多忙の中、直々に大使賞の審査をしていただきました。ここで改めて、歴代大使と横井大使をはじめ大使館関係者の皆様に、心より御礼を申し上げます。

第二回から第六回までご支援いただきました日本財団の笹川陽平会長、尾形武寿理事長の本コンクールへのご理解と変わらぬご厚誼にも深く感謝を申し上げます。

そして第七回より協賛をいただいている株式会社パン・パシフィック・インターナショナルホールディングス（旧株式会社ドンキホーテホールディングス）の創業者で取締役、公益財団法人安田奨学財団理事長の安田隆夫氏からは日本留学生向けの奨学金制度設立などの面でも多大なご支援を賜りました。これは中国で日本語を学ぶ学生たちにとって大きな励みと目標になるものです。ここに心より感謝を申し上げます。

第九回からは、公益財団法人東芝国際交流財団にもご協賛をいただいております。改めて御礼を申し上げます。

朝日新聞社には、第七回からご協賛をいただき、第十回からはメディアパートナーとしてご協力いただいております。中村史郎氏、坂尻信義氏、古谷浩一氏、西村大輔氏ら歴代の中国総局長をはじめ記者の皆さんが毎年、表彰式や受賞者について熱心に取材され、その模様を大きく日本に伝えてくださっています。それは先年の日中関係が冷え込んだ時期であっても、日本人が中国に対してより親近感を持ち、客観的にとらえることのできる一助になったことでしょう。同社のご支援とご協力に心より感謝の意を表します。

最優秀賞受賞者の「日本一週間招待」に際し、多大なご支援、ご協力をいただいた皆様にも心より御礼を申し上げます（受賞者の訪日記録をご参照ください）。

谷野作太郎元中国大使、作家の石川好氏、国際交流研究所の大森和夫・弘子ご夫妻、さらにこれまで多大なご協力をいただきながら、ここにお名前を挙げることができなかった各団体、支援者の皆様にも感謝を申し上げます。誠にありがとうございました。

また、マスコミ各社の皆様には、それぞれのメディアを通じて本コンクールの模様や作品集の内容を丁寧にご紹介いただきました。そして日中〝草の根交流〟の重要性や、日中関係の改善と発展のためにも意義深い中国の若者の声を、広く伝えていただきました。改めて御礼を申し上げます。

中国各地で日本語教育に従事されている先生方に対しましても、その温かなご支援とご協力に感謝を申し上げます。

これまでに中国各地の三百校を超える学校から応募がありましたが、このように全国展開できた上、今回の応募数が第一回（千八百九十本）の二倍超となる四千三百五十九本に上るなど、本コンクールがこれほど高い知名度と信頼を得られたのは、教師の皆様のご尽力のおかげです。

各審査員の皆様にも深く感謝を申し上げます。一次審査では今回の四千本を超える作品全てに目を通し、内容の深さやおもしろさ、独自性、文法の正確さなどにより採点し選考していただきました。これは本コンクール審査の根幹となるもので、最も時間と労力を要する重要な段階です。

二次審査では外部有識者にご協力いただき、厳正な審査の上でそれぞれ的確な講評もいただきました。口述審査となる三次審査では、上位入賞候補者に対し直接日本語でやりとりし、その日本語のレベルをはかるというお骨折りをいただきました。

最終審査は、現任の横井大使ご自身による審査で「日本大使賞」を決定していただきました。大使には公務で大変お忙しい中、快く審査をお引き受けいただき、本当にありがとうございました。

各審査員の皆様には多大なるご支援とご協力を賜り、改めて厚く御礼申し上げます。

最後になりますが、応募者の皆さんにも改めて御礼を申し上げます。まず、応募作は今年も秀作、力作ぞろいでした。主催者はこれまで出版した作文集をたびたび読み返し、その都度、皆さんの作文からさまざまな刺激を受けて、民間の立場から日中関係をより良いものにしていこうという勇気と希望を抱くことができました。

さらにこの十五年間、本コンクールは先輩から後輩へと受け継がれてきたおかげで、いまや中国の日本語学習者の間で大きな影響力を持つまでに至りました。歴代の応募者、受賞者ら多くの関係者が今、日中両国の各分野で活躍されています。

皆さんが学生時代に本コンクールに参加して「日本語を勉強してよかった」と思えること、より日本への関心を深め、日本語専攻・日本語学習への誇りを高めていると耳にして、主催者として非常にうれしく思っています。

また、皆さんのように日本語を身につけ、日本をよく理解する若者が中国に存在していることは、日本にとっても大きな財産であるといえるでしょう。皆さんがやがて両国のウインウインの関係に大きく寄与するであろうことを期待してやみません。

中国人の日本語作文コンクールは、微力ではありますが、日本と中国の相互理解の促進、ウインウイン関係の構築、アジアひいては世界の安定と発展に寄与するため、今後もこの歩みを着実に進めてまいります。

引き続き、ご支援、ご協力のほどよろしくお願い申し上げます。

二〇一九年十一月吉日

特別収録

現場の日本語教師の体験手記

半場憲二

高柳義美

伏見博美

特別掲載

第14回 中国人の日本語作文コンクール

授賞式開催報告

第14回 最優秀賞・日本大使賞受賞者の

訪日記録

第1～14回 受賞者名簿

第1～14回 受賞作品集と関連報道

私の日本語作文指導法（四）

国際化と個の時代　重要性を増す作文指導

半場憲二

作文は、時間をかけながら学生たちと向きあうことのできる絶好の機会です。原稿用紙に赤ペンを入れるばかりが教師の役割ではありません。各国の交流が深化するなか、作文指導の位置づけはこれまで以上に重みを増していると考えられます。

一、異国文化 理解のために

「東日本大地震の際、日本政府は被害を受けた住民に対し、簡易住宅を安置した。」

これは当時大学三年生、日本語能力の高い学生が書いた作文の一節です。皆様は「この使い方は、ちょっと問題だな」と思ったかもしれません。読み手によっては「縁起でもない！　安置とは何事か！」と怒り出しそうです。何かが十分ではありません。

どのように指導したのか振り返ってみます。まず学生の許可をもらい文章全体をＰＰＴで映し出し「単語の使い方だけでなく、異国文化の理解の為、非常に大事です」と前置きし、クラスの全員に説明する機会をつくりました。

次に単語の意味を確認します。安置は①ある場所に据え置くこと。じっととどまらせておくこと。②神仏の像などをあがめ据えることとです。インターネットで検索すると、パソコン画面のトップには葬儀会社の宣伝がヒットします。ネット辞書の例文には「遺体を安置する」「遺体安置室」などおどろおどろしいものばかり。

他に書籍を紹介するのも効果的です。

「今、安置所に必要なのは遺体の扱い方を熟知し、葬儀社をまとめて火葬までの道筋をつけることのできる人間である。家族の動揺を最小限に抑え、滞りなく火葬場へと運んでいかなければ大量の遺体がひきも切らずに見つかるこの事態を乗り越えることはできない。（注1）」

私は続けざまに「東日本大震災直後、遺体安置所の光景を記録し、大震災の傷跡から人々がどのように立ち直って生きていくのかを取材した本です」と紹介しました。（注2）

漢字の成り立ちから「安全に設置した」と想起し、電子辞書にもあったことから「使用可」との判断に至ったと思いますが、日本人は「死体を保管する場所」を連想し、暗いイメージが付きまとい、「災害に抗し切れず死んでしまった不幸な人たちを思い浮かべる」「生存者に使うには相応しくない」と説明しました。（注3）

もちろん「書き手の自由に」あるいは「批判を覚悟で書く」という手法もありますが、何名かの学生が「簡易住宅は死体置き場とは違う」「生存者がずっと簡易住宅にとどまるという誤解が生じる」などと述べたことから、単語活用の適切なイメージを掴んでくれたと同時に、会話の授業だけでは補いきれない異国文化への理解に役立ったものと思われます。

二、言語行動 理解のために

〔日本語を学ぶということは、すべからく日本の文化に軸足を置いて言葉を紡ぐ作業です。文法の世界は極めて整然とした姿を見せるのに対し、アウトプットの場面では「その表現（書き方・話し方）はおかしい」と、どことなく雑然とした様子になるのは「言葉の中に文化が刷り込まれている」からで、この感覚なしに作文指導ができるとは思いません。（注4）〕

これは日本人と同じ言語行動を強要したり、日本人と異なる言語行動を非難するものではありません。人々が言葉を使い群れをなし、行動し生きる以上、その多様性は認めざるをえません。しかし先に述べた安置と設置の違いのように、単語の使い方や言葉遣いの出来不出来のほか、相手の言語行動を意識せずにいればコミュニケーション・ギャップを生んでしまいます。

学校や身近な生活でよく見かける相違を三つあげてみ

ます。

(1)挨拶

午後の授業前、学生たちが「先生、おはようございます」と挨拶をします。「おやっ?」と思いつつ「今は午後です。その挨拶はどこで覚えたのですか?」と尋ねます。留学中の仲間が「アルバイト先で使っている」と言いますが、いつも通用するとは限りません。日系企業に就職した初日から、終日「おはようございます!」はありえない話です。多感な時期だからこそTPOをわきまえさせなければなりません。「学校や職場とアルバイト先の対応は違います。『こんにちは』と言いなおしてください」と指導します。日本人の真似をすればいいというものではありません。

(2)御礼

学生から「日本人は何でも『ありがとう』と言いますが、本当にそう思いますか?」「家族や兄弟に御礼を言う必要がありますか?」と強い口調の質問がありました。私は「親しい間柄では御礼を言わないとか、家族に御礼を言うのは他人行儀だというのは理解できます。[注5]」としながら「ご両親は必死に皆さんの学費を稼いでいます。それなのに『ありがとう』の一言が言えませんか?」と問い返すと、学生たちは声を揃え「うん、要らない(笑)」と即答しました。後日、学生の一人が母親の誕生日プレゼントに「ありがとう!」と日本語で書いたカードを添えると「どういう意味なの? 謝謝? あら恥ずかしいわ!」と照れ笑い。とても喜んだそうです。

(3)敬意

学生が電話をくれました。「あのね先生、今度一緒にコーヒー飲みに行かない?」。年上へ配慮のないタメ語で切り出すのを無視できません。「教師の役割は『社会化』である。それゆえ、私たちの文化や原則を伝えねばならぬ」とも言います。[注6] 最初に「こんにちは。今よろしいでしょうか?」と切り出すのが妥当でしょう。言語に行動が伴わなければOUTです。明るい性格だが礼儀に欠けるでは元も子もありません。年齢の上下、親疎の遠近、学生と教師の関係など、相手の言語行動を意識した関係構築が求められます。

作文指導の論考から脇道に逸れた感がありますが、ともあれ、会話の授業だけでは補いきれない事柄が多く、異国文化への理解や相手の言語行動を理解させるのに、作文の授業も例外ではいられません。成長著しい学生たちは、自身のアイディンティティーや文化を機軸としながら社会や物事に順応し、作文の中で、家族や友人に見せたことのない自分を開示する可能性があります。そんな日々の変化と真摯に向き合うことのできる作文指導が今、求められているのではないでしょうか。

（注1）石井光太著『遺体』（第一章「廃校を安置所に」二十八頁、新潮社2014年）。授業は通常より遅めに話をすすめています。なお教師の言葉を聞き取れずにいると、集中力が途切れてしまう学生がいるため、該当箇所をスマホで写真に撮り、QQ群で共有します。

（注2）作文力を向上するため多くの書籍や日本語原文に触れることを薦めています。すると「その本が読みたい」「貸して下さい」と申し出てくる学生が現われます。読後クラスで発表する事を条件に貸し出したり、学校や公共図書館の利用を促します。

（注3）「自分の声」を大事にしつつ「他者の声」を聞かせるのも大切です。自分の視点を大切にしながら、別の視点からも推敲や執筆が行える創造的な支援を心がけます。

（注4）拙論「作文指導で生じている三つの問題点（第十四回作品集、二〇一八年）二〇二頁

（注5）韓国も同様の傾向があるという。『日本人の言語行動』三三〜三四頁、「在日外国人と日本人との言語行動的接触における相互『誤解』のメカニズム」の収集事例集を参考にした論考から（『NAFL日本語教師養成プログラム4』、株式会社アルク）。

（注6）国分康孝著『カウンセラーのための6章』（誠信書房、一九九一年）四八頁

半場憲二（はんば　けんじ）

一九七一年東京都新宿区生まれ。国士舘大学卒。航空自衛隊自衛官、国会議員秘書、民間企業社長室等を経て、二〇一一年九月から湖北省武漢市にある武昌理工学院日本語学科教師。二〇一九年九月から広東省の広東外語外貿大学南国商学院へ。

大連通い

高柳義美

中国人と日本人との間で、文通相手を紹介する「日中友好文通の会」が、三十年もの間、活動していました。その頃、この会は、隔月で会報『朋友』を発行していました。その会報には、日本人の意見や感想は載せましたが、中国の若者の日本への感想や主張、提言など、載せて欲しいと会員からの要望がありました。

そこで、私は、過去にＳＫＹＰＥで偶然知り合った大連外国語大学日本語学院の学生・韋東明さんに、会報『朋友』への投稿を依頼したところ、韋さんは、快諾してくれました。そして、彼の原稿は、「日中友好文通の会」会報『朋友』に載りました。本来なら、この会報を二部ほど、この韋東明さんに郵送すれば、事足りましたが、私は、この韋東明さんの文章を読み、会いたいと思うようになりました。

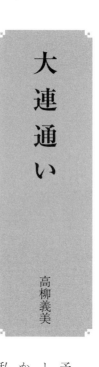

そう思い、私は韋東明さんにＳＫＹＰＥで大連に行く予定を連絡したものの、彼は、ＳＫＹＰＥの私のメッセージを見ていませんでした。大連外国語大学は、大連駅からスクールバスで一時間十五分ほどかかりましたが、私は大連外国語大学へ直接のり込みました。大連外国語大学の学生課へ赴き、この韋東明さんの名前を告げ、「この学生に会いたい」と、学生課の方に申し出ました。そしたら、偶然、韋さんは、クラスの役員をしていて、学生課に彼の携帯電話番号が控えてありました。係の方が彼に電話して下さり、十五分ほどして、彼が現れました。「这位是日本人。为见到你，特意到大连来了」と、係の方の説明に、彼はきょとんとするやら、驚く様子でした。韋さんは日本語で「誰ですか？」と尋ねました。私は「私の声に聞き覚えはありませんか？　何回もＳＫＹＰＥで話していますよ」と答えたら、「高柳先生ですか？」と聞いてきました。「分かりましたか？　そうです」と、今度は私が答えました。韋さんは、「まさか、高柳先生が直接来るとは」と面食らっていました。

ちょうど正午だったので、大連外国語大学の学生食堂へ行き、二人で昼食を食べ始めました。初めて会ったこともあり、お互いによどみなく話しました。十五分ほど経って、辺りを見回すと、彼の女子クラスメイト六名が、我々二人を取り囲むように座り、話す内容を聞いていました。「何か、女子学生に囲まれて、しかも話を聞かれてしまうのも嫌ですね」と、私。彼は「日頃、日本人と話すチャンスがないから、日本人と話したいのです」と言います。

韋さんとは、翌日と翌々日、その昔、満州国時代、「星が浦」と呼ばれた星海公園、満州国時代の建築物で囲まれた中山広場、浪花町と呼ばれた天津街、日本人が多く住んでいた南山地区など、大連の街を散策しました。話す言葉は、一〇〇％日本語でした。彼も「こんなに長い時間、日本語を話したのは初めてです」とのことでした。

それからです、熱心に日本語を学んでいる学生が多い大連に行って、日本語会話の練習相手になろうと思ったのは。大連は、中国の他の都市より、日本企業の進出が多く、日本人も比較的多いです。それでも、大連在住の学生たちは、「日本人と話すチャンスが少ない」と、言います。北京、上海を除く中国の大都市では、日本人と話す機会は、大連より、もっと少ないかもしれません。

以後、私の大連通いが始まりました。大連駅前の勝利広場地下に「外国語角」があり、日本語学習者も集うので、私は日本語の話し相手になりました。勝利広場地下には、日本から帰った店主の日式ラーメン店もあり、日本語に接するいい環境でした。また、近くには、日本人経営による喫茶店もあり、そこにも出入りしました。大連外国語大学では、私のメールアドレスが、次第に学生たちの間で知られるようになり、日本語が未熟な二年生から、「明日、日本語の一分間スピーチが私の順番です。聞いて間違いがあったら直して下さい」と、QQで連絡が深夜来たり、「提出するレポートを訂正して下さい」と依頼があったりしました。

大連では、大連にある他の大学の日本語学科の学生たちとも知り合いました。突然、大連の街中で「日本人ですか？」と、声をかけられたり、外国語コーナーで、親しくなったりしました。これらの学生たちに共通していることは、日本語が堪能で、なおかつ、日本語学習に熱心だったことです。大連市政府も後援している「キヤノン杯日本語スピーチコンテスト」に、大連外国語大学は、熱心に取り組み、私も、開催日当日、知り合いの学生が出場するので、応援に駆けつけたこともあります。

大連は、私の伯父が、満州国時代に住んでいた都市でもあります。時おり、伯父に会って、大連談義をしたことがありましたが、「百聞は一見に如かず」で、実際に目の当たりにした大連は、百回の大連談義より強烈な印象を残しました。アカシアの香りが大連の街に漂う五月は、ロマンチックな雰囲気さえ感じることもありました。その昔、大連は、日本人にとって、今の中国東北地方への玄関口でした。清岡卓行の「アカシヤの大連」で、大連のアカシヤが知られるようになりました。

大連日語専科学校にて

一九六四年周恩来の提唱した「日語専科学校」が開学され、後の大連外国語大学の礎となりましたが、その日語専科学校の設立に、大連の地が選ばれたのも、何か日本との因縁を感じます。当時、周恩来は「いつか、日本との関係が改善され、日本が大切な隣国になる。その時のために、日本通の若者を育てたい」と言ったそうです。大連外国語大学には、そんな背景があったと聞きます。

中国の大学で、第一希望で日本語を専攻する学生は、ごくわずかと、学生たちから聞きました。その他の学院や学科を希望したけれど、大学センター試験の点数不足で、仕方なく、日本語を専攻する羽目になったとのことです。しかし、希望しなかった日本語でも、勉強していると、次第に日本語と日本に興味が出てきて、熱心に日本語学習に励むようになる学生が多いようです。そのような学生たちは、日本人との接触や交流に積極的です。大連外国語大学のキャンパスで、私に声をかける学生は、紆余曲折があったとしても、最終的には、日本語を受け容れます。そして、チャンスかあり、事情が許すなら、日本留学を視野に入れるようになります。

今、日本語を学ぶ学生が減少していると聞きます。世界が経済的に結びつくようになり、英語を学ぶ学生が急増しています。大連でも、中国国内の外国語学習に影響を受けています。とは言え、日本語は、第二の外国語としての地位を保っています。

たった一人の中国人青年・韋東明さんと知り合ったことで、私の中国への接し方は大きく変わりました。大連に行く度に、韋さんと会いました。その後、韋さんは、九州大学大学院に留学する機会を得ました。彼とは、福岡、東京、広島で会いました。今でも、韋さんとは、頻繁に連絡を取り合っています。韋さんと会えば、大連でも日本ででも、必ず居酒屋で一杯ひっかけて楽しく歓談します。彼の日本語は、更に磨きがかかりました。今、韋さんは、中国で日中関係の起業家を目指し、日々頑張っています。

「中国是有两千年友好往来的邻邦」とは、日中友好の決まり文句です。中国の大都市で、日本語学習者が最も多いのが大連だと中国有識者は言います。高い意識を持ち、敢えて日本語を選択した中国の青年たちの便宜を図り、帮助したいと、私の大連通いは、もうしばらく続きます。

高柳義美（たかやなぎ よしみ）
埼玉大学教育学部卒。大学の専攻は「中国近現代史」で、主に中華民国の五・四運動、中国共産党成立、抗日戦争、中華人民共和国建国等を研究する。大学卒業後、「日中友好文通の会」に所属し、日本人と中国人のペンフレンドを相互に紹介する橋渡し役を担っている。訪中も四十回以上に及び、特に大連在住者への日本語指導を担当する。また、ここ四年ほど、「中国人学生による日本語作文コンクール」の審査員を務めている。

中国で暮らして感じたこと

伏見博美

「先生、日本に帰らないで」。日頃、教室では大人しく、目立たないが感性豊かな教え子から、突然泣きながらこう言われた。私は、もったいないような、ありがたいような感情とともに、二年間中国で過ごして来た日々を走馬灯のように思い起こしていた。現在、私は広東省のある大学で日本語教師として働いている。そして、もうすぐ二年間の勤務を終え、帰国する予定である。

私が中国の大学で日本語教師として勤めることになった大きなきっかけは、夫の中国の企業への転職である。転職といっても定年間近まで勤めていた会社をほんの数か月早く退職しての勤務なので、第二の人生の就職といった方がいいのかもしれない。夫から中国企業からのオファーがあると聞いた時、私は公立高校の教員として勤めていた。最初は、夫の中国企業での勤務は反対した。それは中国についてどうこう思っていたのではなく、離れて暮らすことに抵抗感があったからである。夫は日本の企業に勤めていた若い頃、中国への長期の出張や三年間の単身赴任での駐在を経験していた。離れ離れで暮らすことは精神的に負担感が大きかった。今のようにSNSの発達はなく、連絡は国際電話やFAXのみ。子育てや私自身の仕事の悩みなど、相談することもできず家族が離れて住むことは、やはり家族が家族として存在するのには無理があると身をもって感じていたからだ。そう考えていた私が、現在のような生活をしているのは、わたし自身の発想の転換があったからだ。「私が夫と一緒に中国で生活すればいい」と。夫は私が早期退職して、中国でゆっくり暮らせばいいと言い、私も最初はそのつもりでいた。しかし、せっかく中国で暮らすのだから、旅人のような立場ではなく、生活者として中国で暮らし、生活者だからこそ体験できることを、自分という器を通して感じたいと思うようになった。

自分の今までのキャリアを生かす道を考え、たどり着いた職業が日本語教師だった。日本語教師になるべく勉強をすればするほど奥の深さを感じ、日本語を話せるか

最後の授業終了後、学生と共に（2019年6月13日）

らといっても教えることはできないということを痛感した。日本で、この日本語教師の勉強と中国語の猛勉強をし、そして、ありがたいことに、ご縁があり、現在この大学で勤めるようになったのである。大学は夫の住んでいる都市から約百キロ離れており、平日は大学の寮に住み、週末はバス三本を乗り継ぎ、三時間半かけて夫の住むホテルに通うという日々を送っている。金曜日の授業が終わると新婚の時のようにわくわくした気分でバスに乗る。この感覚も不思議で、こういう感覚を持てることが幸せに思ったりもする。

長年、日本で教育に携わり、生徒一人ひとりを大切にするという姿勢は中国の大学でも変わることはなかった。授業前後の丁寧な互いの挨拶、毎日の授業初めの呼名とアイコンタクト。一人ひとりの小さな変化を認め、励ますこと。わかりやすい授業のための教材研究、視覚的な資料の作成。アクティブラーニングの導入など、教える内容は違っていても教育の基本は変わらないと考え、この二年間やってきた。スピーチ大会の出場や作文大会に向けての個別指導などは、学生のやる気や思いを大切にしながらやってきたが、学生たちの一生懸命な姿に接し、授業以外の活動もとても楽しかった。大会で学生が優秀な成績を取ると、指導した教員も表彰されことには中国と日本の違いを大きく感じた。日本では、考えられないことだが、教員のモチベーションや日本の教育界の教員評価の実施の流れを考えるとこういう方法もあるかもとも思った。

休日は、夫とともに住居近くの街を散歩したり、市内バスに二元払って乗り、知らない町の小探検をしたりとこれもまた、楽しかった。中国の田舎の町を歩くことは私の大好きな休日の過ごし方である。現在の中国は、三十年前に夫の単身赴任中に訪問した時とは大きく変わり、近代的な大都市が全国に散在している。しかし、都市部を一歩出ると昔ながらの中国の現実もある。ここで私は、中国の力強さと優しさを感じることが多々ある。そして、一方的な情報を受けとることの怖さもまた、感じている。日本にいると、中国のことを知るにはマスメディアというフィルターを通して知ることがほとんどである。その情報は嘘ではないかもしれないが、すべてではないということである。物事を知るということは、自分の眼で見、自分の体で経験して感じることが大切であるということを、この二年間で強く感じた。

もうすぐ帰国しなければならないことは、後ろ髪を引かれる思いもあるが、教え子の何人かは、日本の大学院に進学する準備を進めている。今度は教え子たちと日本で会えることを楽しみにして、残り少ない中国での仕事と生活者としての経験の日々を愛おしみながら過ごしていきたいと考えている。

伏見博美（ふしみ ひろみ）

一九八〇年石川県能美郡辰口町辰口中央小学校、一九八三年静岡県天竜市立二俣中学校、一九八八年静岡県磐田市立大藤小学校に養護教諭として勤務。一九九〇年家庭の事情のため退職。その後、一九九六年静岡県立掛川東高等学校、二〇〇一年静岡県立磐田北高等学校、二〇一七年静岡県立遠江総合高等学校に教諭として勤務。二〇一七年六月より中国広東東軟学院に日本語教師として勤務。

第十四回 中国人の日本語作文コンクール

表彰式・日本語スピーチ大会

二〇一八年十二月十二日㈬ 在中国日本国大使館 大ホール

日本僑報社 在中国日本国大使館 共催

―授賞式開催報告―

横井裕在中国日本国特命全権大使

日本僑報社・日中交流研究所主催の第十四回「中国人の日本語作文コンクール」の表彰式と日本語スピーチ大会が二〇一八年十二月十二日㈬午後、北京の在中国日本大使館で、横井裕大使をはじめ上位入賞者やその指導教師、家族ら関係者約百六十人が出席して開かれた。

日中平和友好条約締結四十周年の節目の年である今年（二〇一八年）、本コンクールはその認定事業の一環として開催された。

（表彰式共催・日本大使館、コンクール協賛・株式会社ドンキホーテホールディングス＝現パン・パシフィック・インターナショナルホールディングス、公益財団法人東芝国際交流財団、メディアパートナー・株式会社朝日新聞社）

来賓として、横井大使をはじめ日本大使館の堤尚広公使・広報文化部長、ドンキホーテホールディングスの髙橋光夫専務取締役兼CFO、株式会社東芝の須毛原勲中国総代表（東芝中国社董事長兼総裁）、朝日新聞社の西村大輔中国総局長、中国日本商会の岩永正嗣副会長（日中経済協会北京事務所所長）などが出席した。

人民網記者・陳建軍さん撮影

中国人の日本語作文コンクールは、日本と中国の相互理解と文化交流の促進をめざして、二〇〇五年にスタート。中国で日本語を学ぶ、日本に半年以上の留学経験のない学生を対象として、今年で第十四回を迎えた。今回は中国各地の大学や専門学校など二百三十五校から、計四千二百八十八本もの多くの作品が寄せられた。

挨拶する㈱ドンキホーテホールディングスの髙橋光夫専務取締役兼CFO

日本と中国は今年、平和友好条約四十周年の記念の年を迎え、両国首脳の相互訪問が実現するなど関係改善への動きをいっそう加速させている。こうした前向きな両国関係の背景をとらえ、中国で日本語を学ぶ若者たちの日本語学習熱や日本への関心が依然として高まりを見せていることが示された形となった。

今回のテーマは（一）中国の若者が見つけた日本の新しい魅力（二）日本の「中国語の日」に私ができること（三）心に残る、先生のあの言葉――の三つ。

数次にわたる厳正な審査の結果、佳作賞以上の計三百二本（人）が入選を果たし、現任の横井裕大使自らによる審査で、最優秀賞の日本大使賞が決定。復旦大学日本語文学学部四年（作文執筆時は同三年）の黄安琪（こう・あんき）さんによる「車椅子で、東京オリンピックに行く！」がみごと日本大使賞の栄冠に輝いた。

この作品は、京都での短期交流プログラムに参加した黄安琪さんが、日本の進んだバリアフリー文化に接し、元体育教師で現在は車椅子で生活する祖母の「オリンピックを見に行きたい」というかねてからの夢を東京五輪でかなえてあげたいという、心優しく、かつ強い思いが感じられる感動的な作品。東京五輪を目標にしている点も、日中未来志向の一つの形として好感が持てたという評価が多かった。

東芝の須毛原勲中国総代表

朝日新聞社の西村大輔中国総局長

表彰式で挨拶した横井大使は、この作品を自ら大使賞に選んだ理由について「黄さんの作品では、オリンピック・パラリンピックというタイムリーな題材が取り上げられている。それに加えて、お年寄り、親族、そして障害を持った人々を思いやる優しさが、黄さん自身の日中両国での経験を踏まえて大変丁寧に表現されている」と語り、時宜を得た題材と思いやりの気持ちが丁寧に表現されていたことが大使賞選出の大きなキッカケとなったことを明らかにした。

また「そのほかの作品も素晴らしいものばかり」だったとした上で、今回は入賞者の多くが日本を訪れており、「短期間の交流の中でも日本に対する見方が大きく変わり、深まったことがどの作品にも良く表れている。その好奇心、行動力、感受性の高さに大いに敬服する」などと強調。

日本政府としては、より多くの中国の人々にありのままの日本の姿を知ってもらうため「来年一月一日から、中国の大学生や訪日リピーターに対する一層のビザ緩和を実施する予定だ。この新たな措置によって日中両国の国民交流が更に拡大することを期待している」として来年から訪日ビザが一部緩和されることが明らかにされた。

さらに日本語を学ぶ中国の学生たちに向けて「引き続き日本語を始めとする各分野で研鑽を積み、未来の日中関係の担い手、両国の間の架け橋となっていただけるものと、確信している」と力強いエールを送った。

日本大使賞の授与式では、横井大使が宋妍さんに賞状を授与したほか、日中交流研究所の段躍中所長（日本僑報社編集長）が副賞の「日本一週間招待」について発表した。

続いて上位入賞の一等賞（五人）、二等賞（十五人）、三等賞（六十人）受賞者がそれぞれ発表され、この日のために中国各地から駆けつけた受賞者たちに賞状と賞品が授与された。メディアパートナーの朝日新聞社からは、二等賞以上の受賞者に対し「これで日本語の学習に一層励んでほしい」と朝日新聞が半年から一年間、無料で閲覧できる「朝日新聞デジタルＩＤ」がプレゼントされた。

受賞者代表のスピーチでは、日本大使賞受賞の黄安琪さんをはじめ、一等賞受賞の郜華静さん（青島大学、現在は天津外国語大学大学院に在学中）、王美娜（おう・びな）さん（中南財経政法大学、六月に卒業）、劉玲（りゅう・れい）さん（華東師範大学）、呉曼霞（ご・まんか）さん（広東外語外貿大学南国商学院）の五人が登壇。

日本の進んだバリアフリー化は「『平等』や『愛』を伝えるメッセージであるだけでなく、不幸な人の心を癒し、幸せにする『薬』なのだ」と訴えた黄安琪さんのほか、旅行先の東京でなくした財布を民泊の大家さんが親身になって探してくれ、「（日本には）困った時、助けてくれる優しい人がたくさんいる」と声を詰まらせながら感動的な体験を述べた王美娜さんなど、それぞれが受賞作を堂々とした日本語で発表。さらに一人ひとりが受賞の喜びや感謝の気持ちを堂々と発表するなど、日ごろの学習の成果を存分に発揮した。

来賓の挨拶に続いて、日中交流研究所の段躍中所長が本コンクールの開催について、壇上のスクリーンに図表などを映し出しながら報告。

コンクールは、この十四年間で中国全土の三百を超える大学や大学院、専門学校などからのべ四万千四百九十本（人）の応募があり、うち受賞者（佳作賞以上）はのべ二千百十五人を数える。こうした実績により、コンクールはいまや中国で日本語を学ぶ中国人学生にとって「参加すること自体が大きな目標になる」ほどの知名度と権威性の高い大会へと成長を遂げてきた。

さらに、コンクールの入選作品をまとめた「受賞作品集」をこれまでに十四巻刊行（いずれも日本僑報社刊）。合わせて九百十二本に上る上位

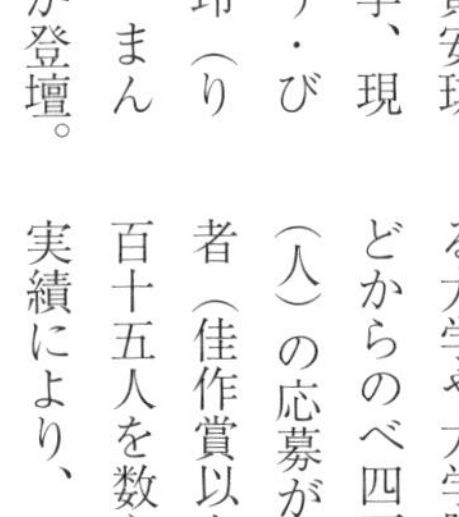

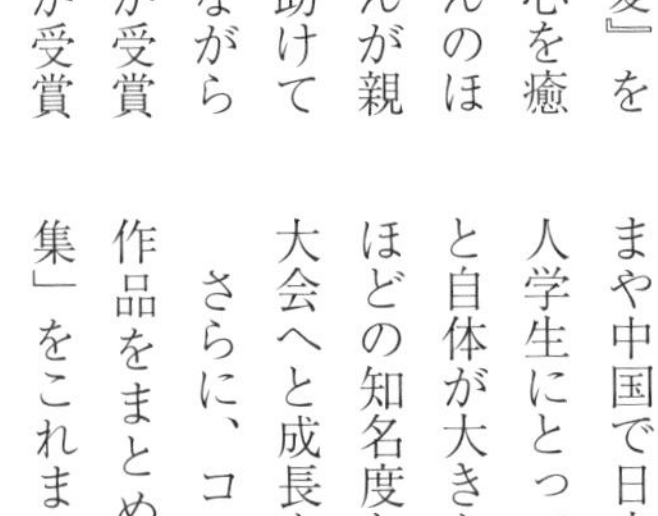

司会の小林さゆりさん（右）、段躍中所長（左）

入賞作品を掲載し、日中両国のメディアに多数報道されているほか、「中国の若者の声」として各界から注目されていることなどが紹介された。

段躍中所長は十四年にわたる各界からの支援に感謝の意を述べるとともに、「日本語学習を通じて日本への理解を深めた学生たちを、これからも応援していただきたい」と、コンクールへの一層の理解と支援を呼びかけた。

続いて、来年の第十五回コンクールのテーマが発表された。東京オリンピック・パラリンピックが翌年に迫る二〇一九年は、これに関するものとして（一）「東京二〇二〇大会に、かなえたい私の夢！」をはじめ、（二）「日中新時代を考える――中国の若者からの提言」（三）「今こそ伝えよう！ 先生、家族、友だちのこと」の三つのテーマが挙げられた。

応募期間は二〇一九年五月十五日（水）から五月三十一日（金）。段所長から「引き続き、多くの学生に応募していただきたい。今から準備してください！」などと熱心な呼びかけがあった。

表彰式第一部の「学生の部」に続く第二部は「先生の部――日本語教師フォーラムin中国」として、二〇一五年に創設された「優秀指導教師賞」の受賞者が発表された。

「優秀指導教師賞」は、コンクール三等賞以上の受賞者を育てた教師に対して、その日ごろの努力と成果をたたえるもの。受賞者それぞれに同賞が授与された。

続いて「優秀指導教師賞」受賞者を代表して一等賞以上の受賞者を育てた教師のうち、復旦大学の丹波江里佳

①丹波江里佳先生と丹波秀夫先生　②中村紀子先生　③張科蕾先生　④木村あずさ先生　⑤島田友絵先生

先生、丹波秀夫先生、青島大学の張科蕾先生、中南財経政法大学の中村紀子先生、華東師範大学の島田友絵先生、広東外語外貿大学南国商学院の木村あずさ先生の六人が登壇。

作文を書く場合、まずは読者の存在を念頭に置き、その上で「読者が興味や共感を持てる内容で、物事をよく観察し、世界に一つだけの作品を書こう」（丹波江里佳先生）、「決まった型の作文ではなく、自分の考えを整理して素直な考えを伝えよう」（島田先生）などの「作文の書き方指導」についての報告があったほか、「日本語で作文を書くことは大変だが、その大変さを乗り越えれば、コンクール受賞で人生が大きく変わることがある。学生の皆さんはどうかチャレンジを続けてほしい」（中村先生）といった励ましの言葉があった。

この後、受賞者と来賓、主催者らが全員そろっての記念撮影が行われた。受賞者たちは、晴れやかな笑顔を見せるとともに「受賞して本当にうれしい。来年はもっと上位を目指します！」「受賞者代表の素晴らしいスピーチを聞き、感動した。学習に対するいい刺激を受けました」などと語り、さらなる日本語能力アップへの強い意欲を示していた。

第14回受賞者を含む出席者全員で記念撮影

第十四回 中国人の日本語作文コンクール「日本大使賞受賞者」の訪日記録

二〇一九年二月二十五日(月)～三月三日(日)

第十四回「中国人の日本語作文コンクール」で、最優秀賞の日本大使賞を受賞した黄安琪《こうあんき》さん(復旦大学)が、副賞の「日本一週間招待」を受けて二月二十五日から三月三日まで来日。関係各所を訪れて受賞の喜びを報告し、感謝の意を示したほか、東京都内を視察しました(肩書きはいずれも当時)。

相手国とのご縁を大事にすることが重要――黄安琪さんからの訪日報告より

この度は「第十四回中国人の日本語作文コンクール」において最優秀賞(日本大使賞)をいただき、また、副賞として日本に招待していただき、すごく光栄で嬉しく思います。

あっという間に一週間が過ぎました。短かったですが、最高の思い出になりました。段先生、コンクール関係者の皆様のおかげで、元総理大臣をはじめ、日本の政治家、外交官、実業家、大学教授等、日中友好の最前線で活躍する先輩たちとお会いでき、お話をうかがえて、大変勉強になりました。また、NHKのラジオ番組で生出演したり、国会議員会館の記者会見で発表したり、日中教育文化交流シンポジウムに参加したり、色々貴重な体験ができました。日本自体は五度目の訪問でしたが、中国の若者の代表として日中交流の視点から活動できたことは、私の人生にとって大きな糧になったと思います。

日中友好の分野で活躍しておられる方々のお話は、非常に示唆に富んでいます。過去に両国の各界各層の皆さんの努力があったからこそ、日中関係が非常に良好となった今があります。お話をうかがう中でも、先生たちのご苦労やご努力に感動しました。こうした先生たちの情熱に対して、改めて深い敬意と感謝の気持ちを表したいと思います。表敬訪問では、日中間の友好交流や日中両国の相違点などの大きな話題から、私の趣味や家族のこと、卒業後の進路などの個人的なことまで、温かく会話を重ねました。日本の政治家や外交官の方々は皆さんとても優しくてユーモアがあり、いつも笑顔で私に接してくれて、素敵なプレゼントをくださり、すごく感動しました。先生たちのご活躍は私のような若い世代の心の支えになり、未来に向けて前を向く一助になりました。

訪日活動の最終日、日中教育文化交流シンポジウムでは、日中の若者たちが自分の国の歴史や文化、政治、経済など多様な分野の話題に触れ、お互いを尊重しながら語り合い、お互いの本音を聞くことができました。皆は初対面であったにもかかわらず、非常に優しくて、率直な意見を言いやすい雰囲気ができていました。国や文化は違っていても同じ若者として自分の意見を伝え、相手の意見を尊重し合い、これほどまでに交流を深められた事は、とても素晴らしかったと思います。

日本は、何回行っても新しい魅力を発見できる国だと思います。受賞作文に書いたように、京都に留学した際は「車椅子の人も歓迎されているんだ」と感じ、日本社会の「平等」や「愛」に心を打たれました。今度の訪問により、その感動の気持ちが強くなりました。この一週間に出会った方々は皆さん、祖母のことを気にかけてくれて、思いやりの心を感じました。特に東京オリンピック・パラリンピック競技大会組織委員会を表敬訪問した時、体が不自由なスタッフの方が最新型の車椅子について丁寧に説明してくれて、ご自身の体験談も語ってくれて、心からのおもてなしを受けた私は感謝の気持ちでいっぱいでした。皆さんのおかげで、二〇二〇年、東京オリンピックで祖母の願いは実現できると思います。祖母の心に出来た壁を打ち破ることができると信じています。

表敬訪問させていただいた中で、ある先生の一言が心に響きました。「日中友好と言うだけなら誰にでもできる。言葉だけでは何の役にも立たない、「言葉よりも行動」。その話に私は深い感銘を受けました。そこで、私は以下の二つのことが重要ではないかと考えました。

一つ目は、相手国に行って、その国を客観的に把握すること。

私は、日中交流においてメディアの果たす役割は大きいと感じました。なぜかというと、両国のほとんどの人は日常生活の中で相手国の人と関わる機会が少ないからです。

メディアはもっと大きな視野で相手国を見て、自国の人々が知らなかった面について、もっと全面的、客観的に報道して欲しいです。また、この情報化社会では、個人メディアも大きな役割を持つと思います。例えば、個人が拡散する画像や動画を通じて日本の一般人も中国人の生活を目にする機会が増えれば、徐々に中国を身近に感じられるようになるのではないでしょうか。日本のコンビニで温かいお茶と冷たい牛乳を買ったら、別々の袋に分けて入れてくれたんです。デパートでは雨の日に、買ったものが雨に濡れないようにわざわざビニール袋をかけてくれました。外国人としての立場から見た、このような日本の魅力を、みんなに伝えたいです。今度、ＮＨＫのラジオ番組では生出演の機会も得て、私は作文だけではなく、生の声で自分が見た・聞いた・感じた日本を、自ら世界中の皆さんに発信できたことで、「日中友好に貢献できる人になりたい」という目標に一歩近づけたのではないかと思います。

二つ目は、相手国とのご縁を大事にすること。

そもそも私と日本の最初の出会いは物心がついた時からでした。南宋時代の都だった杭州には中国と日本の繋がりが数多くあります。そのご縁もあって、杭州生まれ杭州育ちとして地元の文化を味わいながら、日本文化や日本文学の魅力にも惹きつけられるようになりました。今回の訪問で、日本人の中にも杭州に詳しい、杭州に高い関心を持っている方が多いと感じました。地元の霊隠寺に空海の銅像があるということを先生方に紹介させていただくと、皆さんは喜んでくれました。鈴木外務大臣政務官から「実は最初に訪れた中国は杭州でした。龍井茶をきっかけに、杭州を旅行し、いい思い出になりました」というお話を伺い、龍井茶を始め、地元の文化が大好きな私はすごく嬉しかったです。お茶が繋ぐ中国と日本、不思議なご縁を感じます。これからもお互いの国の文化を伝えていきたいと思います。

多くの交流の橋がかかっていくには、言葉だけでの交流でなく、心の交流が不可欠だと思います。一週間は短くても、様々な方と出会えたことは一つのご縁であると信じています。これからも日本とのご縁を大切にしたいです。

この一週間で得た貴重な経験を大切にして、若者として日中友好に新たな一歩を踏み出していきたいと思います。

二〇一九年三月十三日

2018年 2月25日（月）

正午ごろ、東京・羽田空港に到着。その足ですぐ、都内の事務所に福田康夫元首相を表敬訪問。黄さんの流暢な日本語に感心された様子

作文コンクール協賛企業である株式会社パン・パシフィック・インターナショナルホールディングス（旧ドンキホーテホールディングス）本社を表敬訪問。髙橋光夫専務取締役兼CFOと再会、改めて受賞の喜びを報告

夜は、小島康誉・新疆人民政府文化顧問のご招待にあずかり銀座へ。著書とともに、「日本語をよく勉強して、日中友好の懸け橋になってください」と励ましの言葉もいただいた

2月26日（火）

午前は自由行動。午後1時半から、都内の事務所に元中国大使の宮本雄二・日中関係学会会長を表敬訪問。宮本氏は黄さんのいっそうの活躍に期待の意を表された

午後3時、衆議院第二議員会館会議室で開催の「作文コンクール最優秀賞受賞者を囲む国会懇談会」へ。近藤昭一衆議院議員、西田実仁参議院議員、伊佐進一衆議院議員らと日中交流の今後などについて意見を交わした

午後４時から、永田町の自民党本部に二階俊博幹事長を表敬訪問。二階氏は、中国の日本語学習者のますますの活躍と作文コンクールの発展に大きな期待を寄せられた

写真で見る訪日記録

午後2時半、港区の島田総合研究所に島田晴雄会長（首都大学東京理事長）を訪ね、受賞の喜びを報告。島田会長のグローバルな視点や交流の一端についてうかがうことができた

午後4時、永田町の議員会館に林芳正参議院議員（日中友好議員連盟会長）を表敬訪問。長年における同議員連盟の作文コンクールへの後援に感謝の意を表した

夜、港区の駐日中国大使館で開催の「婦女節」（国際女性デー、3月8日）のパーティーに参加。程永華大使、汪婉大使夫人、福田康夫元首相夫人らに受賞の喜びを報告した

「国会懇談会」会場に戻り、読売新聞、東京新聞、テレビ朝日などマスコミのインタビューを受ける。テレビ朝日の記者は今後も取材を続け、スペシャル番組を制作したいとのこと

2月27日（水）

午前9時、西池袋の日本僑報社で、米ニュースサイト「ハフィントンポスト」日本版の取材を受ける。取材後は、立教大学池袋キャンパスで記念撮影を行った

正午前、作文コンクール顧問でもある東京大学の高原明生教授を訪問。文京区本郷・弥生の両キャンパスを訪れ、朱舜水の記念碑を見学。思い出に残る体験となった

午後4時半、鳩山友紀夫元首相を表敬訪問。この日は最近の中国事情について話題が及び、鳩山元首相が気さくに何枚も写真撮影に応じるなど、訪問は小一時間にも及んだ

午後5時半より、NHK国際放送「NHKワールド JAPAN」の番組収録を体験。黄さんはいささか緊張しながらも、世界のリスナーに向けて作文コンクールでの体験や受賞作品、受賞の喜びなどについて一生懸命伝えた

3月1日（金）

午前11時過ぎ、霞が関の外務省に鈴木憲和外務大臣政務官を表敬訪問。鈴木政務官は初訪中の思い出に触れるとともに、第2回「忘れられない中国滞在エピソード」参加を表明

2月28日（木）

午前、台東区浅草橋の日中友好協会を訪ね、機関紙「日中友好新聞」の単独インタビューを受けた

その後、外務省の取り計らいで、(公財)東京オリンピック・パラリンピック競技大会組織委員会（本部・虎ノ門ヒルズ）を表敬訪問。黄さんの受賞作品が「車椅子で、東京オリンピックに行く！」であることから、中国語の話せるスタッフに最新型の車椅子について説明していただく機会を得た

午後3時から、元中国大使の丹羽宇一郎(公社)日中友好協会会長を表敬訪問。黄さんらは受賞作品集を進呈し、丹羽氏からは2冊の新著をサイン入りでいただいた

3月2日（土）

午前はNHKテレビの取材。午後1時、「第4回日中教育文化交流シンポジウム」会場の一ツ橋・日本教育会館で、輿石東・元参院副議長を表敬訪問

午後2時、同シンポジウムに参加した黄さんは「基調報告」としてコンクール受賞作品を流暢な日本語で披露した。続くパネルディスカッションには、中国側から黄さんをはじめ、コンクール受賞者の朱杭珈さん（第12回受賞者）、雷雲恵さん（第11回受賞者）、張君恵さん（第12・13回受賞者）が、日本側から大友実香さん（「忘れられない中国滞在エピソード」受賞者）、堀地綾さん、森本康太郎さんの3人が登壇。日中の若者たちが互いの国の文化や教育などについて、率直な意見を交わしあった。夜の懇親会では出席者たちとこれからの日中交流・若者交流などについてオープンに意見を述べ合い親睦を深めた

3月3日（日）

午前、空路帰国。黄さんは「毎日忙しかったですが、とても意義深い1週間でした。この貴重な体験を胸に、中日の懸け橋となるべく、これからも頑張ります！」と決意を新たにした

昼、外務省の岩本桂一アジア大洋州局中国・モンゴル第一課長主催の昼食会の招待を受けた。早咲きの桜をあしらった、和洋折衷の目にも美しいランチコースに黄さんは感激した

その後、作文コンクールのメディアパートナーである朝日新聞社（本社・築地）を表敬訪問。中村史郎編集局長、稲田信司国際報道部長らが温かく迎えてくださった

午後4時、浜松町の東芝本社ビルに（公財）東芝国際交流財団を表敬訪問。大森圭介専務理事らに受賞の報告と、コンクールへの厚い支援に感謝の意を表した

その後またNHKに向かい、午後6時過ぎからラジオ第1放送「にっぽん列島夕方ラジオ」に生出演。黄さんは「中国の若者が見つけた日本の魅力」について日本語で熱心に伝えた

写真で見る訪日記録

受賞者一覧

第十四回 中国人の日本語作文コンクール

最優秀賞・日本大使賞（1名）

復旦大学　黄安琪

一等賞（5名）

青島大学　郤華静
中南財経政法大学　王美娜
清華大学　王婧瀅
華東師範大学　劉　玲
広東外語外貿大学南国商学院　呉曼霞

二等賞（15名）

東華大学　朱　雯
江蘇師範大学　周夢琪
蘭州大学　郭順鑫
清華大学　周凡淑
山東政法学院　張伝宝
上海理工大学　黄鏡清
北京科技大学　武田真
中国人民大学　王　寧
浙江万里学院　陳昕羽
湖州師範学院　倪雲霖
黒龍江外国語学院　由夢迪
東華理工大学長江学院　周義東
杭州師範大学　陳夢嬌
福建師範大学　周　婕
常州大学　何発芹

三等賞（60名）

南陽理工学院　鍾子龍
浙江工商大学　王龔苑
武昌理工学院　万興宇
杭州師範大学　高楹楹
西北大学　徐雨晨
中国人民大学　陳長遠
中国人民大学　路雨倩

常州大学　丁嘉楽
上海理工大学　蒋　心
湖州師範学院　張暁利
上海理工大学　丁雯清
華東師範大学　陳詩雨
天津工業大学　暴青青
東北育才外国語学校　関倩鈺
天津財経大学珠江学院　楊昊瑜
天津科技大学　黄芷萱
大連外国語大学　王　晁
西安財経大学　薛　釗
中南財経政法大学　趙凱帆
雲南民族大学　呉　琳
青島理工大学　李丙垚
北京林業大学　魏思佳
北京第二外国語学院　呂嘉琦
中国人民大学　黄琳婷
常州大学　蒋婕儀
同済大学　呉沁霖

曁南大学　張奕新
杭州師範大学　銭　易
湖州師範大学　劉培雅
湖州師範学院　汪頌今
青海民族大学　許洪寅
東華大学　霍一卓
天津工業大学　岑静雯
広東財経大学　陳佳玲
西安交通大学　王雄凱
南京農業大学　袁思純
広東海洋大学　莫麗恩
華東政法大学　姚子茜
西安財経大学　張安娜
復旦大学　蒋雨任
江西農業大学南昌商学院　王　瑩
浙江工商大学　呉希雅
斉斉哈爾大学　顔　坤
江西農業大学南昌商学院　王　競
渤海大学　洪　梅

菏澤学院　陸恵敏
華中師範大学　賀佳瑶
曁南大学　鄭瑞瑛
凱里学院　趙玲玲
大連海事大学　王明丹
広東外語外貿大学南国商学院　陳泳琪
湖南大学　杜　湘
西安電子科技大学　韓沢艶
吉林財経大学　李悦涵
西安交通大学　尚童雨
南京農業大学　陳　凱
広東海洋大学　江嘉怡
上海杉達学院　王之妍
吉林華僑外国語学院　雷　妍
中南財経政法大学　劉　錦

佳作賞（221名、登録番号順）

湖北文理学院　周　怡
嘉興学院　曹　鈺
嘉興学院　余建飛
嘉興学院　徐　歓
上海財経大学　王　丹
上海理工大学　李則盛
湖北民族学院　覃維連
浙江工商大学　姫甜夢
北京第二外国語学院　龍燕青
内モンゴル大学　王瑞敏
首都師範大学　戴嘉琪
天津商業大学　程瑛琪
浙江理工大学　施紅莎
青島職業技術学院　劉徳満
常熟理工学院　鄭穎悦
武昌理工学院　劉淑嫚
蘇州大学　周朦朦

蘇州大学　章懐青
広東外語外貿大学　朱栩瑩
西安理工大学　侯岩松
青島農業大学　陳曉雯
天津外国語大学濱海外事学院　欧書寧
中原工学院　李斉悦
福建師範大学　陳少傑
集美大学　張聡恵
上海師範大学　李依格
上海市甘泉外国語中学校　汪雪瑩
青島理工大学　劉曉璠
西北大学　蔡暁彤
西北大学　徐亦微
上海外国語大学附属上海外国語学校東校　任伊稼
淮陰師範学院　周　怡
広東外語外貿大学南国商学院　劉　静
淮海工学院　陳　晨
貴州大学　李　雪

泰山学院　韓方超
中南大学　康雅姿
山東財経大学　劉紫薇
山東青年政治学院　馮子凝
大連民族大学　金香玲
中国人民大学　譚鳳儀
中国人民大学　周雨萱
菏澤学院　劉樹慧
菏澤学院　韋　彤
菏澤学院　趙祖琛
山東科技大学　郝文佳
華僑大学　聶　帥
華僑大学　宋　歌
華僑大学　華　瑾
華僑大学　彭暁宏
華僑大学　許迪棋
上海師範大学　張雨璇
常州大学　劉文静
常州大学　朱新玲

常州大学	徐　穎
常州大学	栗　聡
通化師範学院	劉馨悦
通化師範学院	鄒春野
上海理工大学	孫艶琦
黒龍江外国語学院	劉一陽
運城学院	張家福
楽山師範学院	阿説暁琳
楽山師範学院	余廷蕤
山東大学（威海）東北アジア学院	
	孫　赫
竜岩学院	耿芸晨
杭州師範大学	廖欣怡
杭州師範大学	李心怡
杭州師範大学	汪　雲
江西財経大学	鄺暁鈺
東北大学秦皇島分校	果　威
黒龍江東方学院	孫文璐
大連工業大学	劉婧穎

杭州師範大学	張錦文
恵州学院	張詩紅
安陽師範学院	張　迅
大連東軟信息学院	斉　淇
大連東軟信息学院	張思鈺
大連東軟情報学院	高子雲
大連東軟情報学院	陳佳欣
棗荘学院	龔佳麗
棗荘学院	賈　彤
湖州師範学院	黄雪珍
湖州師範学院	陸奕静
湖州師範学院	石麗瓊
湖州師範学院	丁朔月
湖州師範学院	倪婷莉
煙台大学	李淑明
煙台大学	呉　迪
広東外語外貿大学南国商学院	王　琼
青海民族大学	ラチンジャ
青海民族大学	オセドルジ

杭州師範大学	盧宏廸
海南師範大学	楊光耀
海南師範大学	周小容
瀋陽工業大学	王雅竹
瀋陽工業大学	呉潮松
湖南文理学院芙蓉学院	趙思宇
華中師範大学	石　聰
華中師範大学	潘贏男
山西大学	陳雯雯
山西大学	林風致
山西大学	林　静
山西大学	陳柯君
山西大学	荘達耀
華南師範大学	鄧文茜
華南師範大学	阮文浩
湖南大学	梁　婧
湖南大学	羅伊霊
湖南大学	郭煜輝
湖南大学	呂佩佩

湖南大学　李浩宇
江西農業大学南昌商学院　呉寧瑜
江西農業大学南昌商学院　藍　昕
東華大学　石越越
東華大学　張　悦
揚州大学広陵学院　包婷婷
揚州大学　何　煊
南京工業大学　金可悦
武漢大学　陳紫荊
武漢大学　鄧雨春
天津工業大学　施昕暉
天津工業大学　邱詩媛
天津工業大学　孫佳琪
四川大学　盧雨欣
青島大学　孫倩倩
青島大学　周　丹
青島大学　王倶揚
青島大学　劉　暢
青島大学　呂暁晨

蘭州大学　王子威
東北育才外国語学校　廉暁慧
浙江万里学院　葉暁倩
浙江万里学院　李陳浩
浙江万里学院　秦月涵
首都師範大学　何　東
北京外国語大学　孫嘉文
上海師範大学　陳露文
湖北師範大学　管　潤
恵州経済職業技術学院　韓楊菲
山東財経大学　劉暁迪
集美大学　王憶琳
浙江外国語学院　汪　洋
大連芸術学院　李慧栄
広東外語外貿大学南国商学院　徐丹荷
西南民族大学　袁　園
西南民族大学　冀嘉璇
桂林理工大学　周　明
桂林理工大学　唐明霞

桂林理工大学　周慧佳
桂林理工大学　覃金連
嘉興学院南湖学院　李智芝
嘉興学院南湖学院　王佳蓓
天津科技大学　馮蕾蕾
天津科技大学　倪薛涵
大連理工大学　石　園
上海理工大学　潘　呈
国際関係学院　鄭景雯
文華学院　張旭鑫
文華学院　孟　旦
南京師範大学附属高等学校　周紫儀
大連外国語大学　金昕叡
大連外国語大学　李嘉楽
大連外国語大学　王　康
大連外国語大学　王怡璇
大連外国語大学　呉　尽
寧波工程学院　張光輝
寧波工程学院　管心湘

陝西理工大学　梅方燕
武漢理工大学　余嘉軒
武漢理工大学　王　婧
武漢理工大学　韋宇城
武漢理工大学　胡瀟晗
ハルビン工業大学　徐豪澤
ハルビン工業大学　黄旭雯
ハルビン工業大学　王嘉鴻
上海交通大学　陳暁研
上海交通大学　徐寧江
華東政法大学　唐雨静
韶関学院　劉浩暉
広東嶺南職業技術学院　丁　宇
西安財経大学　趙中孚
西安財経大学　侯　婷
西安財経大学　李博軒
吉林華橋外国語学院　江　慧
吉林華橋外国語学院　王志浩
吉林華橋外国語学院　範禹岐

吉林華橋外国語学院　劉星佐
吉林華橋外国語学院　劉天航
吉林華橋外国語学院　楊　哲
吉林華橋外国語学院　陳暁傑
吉林華橋外国語学院　郁文全
吉林華橋外国語学院　袁　満
吉林華橋外国語学院　王一汀
中南林業科技大学　范金淼
中南林業科技大学　王　暢
江蘇理工学院　何秀慧
江蘇理工学院　翁惠娟
中南財経政法大学　陳　穎
中南財経政法大学　林宣佑
中南財経政法大学　孫文麒
中南財経政法大学　王　鈺
中南財経政法大学　唐　然
中南財経政法大学　余　莞
復旦大学　朱迪妮
四川大学錦城学院　李奕珂

集美大学　潘　静
西安理工大学　李佳瑩
外交学院　王敏瑋
玉林師範学院　連　通
上海外国語大学　張篠顔
河北工業大学　王洪苗
河北工業大学　鄭家彤
杭州師範大学　潘天璐
中山大学　王羽晴
成都東軟学院　楊潔容
合肥学院　胡煥礫
合肥学院　呉文文
上海建橋学院　倪悦韜
上海建橋学院　方　彬
蘭州理工大学　任　静
浙江外国語学院　馮夢熒

余夢娜　安陽師範学院
周駱駱　南京大学金陵学院
趙珊珊　電子科技大学
李　平　東華理工大学
曽明玉　東華理工大学
李　婷　東華理工大学
付巧芸　東華理工大学
張麗虹　広東技術師範学院
桂媛媛　北京科技大学
朱潔銀　浙江財経大学東方学院
張嘉慧　吉林大学珠海学院
汪紅霞　浙江万里学院
孔夢婕　浙江万里学院
馬　李　浙江万里学院
王瑾瓏　浙江万里学院
陳鯨娜　暨南大学
李嘉棋　広東外語芸術職業学院
任盛雨　天津商務職業学院
鄭　茜　楽山師範学院
徐明慧　遼寧大学
龍佳琪　西南交通大学
楊春麗　西南交通大学
靳　琳　西南交通大学
軒轅雲暁　山東青年政治学院
侯炳彰　ハルビン工業大学
龍学佳　南京郵電大学
洪熙恵　煙台大学
鄒澐釗　吉林財経大学
張殷瑜　中国海洋大学
侯羽庭　中国海洋大学
劉　畑　中国海洋大学
王暁暁　山東大学威海分校翻訳学院
史小玉　長安大学
張童堯　大連東軟情報学院
曽鈺萍　大連東軟情報学院
何　陽　大連東軟信息学院
温麗穎　大連東軟情報学院
譚　森　重慶三峡学院
李麗芳　長春工業大学
李寒寒　長春工業大学
王淑婷　青島理工大学
梁一爽　天津工業大学
馬沢遠　天津工業大学
王　雨　東北大学秦皇島分校
馮如雪　許昌学院
宮　倩　華東師範大学
ガットブジヤ　青海民族大学
徐彤彤　通化師範学院
周丹羚　福建師範大学
丁沁文　福建師範大学
涂智強　江西外語外貿職業学院
張志豪　江西外語外貿職業学院
郝亜蕾　泰山学院
田　雪　泰山学院
彭慧霞　泰山学院
張夏青　泰山学院
鐘葉娟　広東海洋大学
陳聖傑　大連海洋大学
潘　瑞　大連海洋大学
劉　娟　大連海洋大学
茹　壮　大連海洋大学
潘慧寧　大連海洋大学
陸　婷　大連海洋大学
王　朋　山西大学
韋倩雯　山西大学
楊　綺　山西大学
呉氷潔　東華大学
沈千匯　東華大学
李享珍　東華大学
劉淑蕓　東華大学
楊　珊　南京理工大学
丁剣鋒　南京工業大学
盧珊珊　南京工業大学
梁亞曼　魯東大学
左玉潔　魯東大学
範丹鈺　浙江師範大学
彭　楨　浙江師範大学
呉非凡　浙江師範大学
張羽冉　華東政法大学
趙嘉華　華東政法大学
高敏訥　華東政法大学
朱　瑛　華東政法大学
呉致芹　青島農業大学
徐一琳　青島農業大学
魏　婕　青島農業大学
梁慧梅　嶺南師範学院
盧冬梅　嶺南師範学院
許穎晴　嶺南師範学院
陳景蓉　済南大学
葉　歓　武漢理工大学
張鉦浩　武漢理工大学
趙　晗　武漢理工大学
陳加興　武漢理工大学
郭天翼　吉林華橋外国語学院
章夢婷　吉林華橋外国語学院
陳　彤　吉林華橋外国語学院
殷雨晨　吉林華橋外国語学院
汪笑笑　嘉興学院南湖学院
沈雯婷　嘉興学院南湖学院
劉　錦　中南財経政法大学
唐　然　中南財経政法大学
王　鈺　中南財経政法大学
丁　楠　大連理工大学城市学院
賈会君　大連理工大学城市学院
李芸璇　大連理工大学城市学院
張津津　大連理工大学城市学院
単金萍　浙江農林大学
陸怡雯　浙江農林大学
劉　婕　合肥学院
胡煥礫　合肥学院
王芸儒　大連工業大学
宋婷玉　大連工業大学
李　越　大連工業大学
孫雯雯　東北財経大学
許　暢　東北財経大学
張　妍　太原理工大学
賀　珍　寧波工程学院
銭　蜜　寧波工程学院
金美好　寧波工程学院
李　婷　寧波工程学院
王玲平　湖州師範学院
陳予捷　湖州師範学院
鐘　琳　湖州師範学院
袁暁露　湖州師範学院
汪頌今　湖州師範学院
蘭　黎　成都東軟学院
厳　浩　成都東軟学院
張書徳　大連大学
朱守静　大連大学
胡　芸　武漢大学
杜軼楠　武漢大学
呉欣君　上海理工大学
陶志璐　遼寧師範大学
孫　穎　遼寧師範大学
張　錦　遼寧師範大学大学院
王卓琳　遼寧師範大学大学院
尤子瑞　西安電子科技大学
李書輝　南京農業大学
羅雯雪　雲南民族大学
童　莎　西安財経学院
楊子璇　南京師範大学
劉明達　南京師範大学
彭淼琳　南京師範大学
李春輝　遼寧対外経貿学院
程蕾彧　西安外国語大学
劉雲嘉　黒龍江外国語学院
唐銀梅　江蘇大学
于佳雯　江蘇大学
仇昊寧　南京工業職業技術学院
唐　瀾　菏澤学院
徐　傑　菏澤学院
劉樹慧　菏澤学院
金娜延　大連民族大学
任　静　蘭州理工大学
蒋　瑩　天津科技大学
張　睿　天津科技大学
董魏丹　天津科技大学
黄靖智　天津科技大学

第13回
中国人の日本語作文コンクール受賞者一覧

最優秀賞
宋　妍　河北工業大学

一等賞
邱　吉　浙江工商大学
張君恵　中南財経政法大学
王　麗　青島大学
黄鏡清　上海理工大学
林雪婷　東北大学秦皇島分校

二等賞
王曽芝　青島大学
劉偉婷　南京農業大学
孫夢瑩　青島農業大学
汝嘉納　同済大学
王静昀　中国人民大学
余催山　国際関係学院
李思萌　天津科技大学
李師漢　大連東軟信息学院
劉淑嫚　武昌理工学院
賀文慧　武昌理工学院
杜玟君　ハルビン工業大学
王智群　江西財経大学
趙景帥　青島職業技術学院
欧嘉文　華僑大学
陳　艶　上海交通大学

三等賞
呂暁晨　青島大学
陳　群　中南財経政法大学
陳月園　杭州師範大学
王婧瀅　清華大学
劉思曼　長春師範大学
葉奕恵　恵州学院
陳妍宇　電子科技大学
傅麗霞　華僑大学
李夢倩　浙江農林大学
李婉逸　中南財経政法大学
陳馨雷　中南財経政法大学
宗振宇　青島農業大学
高　潤　西南民族大学
鄭秋燕　菏澤学院
郭　禕　河北大学
史藝濤　上海市晋元高級中学
孫婧一　東華大学
王澤一　寧波外国語学校
蔡方方　許昌学院
劉海鵬　許昌学院
楊　悦　大連海事大学
楊晴茹　山東財経大学
顧　徐　上海海洋大学
劉　通　上海杉達学院
玉　海　中南民族大学
胡茂森　湖南大学
蘇暁倫　広東外語外貿大学
梅瑞荷　信陽師範学院
馬瀅哲　嘉興学院
張天航　武漢理工大学
劉小芹　東華大学
葉忠慧　広東海洋大学
王偉秋　天津工業大学
胡芷媛　大連東軟信息学院
郭　鵬　西南交通大学
周　湾　東華理工大学
呉夢露　江西農業大学南昌商学院
張少東　海南師範大学
成悦平　中国人民大学
徐雨婷　同済大学
史　蕊　淮陰師範学院
姚文姫　東莞理工学院
陸　湘　華僑大学
劉雅婷　天津科技大学
鍾一棚　大連大学
潘君艶　寧波工程学院
王　炎　大連工業大学
牟雨晗　浙江農林大学
張　婧　吉林華橋外国語学院
鄭　凱　青島農業大学
姚子茜　華東政法大学
丁昊天　中国海洋大学
張　典　大連外国語大学
陳　研　常州大学
張宇航　山西大学
張家福　運城学院
竇金潁　楽山師範学院
呉　凡　南京信息工程大学
馬　瑞　山西大学
劉　琴　安徽大学

佳作賞
林雨桐　広東外語外貿大学
馮彩勤　安徽大学
呉雲観　浙江理工大学
郝皓宇　チベット民族大学
周盛寧　嘉興学院応用技術学院
殷子旭　天津外国語大学
姚　瑶　中南民族大学
呉桂花　貴州大学
邱怡婷　塩城工学院
成暁倩　塩城工学院
徐子芹　四川外国語大学成都学院
周　怡　淮陰師範学院
朱夢雅　淮陰師範学院
郭燦裕　広東機電職業技術学校
郭夢林　常州大学
趙淑婷　嘉興学院
張革春　江西財経大学
陳麗菁　東華理工大学長江学院
袁　丹　西華師範大学
薛亜男　青島職業技術学院
陳佳敏　青島職業技術学院
趙妮雪　青島大学
洪斌鋭　恵州学院
白鳳玲　湖北民族学院
殷若宜　集美大学
鞠文婷　大連外国語大学ソフトウェア学院
李素娜　東莞理工学院
姚　悦　大慶師範学院
劉麗雲　湖南大学
呉仕婭　湖南大学
呂　程　湖南大学
葛宇翔　安徽外国語学院
任禹龍　海南師範大学
黄鎮清　海南師範大学
趙玉瑩　渤海大学
王敏敏　渤海大学
脱康寧　華僑大学
呉宏茵　華僑大学
周　琳　瀋陽工業大学
袁青青　浙江大学寧波理工学院
游介邦　大連外国語大学
趙君儒　大連外国語大学
蔚　盼　西北大学
孫錦茜　揚州大学
王楚萱　揚州大学
張佳寧　揚州大学
李　琳　江西農業大学南昌商学院
黄　琪　江西農業大学南昌商学院
謝璟玥　黄岡師範学院
王大為　北京第二外国語学院
太敬媛　北京第二外国語学院
鄭　静　武漢工程大学
朱徳泉　安陽師範学院

潘衛峰	浙江万里学院
陳鋭煒	江西財経大学
劉英迪	江西財経大学
呉明賓	江西財経大学
曾冉芸	上海交通大学
徐　冲	大慶師範学院
李佳鈺	東北師範大学
斉夢一	北方工業大学
鄭燕燕	浙江師範大学
戴可晨	浙江師範大学
唐亜潔	吉林華橋外国語学院
湯承晨	吉林華橋外国語学院
于　蕾	菏澤学院
王沢洋	東北大学
周艶芳	集美大学
林麗磊	集美大学
甘　瑶	新疆師範大学
葉　璇	南京理工大学
張玉蓮	西南民族大学
徐明慧	遼寧大学
張媛媛	嘉興学院
劉　玉	西北大学
陳思伊	福州大学至誠学院
趙戈潁	中国海洋大学
李祖明	中国海洋大学
王沢源	山西大学
曹　帆	山西大学
陳　周	山西大学
鐘宇丹	広東外語外貿大学
陳嘉慧	広東外語外貿大学
王　蕙	北京科技大学
卜明梁	大連外国語大学
董博文	大連外国語大学
高　明	大連外国語大学
金　菲	大連外国語大学
藍　玉	大連外国語大学
李佳沢	大連外国語大学
劉　迪	大連外国語大学
馬　駸	大連外国語大学
馬　蓉	大連外国語大学
王海晴	大連外国語大学
鄭皓予	大連外国語大学
樊翠翠	山東師範大学
盧静陽	山東師範大学
王暁暁	山東大学(威海)翻訳学院
王小芳	山東大学(威海)翻訳学院
厳晨義	嘉興学院
于華銀	遼寧軽工職業学院
黄媛熙	新疆師範大学
顔夢達	上海師範大学
王若雯	広東省外国語芸術職業学院
徐楽瑤	長春外国語学校
王　瑞	西安交通大学
唐　鈺	西安交通大学
張永芳	山東理工大学
徐　文	山東理工大学
霍暁丹	黒龍江外国語学院
張　淼	黒龍江外国語学院
于暁佳	黒龍江外国語学院
龐　迪	黒龍江外国語学院
李文静	黒龍江外国語学院
金淑敏	黒龍江外国語学院
霍暁丹	黒龍江外国語学院
劉正道	東華大学
張啓帆	東華大学
侯金妮	東華大学
高　寧	東華大学
符詩伊	東華大学
何悦寧	同済大学
陳潁潔	同済大学
于凡迪	同済大学
毛彩麗	魯東大学
張玉玉	魯東大学
解慧宇	魯東大学
李　浩	魯東大学
苟淑毅	魯東大学
陳　錚	天津外国語大学
徐嘉偉	天津外国語大学
高夢露	天津外国語大学
陳　靖	天津外国語大学
朱　珊	天津外国語大学
周姗姗	天津外国語大学
康為浩	天津商務職業学院
任盛雨	天津商務職業学院
張之凡	中南大学
凌沢玉	大連東軟情報学院
劉智洵	揚州大学
李婉娟	嶺南師範学院
朱藹欣	嶺南師範学院
呉玉儀	嶺南師範学院
田海娟	南京郵電大学
沈嘉倩	南京郵電大学
龍学佳	南京郵電大学
謝豊蔚	南京郵電大学
徐永林	南京郵電大学
劉　群	ハルビン工業大学
呉璐瑩	浙江大学城市学院
李鳳婷	南京信息工程大学
韓　丹	上海師範大学天華学院
梁一爽	天津工業大学
王雨帆	天津工業大学
徐文諱	湖州師範学院
馮金娜	湖州師範学院
閔金麗	湖州師範学院
王潔宇	山東科技大学
穆小娜	山東科技大学
張仁彦	山東科技大学
劉偉娟	山東科技大学
劉姝珺	四川外国語大学成都学院
趙紫涵	四川外国語大学成都学院
廖　琦	武昌理工学院
田漢博	武昌理工学院
王沙沙	武昌理工学院
李煜菲	武昌理工学院
劉思敏	武昌理工学院
裴　慶	武昌理工学院
柳宇鳴	武昌理工学院
唐一鳴	武昌理工学院
劉淑嫚	武昌理工学院
雷景堯	大連大学
路志苑	運城学院
曹海青	黄岡師範学院
謝沅蓉	北京第二外国語学院
劉　雅	北京第二外国語学院
張芸馨	東北財経大学
沈茜茜	東北財経大学
奚丹鳳	嘉興学院南湖学院
田　葉	嘉興学院南湖学院
張銀玉	山東財経大学
高　雅	安徽師範大学
王雅婧	安徽師範大学
林青霞	天津科技大学
王春蕾	天津科技大学
陳維任	天津科技大学
于汨鑫	山東大学
李海川	玉林師範学院
李虹慧	玉林師範学院
刁金星	大連民族大学
李笑林	寧波工程学院
王卓琳	大連理工大学城市学院
蔣蘊豊	大連理工大学城市学院
趙瑾軒	青島農業大学
許夢琪	青島農業大学
周克琴	中南財経政法大学
胡　健	中南財経政法大学
陳馨雷	中南財経政法大学
黄橙紫	中南財経政法大学
董知儀	武漢理工大学
魏　甜	武漢理工大学
呉夢思	武漢理工大学
李福琴	武漢理工大学
張夢婧	武漢理工大学
孟　晴	太原理工大学
方沢紅	浙江農林大学
戚夢婷	浙江農林大学
李延妮	大連工業大学
于　晨	大連工業大学
王彩雲	大連工業大学
蘇　翎	北京外国語大学
季孟嬌	青島大学
張雪倩	常州工学院
肖宛璐	瀋陽薬科大学
範松梅	瀋陽工業大学

第12回
中国人の日本語作文コンクール受賞者一覧

最優秀賞
白　宇　蘭州理工大学

一等賞
郭可純　中国人民大学
張　凡　合肥優享学外語培訓学校
張君恵　中南財経政法大学
張彩玲　南京農業大学
金昭延　中国人民大学

二等賞
羅雯雪　雲南民族大学
肖思岑　湖南文理学院
王君琴　長安大学
王晨陽　国際関係学院
靳雨桐　中国人民大学
舒　篠　黒龍江外国語学院
王亜瓊　中南財経政法大学
朱翊慇　東莞理工学院
葉書辰　北京科技大学
張春岩　青島職業技術学院
徐　娜　恵州学院
張文輝　大連外国語大学
劉　安　山東政法学院
曽　珍　大連大学
王亜楠　山西大学

三等賞
肖年健　大連外国語大学
喬志遠　国際関係学院
謝　林　東華大学
余鴻燕　同済大学
郭　帥　青島農業大学
蒋易珈　南京農業大学
馬茜瀅　北京科技大学
梅錦秀　長江大学
林　璐　大連外国語大学
郭瀟穎　同済大学
洪　貞　上海理工大学
顧　誠　南京師範大学
李　聡　浙江農林大学
佟　徳　青海民族大学
李　倩　菏澤学院
劉嘉慧　江西農業大学南昌商学院
張靖婕　外交学院
高璟秀　合肥学院
陳倩瑶　吉林華橋外国語学院
王　婷　常州大学
王　弘　楽山師範学院
仲思嵐　揚州大学
劉権彬　東莞理工学院
郭建斌　運城学院
闞洪蘭　煙台大学
蔡偉麗　浙江農林大学
陳　怡　浙江農林大学
李慧玲　東北大学秦皇島分校
羅亜妮　南京理工大学
李琳玲　嘉興学院
李　達　大連外国語大学
劉小芹　東華大学
甘睿霖　揚州大学
周彤彦　南京郵電大学
李　氷　瀋陽師範大学
彭　俊　遼寧師範大学海華学院
陳　麗　天津科技大学
羅夢晨　南京師範大学
劉雨佳　瀋陽工業大学
許楚翹　常州大学
廖珊珊　東華理工大学
譚　翔　青島職業技術学院
李家輝　広東省外国語芸術職業学院
王沁怡　四川外国語大学
曹伊狄　遼寧対外経貿学院
李偉浜　南京工業大学
楊茹願　西安財経学院
朱杭珈　嘉興学院
陳子航　東華理工大学
戴俊男　東華大学
呉佩遙　同済大学
時　瑶　遼寧大学外国語学院
董鳳懿　大連工業大学
黄潔貞　五邑大学
施静雅　大連東軟情報学院
馮倩倩　安陽師範学院
付子梅　山東科技大学
鄭玉蓮　武漢理工大学
施金暁　寧波工程学院
丁　明　長春理工大学

佳作賞
周俊峰　江漢大学
張林璇　蘇州大学
楊晏睿　蘇州大学文正学院
祁麗敏　対外経済貿易大学
殷　静　重慶三峡学院
劉先会　天津財経大学
李睿禕　山東農業大学
黄国媛　曲阜師範大学
王建華　吉林建築大学城建学院
楊夢倩　華東理工大学
何思韻　広東外語外貿大学
黄　晨　南京大学金陵学院
陳静姝　長春理工大学
呂　月　淮陰師範学院
史　蕊　淮陰師範学院
張　悦　淮陰師範学院
陳維晶　北京郵電大学
黄少連　広東省技術師範学院
丁　一　渤海大学
王一平　重慶師範大学
陳蓓蓓　貴州大学
柏在傑　貴州大学
樊偉璇　貴州大学
袁静文　華僑大学
李方方　華僑大学
袁冬梅　華僑大学
蔡舒怡　華僑大学
金慧貞　華僑大学
李翔宇　華僑大学
任昀娟　青島大学
趙　芮　青島大学
王光紅　青島大学
丁夢雪　青島大学
李　明　青島大学
常暁怡　青島大学
閆　陽　青島大学
陳暁雲　華南理工大学
霍雨佳　海南師範大学
劉　塁　海南師範大学
楼金璐　四川外国語大学
王暁琳　吉林財経大学
方穎穎　泰山学院
熊萍萍　井岡山大学
高何鎧　浙江万里学院
宋躍林　嘉興学院平湖校区
謝子傑　嘉興学院平湖校区
張　彤　西南交通大学
鐘　璨　電子科技大学
王喩霞　煙台大学
蔡苗苗　東華理工大学
曽明玉　東華理工大学
張　琪　楽山師範学院
王　潔　楽山師範学院
蔡　楽　渭南師範学院
李天琪　西南民族大学
呉夏萍　吉林大学

姜景美	東北師範大学
郭　城	大連外国語大学
何璐璇	大連外国語大学
隋和慧	大連外国語大学
賴麗傑	大連外国語大学
馮佳誉	大連外国語大学
李欣陽	大連外国語大学
李佳沢	大連外国語大学
李嘉欣	大連外国語大学
艾雪驕	大連外国語大学
呂紋語	大連外国語大学
蘇靖雯	大連外国語大学
呉昱含	大連外国語大学
張曦冉	大連外国語大学
張暁晴	大連外国語大学
高　原	大連外国語大学
姚佳文	大連外国語大学
于　淼	大連外国語大学
陳　暢	大連外国語大学
韓　慧	大連外国語大学
蘇日那	大連外国語大学
蘇星煌	大連外国語大学
羅晶月	大連外国語大学
叶桑妍	大連外国語大学
張楽楽	大連外国語大学
張　瑜	東華大学
郎　鈅	東華大学
姚儷瑾	東華大学
蘇日那	大連外国語大学
蘇星煌	大連外国語大学
羅晶月	大連外国語大学
叶桑妍	大連外国語大学
張楽楽	大連外国語大学
張　瑜	東華大学
郎　鈅	東華大学
姚儷瑾	東華大学
楊嘉佳	東華大学
黎世穏	嶺南師範学院
劉煒琪	嶺南師範学院
林小愉	嶺南師範学院
朱靄欣	嶺南師範学院
金美慧	大連民族大学
李霊霊	大連民族大学
周明月	大連民族大学
劉晨科	山東交通学院
徐　力	山東交通学院
権芸芸	対外経済貿易大学
劉孟花	山西大学
張殷瑜	山西大学
李　媛	惠州学院
張艾琳	惠州学院
洪毅洋	惠州学院
張　鈺	揚州大学
唐順婷	四川理工学院
李新雪	長江大学
楊欣儀	長江大学
鄭　巧	長江大学
陳　豪	長江大学
池夢婷	長江大学
鄖甚佳	黄岡師範学院
段　瑩	北京科技大学
董揚帆	北京科技大学
馬新艶	南京師範大学
夏君妍	南京師範大学中北学院
楊馥毓	浙江農林大学東湖校区
陳　怡	浙江農林大学東湖校区
李　毅	浙江農林大学東湖校区
孔増楽	浙江農林大学東湖校区
沈夏艶	浙江農林大学東湖校区
潘　呈	浙江農林大学東湖校区
李　楽	太原理工大学
李一菲	太原理工大学
孫甜甜	大連理工大学城市学院
韓　玲	大連理工大学城市学院
胡　硯	大連理工大学城市学院
李　婷	大連理工大学城市学院
姜　楠	ハルビン工業大学
陳　倩	長沙学院
王　翎	東北財経大学
鄧　婧	海南師範大学
冷　敏	海南師範大学
檀　靖	嘉興学院南湖学院
趙　莉	湘潭大学
何　丹	大連工業大学
宋　娟	大連工業大学
靳宗爽	大慶師範学院
陳　暁	大慶師範学院
夏丹霞	武漢理工大学
馬永君	武漢理工大学
林華欽	武漢理工大学
曹婷婷	武漢理工大学
孫　葳	武漢理工大学
曹　文	大連理工大学
闞　玥	大連大学
江　楠	大連大学
郭　莉	青島農業大学
王佳怡	寧波工程学院
費詩思	寧波工程学院
陳　聰	寧波工程学院
金静静	寧波工程学院
馮茹茹	寧波工程学院
兪夏琛	寧波工程学院
張　薇	遼寧師範大学
金智欣	遼寧師範大学
黄倩倩	合肥学院
龐嘉美	北京第二外国語大学
張雅楠	北京第二外国語大学
孫　肖	北京第二外国語大学
金静和	北京第二外国語大学
甘　瑶	新疆師範大学
張佳琦	上海交通大学
張雅鑫	天津工業大学
孫　帆	中南大学
彭暁慧	湘潭大学
史苑蓉	福建師範大学
林心怡	福建師範大学
張暁芸	福建師範大学
高建宇	吉林財経大学
劉建華	東南大学
陸君妍	湖州師範学院
鄭　娜	湖州師範学院
李双彤	湖州師範学院
瀋淼琴	湖州師範学院
李夢丹	中南財経政法大学南湖校区
馬　沙	中南財経政法大学南湖校区
秦小聡	中南財経政法大学南湖校区
袁暁寧	中南財経政法大学南湖校区
康恵敏	中南財経政法大学南湖校区
黄鍇宇	大連理工大学
王　進	大連理工大学
金憶蘭	浙江師範大学
王依如	浙江師範大学
鄭　卓	浙江師範大学
方　園	南京郵電大学
姚　野	長春工業大学
李　月	運城学院
徐　捷	運城学院
謝　林	運城学院
吉　甜	天津師範大学
王佳歓	常州大学
李若晨	武昌理工学院
鄭詩琪	武昌理工学院
王志芳	武昌理工学院
黄佳楽	武昌理工学院
張　婭	武昌理工学院
李宝玲	天津科技大学
黄燕婷	東莞理工学院
張玉珠	南京農業大学
陳雪蓮	山東大学

第11回
中国人の日本語作文コンクール受賞者一覧

最優秀賞
張晨雨　山東政法学院

一等賞
雷雲恵　東北大学秦皇島分校
莫泊因　華南理工大学
張戈裕　嶺南師範学院
翁暁暁　江西農業大学南昌商学院
陳静璐　常州大学

二等賞
陳星竹　西安交通大学
孟　瑶　山東大学(威海)翻訳学院
王　林　武漢理工大学
羅暁蘭　国際関係学院
任　静　山西大学
王　弘　楽山師範学院
于　潔　揚州大学
郭可純　中国人民大学
劉世欣　南京理工大学
霍暁丹　黒竜江外国語学院
馮楚婷　広東外語外貿大学
周佳鳳　江西科技師範大学
王昱博　遼寧大学
許芸瀟　同済大学
鄒潔儀　吉林華橋外国語学院

三等賞
王羽迪　天津科技大学
張　敏　青島農業大学
趙盼盼　山東財経大学
金慧晶　北方工業大学
劉世奇　重慶大学
李思琦　山東大学(威海)翻訳学院
蒋雲芸　山東科技大学
蘇芸鳴　広東海洋大学
朱磊磊　鄭州大学
譚文英　南京農業大学
楊　力　瀋陽薬科大学
万瑪才旦　青海民族大学
宋文妍　四川外国語大学
梁　露　運城学院
張哲琛　東華大学
穀　柳　合肥学院
曹亜曼　南京師範大学
陳　婷　長春工業大学
祁儀娜　上海海事大学
夏葉城　遼寧対外経貿学院
張雅晴　ハルビン工業大学
閔子潔　北京師範大学
文家豪　雲南民族大学
牛雅格　長安大学
謝東鳳　中南民族大学
万　健　西南民族大学
陳蓓蓓　貴州大学
周　標　海南師範大学
田天緑　天津工業大学
白　露　長春理工大学
陳嘉敏　東莞理工学院
江　琼　江西財経大学
譚雯婧　広東海洋大学
陳維益　東北財経大学
王瀟瀟　南京大学金陵学院
李　珍　吉林大学
顧宇豪　浙江大学城市学院
王詣斐　西北大学
王超文　北京郵電大学
蔡　超　韶関学院
孫秀琳　煙台大学
李如意　外交学院
蒙秋霞　西南科技大学
牛宝倫　嘉興学院
範紫瑞　北京科技大学
畢　奇　太原理工大学
劉秋艶　大連外国語大学
楊慧穎　南京師範大学

佳作賞
李夢婷　天津財経大学
馮馨儀　天津財経大学
楊　珩　天津財経大学
馬雲芳　天津外国語大学
宋啓超　吉林大学
王暁依　浙江大学城市学院
曹　丹　青島大学
丁夢雪　青島大学
郝　敏　青島大学
楊　建　青島大学
葉雨菲　青島大学
成　恺　西南交通大学
俞　叶　西南交通大学
王　暢　西南交通大学
但俊健　西南交通大学
劉暁慶　西南交通大学
聶　琪　山東科技大学
張雪寒　吉林大学珠海学院
方　嘯　嘉興学院
陳子軒　嘉興学院
霍思静　嘉興学院
朱杭珈　嘉興学院
戴蓓蓓　嘉興学院
李　静　貴州大学
範　露　貴州大学
成　艶　貴州大学
趙慧敏　淮陰師範学院
付　雪　淮陰師範学院
劉樊艶　淮陰師範学院
陳　聡　淮陰師範学院
呉芸飛　淮陰師範学院
顧夢霞　淮陰師範学院
牛　雪　淮陰師範学院
李　艶　湘潭大学
夏英天　遼寧師範大学海華学院
白　洋　華僑大学
袁静文　華僑大学
曽宇宸　華僑大学
鄭貴嬰　華僑大学
徐鳳女　華僑大学
蔡舒怡　華僑大学
袁晨晨　浙江万里学院
唐佳麗　浙江万里学院
趙　琳　浙江万里学院
朱暁麗　浙江万里学院
王斐丹　浙江万里学院
胡佳峰　浙江万里学院
胡佳峰　浙江万里学院
宣方園　浙江万里学院
林嫺慧　浙江万里学院
趙浩辰　長春理工大学
余梓瑄　南京信息工程大学
劉　璐　南京信息工程大学

楊　茜	曲阜師範大学
徐嘉熠	北京理工大学
周　熠	北京理工大学珠海学院
魯雪萍	黄岡師範学院
陳　洪	四川外国語大学成都学院
陳　穎	西南交通大学
陳　茹	中国医科大学
梁小傑	西南交通大学
陳　晨	大連大学日本言語文化学院
王思雨	長安大学
華雪峡	大連大学日本言語文化学院
袁慶新	聊城大学
勾宇威	北京師範大学
于聖聖	長春理工大学
孫麗麗	山東大学
賈海姍	大連東軟情報学院
文胎玉	湖北民族学院
李官臻	大連東軟情報学院
楊錦楓	揚州大学
賈少華	大連東軟情報学院
孫暁宇	揚州大学
馬小燕	西北大学
孟維維	淮陰師範学院
潘秋杏	惠州学院
謝夢佳	淮陰師範学院
魏麗君	惠州学院
王正妮	河南理工大学
鄭暁佳	吉林大学珠海学院
金　珠	遼寧軽工職業学院
徐逍綺	上海師範大学天華学院
唐淑雲	華僑大学
牛愛玲	山東交通学院
戴惠嬌	華僑大学
李　玲	山東交通学院
文暁萍	広東外語外貿大学
張　楠	山東交通学院
陳明霞	中南大学
呉家鑫	山東交通学院
蔡海媚	広州鉄路職業技術学院
方　荃	天津職業技術師範大学
孫小斐	山東理工大学
張丹蓉	北京第二外国語大学
孫　漪	哈爾浜理工大学栄成学院
曽　瑩	嶺南師範学院外国語学院
林　霞	青島農業大学
張暁坤	嶺南師範学院外国語学院
鄭芳潔	青島農業大学
陳玉珊	嶺南師範学院外国語学院
張静琳	長江大学
劉暁芳	青島大学
向　沁	湖南大学
崔倩芸	青島大学
張　偉	遼寧大学外国語学院
温殊慧	山西大学
陶穎南	通大学杏林学院
張蓓蓓	山西大学
姜光曦	哈爾浜工業大学
任家蓉	山西大学
王　芬	浙江工業大学之江学院
余姣姣	南京林業大学
金　鑫	浙江工業大学之江学院
李　希	南京林業大学
章佳敏	合肥学院
唐　雪	湖州師範学院
林先慧	合肥学院
李　慧	琳湖州師範学院
張雅琴	寧波工程学院
曽　光	遼寧対外経貿学院
馮茹茹	寧波工程学院
瞿　蘭	浙江師範大学
王　静	浙江農林大学
李　欣	航長春外国語学校
潘　呈	浙江農林大学
陸楊楊	上海交通大學
廖美英	集美大学
王　耀	華山東外貿技術学院
李甜甜	集美大学
黄篠芙	東北育才外国語学校
雷紅艶	湘潭大学
郭　欣	東北育才外国語学校
皮益南	湘潭大学
王茹輝	天津工業大学

第10回
中国人の日本語作文コンクール受賞者一覧

最優秀賞

姚儷瑾　　東華大学

一等賞

張　玥　　重慶師範大学
汪　婷　　南京農業大学）
姚紫丹　　嶺南師範学院外国語学院
向　穎　　西安交通大学外国語学院
陳　謙　　山東財経大学

二等賞

王淑園　　瀋陽薬科大学
楊　彦　　同済大学
姚月秋　　南京信息工程大学
陳霄迪　　上海外国語大学人文経済賢達学院
王雨舟　　北京外国語大学
徐　曼　　南通大学杏林学院
陳梅雲　　浙江財経大学東方学院
黄　亜　　東北大学秦皇島分校
陳林傑　　浙江大学寧波理工学院
呉　迪　　大連東軟情報学院
呉柳艶　　山東大学威海翻訳学院
孟文森　　大連大学日本言語文化学院
趙含嫣　　淮陰師範学院
郭　倩　　中南大学
王　弘　　楽山師範学院

三等賞

徐聞鳴　　同済大学
洪若檳　　厦門大学嘉庚学院
姚怡然　　山東財経大学
李　恵　　中南財経政法大学
尤政雪　　対外経済貿易大学
謝　林　　運城学院
黄子倩　　西南民族大学
万　運　　湘潭大学
丁亭伊　　厦門理工学院
梁泳恩　　東莞理工学院
王秋月　　河北師範大学匯華学院
孫丹平　　東北師範大学
伊　丹　　西安外国語大学
郝苗苗　　大連大学日本言語文化学院
徐　霞　　南京大学金陵学院
季杏華　　揚州大学
李　楊　　浙江万里学院
劉国豪　　淮陰師範学院
金夢瑩　　嘉興学院
鄢沐明　　華僑大学
陳　韵　　甘泉外国語中学
孫晟韜　　東北大学軟件学院
楊　珺　　北京科技大学
劉慧珍　　長沙明照日本語専修学院
林　婷　　五邑大学
申　皓　　山東財経大学
宋　婷　　長春理工大学
許　莉　　安陽師範学院
余立君　　江西財経大学
李　淼　　大連工業大学
馮其紅　　山東大学（威海）翻訳学院
陳　舸　　浙江工業大学之江学院
黄倩榕　　北京第二外国語大学
沈夏艶　　浙江農林大学
曹金芳　　東華大学
黎　蕾　　吉林華橋外国語学院
任　静　　山西大学
陳静逸　　吉林華橋外国語学院
徐夢嬌　　湖州師範学院
馮楚婷　　広東外語外貿大学

佳作賞

楊米婷　　天津財経大学
喬宇航　　石家庄外国語学校
林景霞　　浙江万里学院
王亜瓊　　中南財経政法大学
浦春燕　　浙江万里学院
黄斐斐　　上海海洋大学
戴舒蓉　　浙江万里学院
李瑶卓　　運城学院
程　月　　長春工業大学
来　風　　運城学院
瞿春芳　　長春中医薬大学
路志苑　　運城学院
伍錦艶　　吉首大学

第9回
中国人の日本語作文コンクール受賞者一覧

最優秀賞

李　敏　国際関係学院

一等賞

李渓源　中国医科大学
趙思蒙　首都師範大学
毛暁霞　南京大学金陵学院
李佳南　華僑大学
張佳茹　西安外国語大学

二等賞

李　彤　中国医科大学
沈　泱　国立中山大学
張　偉　長春理工大学
何金雍　長春理工大学
葛憶秋　上海海洋大学
王柯佳　大連東軟信息学院
王雲花　江西財経大学
李　靈　上海師範大学天華学院
王楷林　華南理工大学
鄭曄高　仲愷農業工程学院
朱樹文　華東師範大学
斉　氷　河北工業大学
厳芸楠　浙江農林大学
熊　芳　湘潭大学
杜洋洋　大連大学日本言語文化学院

三等賞

羅玉婷　深圳大学
崔黎萍　北京外国语大学日研中心
孫愛琳　大連外国語大学
顧思骐　長春理工大学
遊文娟　中南財経政法大学
張　玥　重慶師範大学
張　眉　青島大学
林奇卿　江西農業大学南昌商学院
田　園　浙江万里学院
馬名陽　長春工業大学
尹婕然　大連東軟信息学院
王　涵　大連東軟信息学院
蒋文娟　東北大学秦皇島分校
李思銘　江西財経大学
梁　勁　五邑大学
馬　倩　淮陰師範学院
陳林杰　江大学寧波理工学院
崔舒淵　東北育才外国語学校
劉素芹　嘉応大学
邵亜男　山東交通学院
周文弢　遼寧大学遼陽校
虞希希　吉林師範大学博達学院
彭　暢　華僑大学
尹思源　華南理工大学
郭　偉　遼寧大学
魏冬梅　安陽師範学院
楊　娟　浙江農林大学
牛　玲　吉林華橋外国語学院
馬源営　北京大学
高麗陽　吉林華橋外国語学院
宋　偉　蘇州国際外語学校
劉垂瀚　広東外語外貿大学
唐　雪　湖州師範学院
呼敏娜　西安外国語大学
李媛媛　河北師範大学匯華学院
梁　婷　山西大学
呂凱健　国際関係学院
黄金玉　大連大学日本言語文化学院
黎秋芳　青島農業大学
劉　丹　大連工業大学

佳作賞

達　菲　浙江工商大学
蔡麗娟　福建師範大学
褚　蓄　長春理工大学
陳全渠　長春理工大学
朱姝璇　湘潭大学
劉顯怡　華南理工大学
付莉莉　中南財経政法大学
王明虎　青島大学
邵　文　東北育才学校
馬麗娜　浙江万里学院
趙一倩　浙江万里学院
黄立志　長春工業大学
沈　一　長春工業大学
熊　茜　大連東軟信息学院
曹　静　大連東軟信息学院
薛　婷　大連東軟信息学院
鄭莉莉　東北大学秦皇島分校
侯暁同　江西財経大学
雷敏欣　五邑大学
葉伊寧　浙江大学寧波理工学院
陳　芳　楽山師範学院
趙倩文　吉林華橋外国語学院
田　園　東師範大学
梁　瑩　山東大学
張可欣　黒竜江大学
馬　駸　華僑大学
梁建城　華南理工大学
高振家　中国医科大学
張玉珠　南京農業大学
李暁傑　遼寧大学
陳聞怡　上海海洋大学
孫君君　安陽師範学院
張　悦　連外国語大学
楊雪芬　江農林大学
周琳琳　遼寧師範大学
郭会敏　山東大学(威海)翻訳学院日本語学部
王　碩　ハルビン工業大学
曾　麗　長沙明照日本語専修学院
喬薪羽　吉林師範大学
方雨琦　合肥学院
章　芸　湘潭大学
金紅艶　遼寧対外経貿学院
包倩艶　湖州師範学院
陳　婷　湖州師範学院
郭家斉　国際関係学院
張　娟　山西大学
王菊力慧　大連大学日本言語文化学院
龍俊汝　湖南農業大学外国語学院
李婷婷　青島農業大学
李　淼　大連工業大学

第8回
中国人の日本語作文コンクール受賞者一覧

最優秀賞
李欣晨　湖北大学

一等賞
俞妍驕　湖州師範学院
周夢雪　大連東軟情報学院
張鶴達　吉林華橋外国語学院
黄志翔　四川外語学院成都学院
王　威　浙江大学寧波理工学院

二等賞
銭　添　華東師範大学
張　燕　長沙明照日本語専修学院
馮金津　大連東軟情報学院
魏　娜　煙台大学外国語学院
張君君　大連大学
羅　浩　江西財経大学
葉楠梅　紹興文理学院
周小慶　華東師範大学
施娜娜　浙江農林大学
高雅婷　浙江外国語学院
韓　璐　大連工業大学
潘梅萍　江西財経大学
李雪松　上海海洋大学
李　傑　東北大学
于　添　西安交通大学

三等賞
劉　珉　華東師範大学
呉智慧　青島農業大学
李暁珍　黒竜江大学
孫明朗　長春理工大学
王傑傑　合肥学院
周　雲　上海師範大学天華学院
黄慧婷　長春工業大学
楊　香　山東交通学院
洪雅琳　西安交通大学
王洪宜　成都外国語学校
張　瀚　浙江万里学院
馬雯雯　中国海洋大学
周亜平　大連交通大学
張　蕊　吉林華橋外国語学院
王　璐　青島科技大学
鄭玉蘭　延辺大学
王晨蔚　浙江大学寧波理工学院
邱春恵　浙江万里学院
張　妍　華僑大学
楊天鷺　大連東軟情報学院
郝美満　山西大学
李書琪　大連交通大学
李艶蕊　山東大学威海分校
王翠萍　湖州師範学院
許正東　寧波工程学院
張　歓　吉林華橋外国語学院
楊彬彬　浙江大学城市学院
薛思思　山西大学
趙丹陽　中国海洋大学
楊　潔　西安交通大学
李文静　五邑大学
劉庁庁　長春工業大学
佟　佳　延辺大学
劉宏威　江西財経大学
牟　穎　大連大学
石　岩　黒竜江大学
郭思捷　浙江大学寧波理工学院
傅亜娟　湘潭大学
周亜亮　蕪湖職業技術学院
胡季静　華東師範大学

佳作賞
趙　月　首都師範大学
閻　涵　河南農業大学
楊世霞　桂林理工大学
蒋華群　井岡山大学
王暁華　山東外国語職業学院
呉望舒　北京語言大学
何楚紅　湖南農業大学東方科技学院
耿暁慧　山東省科技大学
郭映明　韶関大学
馬棟萍　聊城大学
曹　妍　北京師範大学珠海分校
張　晨　山東交通学院
范暁輝　山東工商学院
李　峥　北京外国語大学
藍祥茹　福建対外経済貿易職業技術学院
魏　衡　西安外国語大学
陳　婷　上海外国語大学賢達経済人文学院
唐　英　東北大学
逄　磊　吉林師範大学
朱　林　温州医学院
熊　芳　湘潭大学
王亜欣　湖北第二師範学院
王穏娜　南京郵電大学
梁慶雲　広州鉄路職業技術学院
孫　瑞　遼寧工業大学
柳康毅　西安交通大学城市学院
趙瀚雲　中国伝媒大学
林　玲　海南大学
李冰倩　浙江理工大学
劉夢嬌　北京科技大学
呂　揚　広州第六高等学校
郭　君　江西農業大学
黄嘉穎　華南師範大学
張麗珍　菏澤学院
胡　桑　湖南大学
呉佳琪　大連外国語学院
蘇永儀　広東培正学院
侯培渝　中山大学
陳絢妮　江西師範大学
袁麗娜　吉首大学張家界学院
劉　莎　中南大学
段小娟　湖南工業大学
許穎穎　福建師範大学
劉艶龍　国際関係学院
張曼琪　北京郵電大学
任　爽　重慶師範大学
李競一　中国人民大学
井惟麗　曲阜師範大学
張文宏　恵州学院
劉依蒙　東北育才学校
韓　娜　東北大学秦皇島分校
王　歓　東北大学秦皇島分校

第7回
中国人の日本語作文コンクール受賞者一覧

最優秀賞

胡万程	国際関係学院

一等賞

顧　威	中山大学
崔黎萍	河南師範大学
曹　珍	西安外国語大学
何洋洋	蘭州理工大学
劉　念	南京郵電大学

二等賞

程　丹	福建師範大学
沈婷婷	浙江外国語学院
李　爽	長春理工大学
李桃莉	暨南大学
李　胤	上海外国語大学
李　竑	上海海洋大学
李炆軒	南京郵電大学
王　亜	中国海洋大学
徐瀾境	済南外国語学校
李　哲	西安外国語大学
陳宋婷	集美大学
楊　萍	浙江理工大学
陳怡倩	湘潭大学
趙　萌	大連大学
陳凱静	湘潭大学

三等賞

劉　偉	河南師範大学
王鍶嘉	山東大学威海分校
冉露雲	重慶師範大学
李　娜	南京郵電大学
黄斯麗	江西財経大学
章亜鳳	浙江農林大学
張雅妍	暨南大学
王　玥	北京外国語大学
趙雪妍	山東大学威海分校
李金星	北京林業大学
羅詩蕾	東北育才外国語学校
莫倩雯	北京外国語大学
趙安琪	北京科技大学
欧陽文俊	国際関係学院
孫培培	青島農業大学
郭　海	暨南大学
孫　慧	湘潭大学
張徐琦	湖州師範学院
黄瑜玲	湘潭大学
楊恒悦	上海海洋大学
王吉彤	西南交通大学
任　娜	北京郵電大学
鄒　敏	曲阜師範大学
徐芸妹	福建師範大学
全　程	南京外国語学校
鄭方鋭	長安大学
秦丹丹	吉林華橋外国語学院
張臻園	黒竜江大学
任　爽	重慶師範大学
宋　麗	黒竜江大学
宣佳春	浙江越秀外国語学院
唐　敏	南京郵電大学
李玉栄	山東工商学院
陳　開	浙江越秀外国語学院
皮錦燕	江西農業大学
呉秀蓉	湖州師範学院
殷林華	東北大学秦皇島分校
黄　婷	浙江万里学院
雷　平	吉林華橋外国語学院
李嘉豪	華僑大学

佳作賞

範夢婕	江西財経大学
馮春苗	西安外国語大学
路剣虹	東北大学秦皇島分校
閔麗嫦	五邑大学
何　琼	天津工業大学
趙佳莉	浙江外国語学院
崔松林	中山大学
王　菁	太原市外国語学校
馬聞嘒	同済大学
馬暁晨	大連交通大学
蔡暁静	福建師範大学
金艶萍	吉林華橋外国語学院
付可慰	蘭州理工大学
阮浩杰	河南師範大学
黄明婧	四川外語学院成都学院
高錐穎	四川外語学院成都学院
童　何	四川外語学院成都学院
李雅彤	山東大学威海分校
聶南南	中国海洋大学
王　瀾	長春理工大学
王媛媛	長春理工大学
朴太虹	延辺大学
張イン	延辺大学
呂　謙	東北師範大学人文学院
車曉曉	浙江大学城市学院
梁　穎	河北工業大学
李逸婷	上海市甘泉外国語中学
朱奕欣	上海市甘泉外国語中学
靳小其	河南科技大学
阮宗俊	常州工学院
呉灿灿	南京郵電大学
張　婷	大連大学
趙世震	大連大学
周辰溦	上海外国語学校
周　舫	湘潭大学
華　瑶	湘潭大学
霍小林	山西大学
文　羲	長沙明照日本語専修学院
王　星	杭州第二高等学校
李伊頔	武漢実験外国語学校
王　瑾	上海海洋大学
孙婧雯	浙江理工大学
童　薇	浙江理工大学
諸夢霞	湖州師範学院
林　棟	湖州師範学院
林爱萍	嘉興学院平湖校区
張媛媛	青島農業大学
顔依娜	浙江越秀外国語学院
王丹婷	浙江農林大学
陳婷婷	浙江大学寧波理工学院

第6回
中国人の日本語作文コンクール受賞者一覧

【学生の部】

最優秀賞

関　欣　　西安交通大学

一等賞

劉美麟　　長春理工大学
陳　昭　　中国伝媒大学
李欣昱　　北京外国語大学
碩　騰　　東北育才学校

二等賞

熊夢夢　　長春理工大学
徐小玲　　北京第二外国語大学大学院
鐘自鳴　　重慶師範大学
華　萍　　南通大学
郭　蕋　　北京語言大学
王帥鋒　　湖州師範学院
薄文超　　黒竜江大学
彭　婧　　湘潭大学
盧夢霏　　華東師範大学
袁倩倩　　延辺大学
周　朝　　広東外語外貿大学
蒋暁萌　　青島農業大学
周榕榕　　浙江理工大学
王　黎　　天津工業大学
陳　娟　　湘潭大学

三等賞

樊昕怡　　南通大学
呉文静　　青島農業大学
潘琳娜　　湖州師範学院
楊怡璇　　西安外国語大学
王海豹　　無錫科技職業学院
侯　姣　　西安外国語大学
陸　婷　　浙江理工大学
張郁晨　　済南市外国語学校　高校部
張芙村　　天津工業大学
呉亜楠　　北京第二外国語大学大学院
沈　燕　　山東交通学院
張　聡　　延辺大学
許嬌蛟　　山西大学
張　進　　山東大学威海分校
方　蕾　　大連大学
林心泰　　北京第二外国語大学大学院
鐘　婷　　浙江農林大学
王瑶函　　揚州大学
甘芳芳　　浙江農林大学
王　媚　　安徽師範大学
杜紹春　　大連交通大学
金銀玉　　延辺大学
周新春　　湖州師範学院
趙久傑　　大連外国語学院
文　義　　長沙明照日本語専修学院
林萍萍　　浙江万里学院
高　翔　　青島農業大学
李億林　　翔飛日本進学塾
馬暁晨　　大連交通大学
呂星縁　　大連外国語学院
任一璨　　東北大学秦皇島分校

【社会人の部】

一等賞

安容実　　上海大和衡器有限会社

二等賞

黄海萍　　長沙明照日本語専修学院
宋春婷　　浙江盛美有限会社

三等賞

胡新祥　　河南省許昌学院外国語学院
蒙明超　　長沙明照日本語専修学院
楊福梅　　昆明バイオジェニック株式会社
洪　燕　　Infosys Technologies(China)Co Ltd
唐　丹　　長沙明照日本語専修学院
王冬莉　　蘇州工業園区サービスアウトソーシング職業学院
桂　鈞　　中化国際
唐　旭　　常州職業技術学院

第5回
中国人の日本語作文コンクール受賞者一覧

【学生の部】

最優秀賞

郭文娟　青島大学

一等賞

張　妍　　西安外国語大学
宋春婷　　浙江林学院
段容鋒　　吉首大学
繆婷婷　　南京師範大学

二等賞

呉嘉禾　　浙江万里学院
鄧　規　　長沙明照日本語専修学院
劉　圓　　青島農業大学
楊潔君　　西安交通大学
戴唯燁　　上海外国語大学
呉　玥　　洛陽外国語学院
朴占玉　　延辺大学
李国玲　　西安交通大学
劉婷婷　　天津工業大学
武若琳　　南京師範大学
衣婧文　　青島農業大学

三等賞

居雲瑩　　南京師範大学
姚　遠　　南京師範大学
程美玲　　南京師範大学
孫　穎　　山東大学
呉蓓玉　　嘉興学院
邵明琪　　山東大学威海分校
張紅梅　　河北大学
陳　彪　　華東師範大学
鲍　俏　　東北電力大学
曹培培　　中国海洋大学
龍斌鈺　　北京語言大学
和娟娟　　北京林業大学
涂堯木　　上海外国語大学
王篠晗　　湖州師範学院
魏夕然　　長春理工大学
高　潔　　嘉興学院
劉思邈　　西安外国語大学
李世梅　　湘潭大学
李麗梅　　大連大学
謝夢影　　暨南大学
馮艶妮　　四川外国語学院
金麗花　　大連民族学院
丁　浩　　済南外国語学校
張　那　　山東財政学院
姜　茁　　中国海洋大学
韓若氷　　山東大学威海分校
陳　雨　　北京市工業大学
楊燕芳　　厦門理工学院
閆　冬　　ハルビン理工大学
朱　妍　　西安交通大学
張姝娴　　中国伝媒大学
範　敏　　聊城大学
沈釗立　　上海師範大学天華学院
俞　婷　　浙江大学寧波理工学院
胡晶坤　　同済大学
温嘉盈　　青島大学

【社会人の部】

一等賞

黄海萍　　長沙明照日本語専修学院

二等賞

陳方正　　西安NEC無線通信設備有限公司
徐程成　　青島農業大学

三等賞

鄭家明　　上海建江冷凍冷気工程公司
王　暉　　アルバイト
翟　君　　華鼎電子有限公司
張　科　　常州朗鋭東洋伝動技術有限公司
単双玲　　天津富士通天電子有限公司
李　明　　私立華聯学院
胡旻穎　　中国図書進出口上海公司

第4回 中国人の日本語作文コンクール受賞者一覧

【学生の部】

最優秀賞

徐　蓓　　北京大学

一等賞

楊志偉　　青島農業大学
馬曉曉　　湘潭大学
欧陽展鳴　　広東工業大学

二等賞

張若童　　集美大学
葉麗麗　　華中師範大学
張　傑　　山東大学威海分校
宋春婷　　浙江林学院
叢　晶　　北京郵電大学
袁少玲　　暨南大学
賀逢申　　上海師範大学
賀俊斌　　西安外国語大学
呉　珺　　対外経済貿易大学
周麗萍　　浙江林学院

三等賞

王建升　　外交学院
許　慧　　上海師範大学
龔　怡　　湖北民族学院
範　静　　威海職業技術学院
趙　婧　　西南交通大学
顧静燕　　上海師範大学天華学院
牛江偉　　北京郵電大学
陳露穎　　西南交通大学
馬向思　　河北大学
鐘　倩　　西安外国語大学
王　海　　華中師範大学
許海濱　　武漢大学
劉学菲　　蘭州理工大学
顧小逸　　三江学院
黄哲慧　　浙江万里学院
蘆　会　　西安外国語大学
陳雯文　　湖州師範学院
金　美　　延辺大学
陳美英　　福建師範大学
金麗花　　大連民族学院

【社会人の部】

最優秀賞

張桐赫　　湘潭大学外国語学院

一等賞

葛　寧　　花旗数据処理（上海）有限公司大連分公司
李　榛　　青島日本人学校
胡　波　　無錫相川鉄龍電子有限公司

二等賞

袁　珺　　国際協力機構JICA成都事務所
張　羽　　北京培黎職業学院
李　明　　私立華聯学院
陳嫺婷　　上海郡是新塑材有限公司

三等賞

楊鄒利　　主婦
肖鳳超　　無職

特別賞

周西榕　　定年退職

第3回
中国人の日本語作文コンクール受賞者一覧

【学生の部】

最優秀賞

陳歆馨　暨南大学

一等賞

何美娜　河北大学
徐一竹　哈尓濱理工大学
劉良策　吉林大学

二等賞

廖孟婷　集美大学
任麗潔　大連理工大学
黄　敏　北師範大学
張　旭　遼寧師範大学
金美子　西安外国語大学
頼麗苹　哈尓濱理工大学
史明洲　山東大学
姜　燕　長春大学
謝娉彦　西安外国語大学
銭　程　哈尓濱理工大学

三等賞

黄　昱　北京師範大学
張　晶　上海交通大学
呉　瑩　華東師範大学
蔡葭佷　華東師範大学
曹　英　華東師範大学
楊小萍　南開大学
于璐璐　大連一中
徐　蕾　遼寧師範大学
陸　璐　遼寧師範大学
黄　聡　大連大学
劉　暢　吉林大学
張　惠　吉林大学
鄧瑞娟　吉林大学
劉瑞利　吉林大学
劉　闖　山東大学
胡嬌龍　威海職業技術学院
石　磊　山東大学威海分校
林　杰　山東大学威海分校
叶根源　山東大学威海分校
殷曉谷　哈尓濱理工大学
劉舒景　哈尓濱理工大学
劉雪潔　河北経貿大学
尹　鈺　河北経貿大学
張文娜　河北師範大学
付婷婷　西南交通大学
張小柯　河南師範大学
張　麗　河南師範大学
文威入　洛陽外国語学院
王　琳　西安外国語大学
趙　婷　西安外国語大学
許　多　西安外国語大学
田　甜　安徽大学
朱麗亞　寧波大学
劉子奇　廈門大学
朱嘉韵　廈門大学
胡　岸　南京農業大学
張卓蓮　三江学院
代小艶　西北大学

【社会人の部】

一等賞

章羽紅　中南民族大学外国語学部

二等賞

張　浩　中船重工集団公司第七一二研究所
張　妍　東軟集団有限公司

三等賞

陳曉翔　桐郷市科学技術協会
厳立君　中国海洋大学青島学院
李　明　瀋陽出版社
陳莉莉　富士膠片（中国）投資有限公司広州分公司
朱湘英　珠海天下浙商帳篷有限公司

第2回
中国人の日本語作文コンクール受賞者一覧

最優秀賞

付暁璇　吉林大学

一等賞

陳　楠　　集美大学
雷　蕾　　北京師範大学
石金花　　洛陽外国語学院

二等賞

陳　茜　　江西財経大学
周熠琳　　上海交通大学
庄　恒　　山東大学威海分校
劉　麗　　遼寧師範大学
王　瑩　　遼寧師範大学
王荧艶　　蘭州理工大学
張　嵬　　瀋陽師範大学
張光新　　洛陽外国語学院
王虹娜　　厦門大学
許　峰　　対外経済貿易大学

三等賞

曹文佳　　天津外国語学院
陳　晨　　河南師範大学
陳燕青　　福建師範大学
成　慧　　洛陽外国語学院
崔英才　　延辺大学
付　瑶　　遼寧師範大学
何　倩　　威海職業技術学院
侯　雋　　吉林大学
黄丹蓉　　厦門大学
黄燕華　　中国海洋大学
季　静　　遼寧大学
江　艶　　寧波工程学院
姜紅蕾　　山東大学威海分校
金春香　　延辺大学
金明淑　　大連民族学院
李建川　　西南交通大学
李　艶　　東北師範大学
李一菡　　上海交通大学
林茹敏　　哈尔濱理工大学
劉忱忱　　吉林大学
劉　音　　電子科技大学
劉玉君　　東北師範大学
龍　雋　　電子科技大学
陸暁鳴　　遼寧師範大学
羅雪梅　　延辺大学
銭潔霞　　上海交通大学
任麗潔　　大連理工大学
沈娟華　　首都師範大学
沈　陽　　遼寧師範大学
蘇　琦　　遼寧師範大学
譚仁岸　　広東外語外貿大学
王　博　　威海職業技術学院
王月婷　　遼寧師範大学
王　超　　南京航空航天大学
韋　佳　　首都師範大学
肖　威　　洛陽外国語学院
謝程程　　西安交通大学
徐　蕾　　遼寧師範大学
厳孝翠　　天津外国語学院
閻暁坤　　内蒙古民族大学
楊　暁　　威海職業技術学院
姚　希　　洛陽外国語学院
于菲菲　　山東大学威海分校
于　琦　　中国海洋大学
于暁艶　　遼寧師範大学
張　瑾　　洛陽外国語学院
張　恵　　吉林大学
張　艶　　哈尔濱理工大学
張　釗　　洛陽外国語学院
周彩華　　西安交通大学

第1回
中国人の日本語作文コンクール受賞者一覧

特賞・大森和夫賞

石金花　洛陽外国語学院

一等賞

高　静　南京大学
王　強　吉林大学
崔英才　延辺大学

二等賞

楊　琳　洛陽外国語学院
王健蕾　北京語言大学
李暁霞　哈爾濱工業大学
楽　馨　北京師範大学
徐　美　天津外国語学院
唐英林　山東大学威海校翻訳学院
梁　佳　青島大学
陶　金　遼寧師範大学
徐怡珺　上海師範大学
龍麗莉　北京日本学研究センター

三等賞

孫勝広　吉林大学
丁兆鳳　哈爾濱工業大学
李　晶　天津外国語学院
厳春英　北京師範大学
丁夏萍　上海師範大学
盛　青　上海師範大学
白重健　哈爾濱工業大学
何藹怡　人民大学
洪　穎　北京第二外国語学院
任麗潔　大連理工大学
于　亮　遼寧師範大学
汪水蓮　河南科技大学
高　峰　遼寧師範大学
李志峰　北京第二外国語学院
陳新妍　遼寧師範大学
姜舮羽　東北師範大学
孫英英　山西財経大学
夏学微　中南大学
許偉偉　外交学院
姜麗偉　中国海洋大学
呉艶娟　蘇州大学
蘇徳容　大連理工大学
孟祥秋　哈爾濱理工大学
李松雪　東北師範大学
楊松梅　清華大学
金蓮実　黒竜江東方学院
陳錦彬　福建師範大学
李燕傑　哈爾濱理工大学
潘　寧　中山大学
楊可立　華南師範大学
陳文君　寧波大学
李芬慧　大連民族学院
尹聖愛　哈爾濱工業大学
付大鵬　北京語言大学
趙玲玲　大連理工大学
李　艶　東北師範大学
魯　強　大連理工大学
蘇江麗　北京郵電大学
姚軍鋒　三江学院
宋　文　大連理工大学
張翠翠　黒竜江東方学院
崔京玉　延辺大学
裴保力　寧師範大学
鄧　莫　遼寧師範大学
田洪涛　哈爾濱理工大学
劉　琳　寧波大学
王　暉　青島大学
李　勁　大連理工大学
劉　麗　遼寧師範大学
武　艶　東北師範大学

第1～4回、中国人の日本語作文コンクール受賞作文集

第5～8回、中国人の日本語作文コンクール受賞作文集

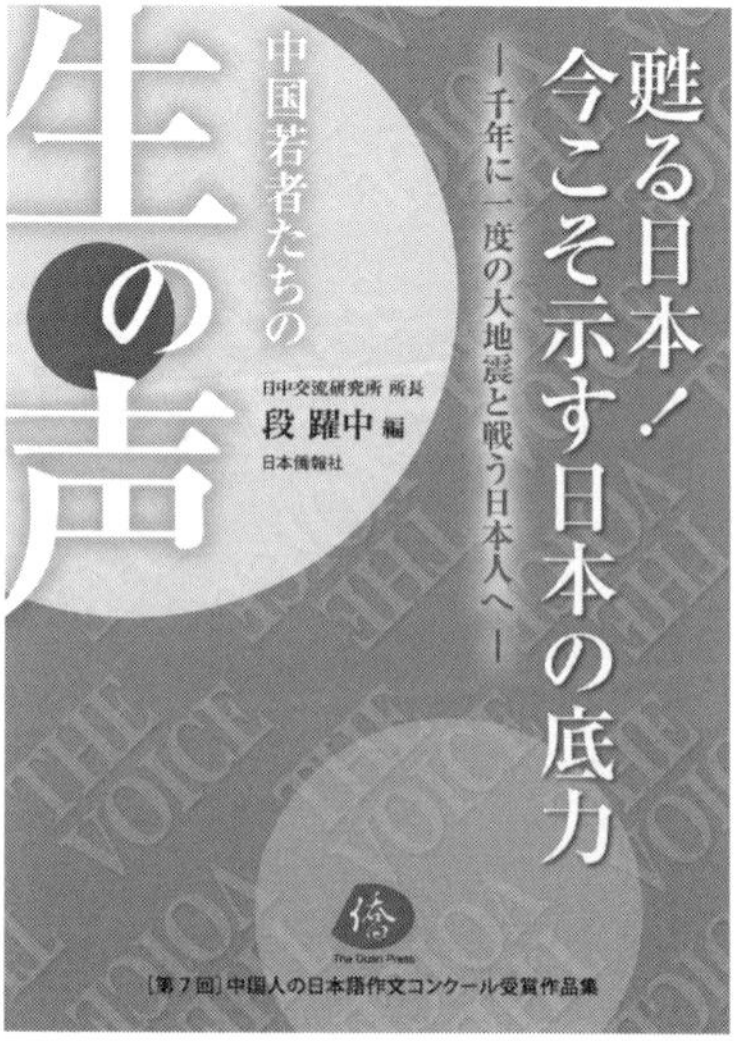

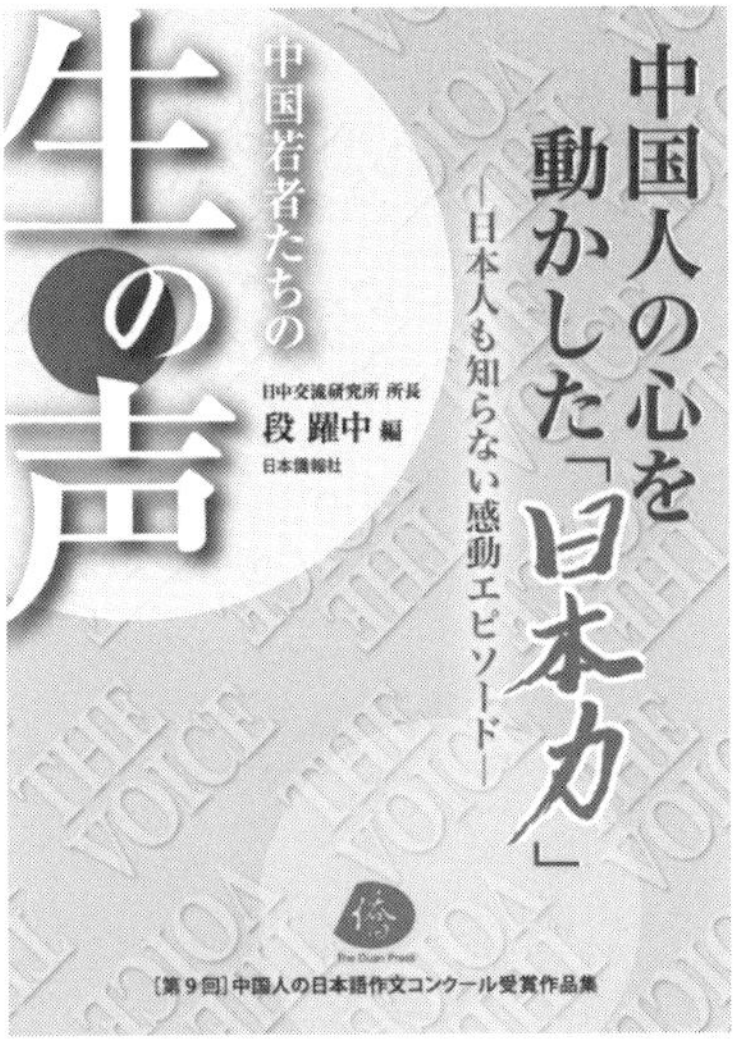

第9～12回、中国人の日本語作文コンクール受賞作文集

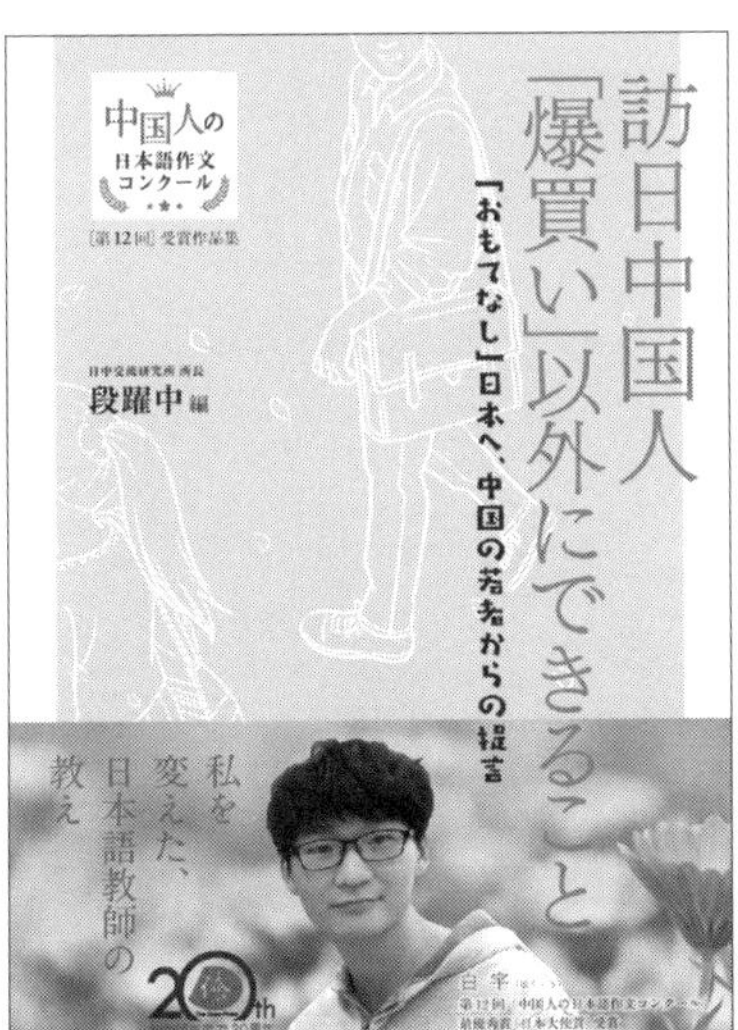

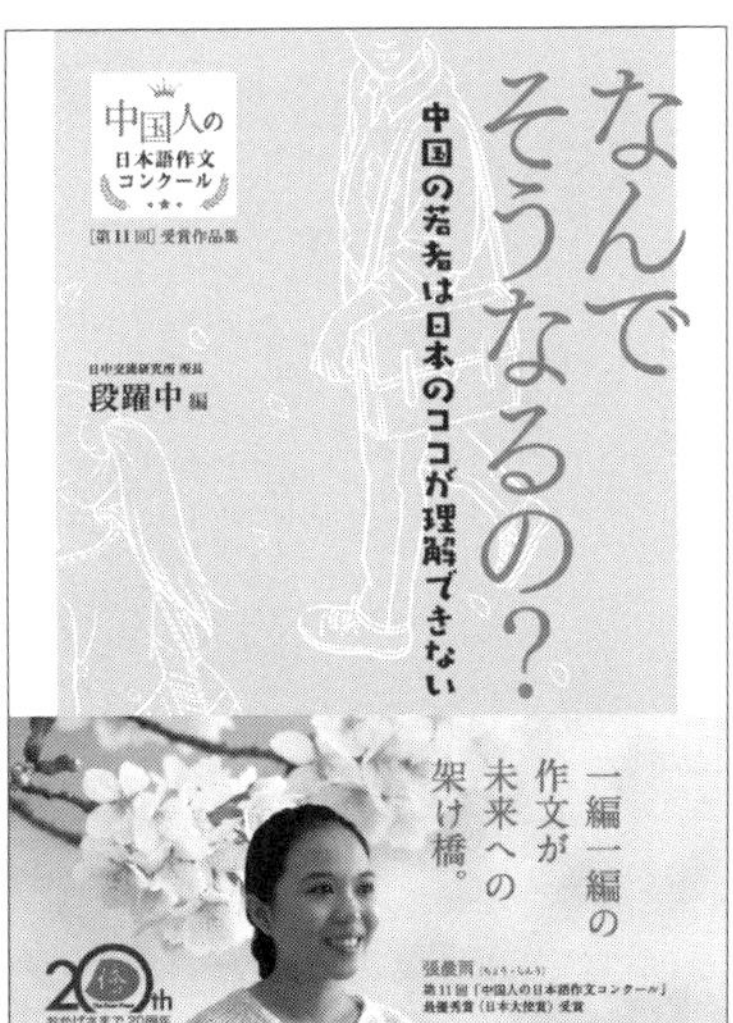

第13～14回、中国人の日本語作文コンクール受賞作文集

朝日新聞 DIGITAL 2018年12月18日

朝日新聞デジタル ＞ 記事　　国際　アジア・太平洋

日本の良さって？中国女子に聞いた　名所や技術でなく…

2018年12月18日14時38分

表彰式で横井裕・駐中国大使（左から4番目）らと記念撮影する最優秀賞・1等賞の受賞者たち＝12日、北京の日本大使館、冨名腰隆撮影

中南財経政法大を卒業したばかりの王美娜さん（23）は、東京一人旅の最終日に財布をなくした。スーツケースや民泊の部屋の隅々まで探したが出てこない。

出発時間が近づき焦りが募る中、民泊部屋の大家が駅に電話をかけるなど助けてくれた。諦めかけた最後に交番を訪ねると見慣れた財布が届けられていて、大家と抱き合って喜んだ。

日本への印象が良くない周囲の人々に「日本には困った時、助けてくれる優しい人がたくさんいるよ」と言える、と作文につづった。

日中平和友好条約を結んで40年。いまや年間約800万人の中国人が日本を訪れる時代だ。14回目となった「中国人の日本語作文コンクール」のテーマの一つは「中国の若者が見つけた日本の新しい魅力」。中国人を感動させ、日本のイメージを変えさせたものは何か。12日に北京で開かれた表彰式で、受賞者に聞い

朝日新聞 2018年 12月17日

訪日で越えた 心の壁

中国人の日本語作文コンクール

日中平和友好条約を結んで40年。いまや年間約800万人の中国人が日本を訪れる時代だ。14回目となった「中国人の日本語作文コンクール」＝＝のテーマの一つは「中国の若者が見つけた日本の新しい魅力」。中国人を感動させ、日本のイメージを変えさせたものは何か。12日に北京で開かれた表彰式で、受賞者に聞いた。（北京＝冨名腰隆、西村大輔）

日中間の相互理解促進を目的に2005年に始まった。日本僑報社が主催し、朝日新聞がメディアパートナー。今年は中国各地の235校の大学、専門学校、高校などから4288本の応募があった。日本僑報社は最優秀賞から3等賞までの受賞作81本を「中国の若者が見つけた　日本の新しい魅力」として出版する。詳細は同社の関連サイト（http://duan.jp/jp/index.htm）で。

入賞作を読むと、多くの若者が旅行や短期留学で訪日経験があることに気づく。彼らが日本の魅力として挙げるのは、親切や気遣いなどの「心」だ。

表彰式で横井裕・駐中国大使（左から4番目）らと記念撮影する最優秀賞・1等賞の受賞者たち＝いずれも12日、北京の日本大使館、冨名腰隆撮影

民泊・地下鉄・食堂…優しさにふれた

中南財経政法大を卒業したばかりの王美娟さん(23)は、東京一人旅の最終日に財布をなくした。スーツケースや民泊の部屋の隅々まで探したが出てこない。

出発時間が近づき焦りが募る中、民泊部屋の大家が駅に電話をかけるなど助けてくれた。諦めかけた最後に交番を訪ねると見慣れた財布が届けられていて、大家と抱き合って喜んだ。日本への印象が良くない周囲の人々に「日本には困った時、助けてくれる優しい人がたくさんいるよ」と言える、と作文につづった。

王美娟さん

「中国人と日本人の心の壁を壊したい」と目標を書いたのは江蘇師範大3年の周夢琪さん(23)。きっかけは、高校の卒業旅行で日本へ行ったことだ。地下鉄を乗り間違え、隣に座っていた中年男性に助けを求めると、男性は額に汗をにじませながら片言の英語で説明してくれた。様々な場面で優しさに触れ、日本語を専攻しようと決めた。

浙江万里学院の陳昕羽さん(21)は、短期留学で通い詰めた東京の食堂について書いた。夫婦で営む店の「家族の味」はもちろん、帰り際の「夜道に気をつけてね」「傘を忘れないでね」という何げない一言が忘れられないと話す。「初めての海外で不安ばかりだった私にとって、どれだけありがたかったか。日本人の印象が一変した」

陳昕羽さん

ロリータ服 スタンプ カルチャーにハマった 神社 猫の駅長

日本のカルチャーに魅せられた学生も多い。

広東外語外貿大南国商学院4年の呉曼霞さん(22)は、昨年夏に和歌山電鉄の「猫の駅長」を訪ねた体験を書いた。日本へ行って猫に会いたいと言ったら同級生に笑われたが、まるで本当の駅長のように猫を大事にする姿がいかにも日本らしいと感じた。「人間と動物の距離が近い。これは中国にはないこと」

神社文化をきっかけに日本に関心を持った呉さんは、京都の八坂神社なども訪れ、絵画のように美しい景色だと思った。

呉曼霞さん

「スタンプ文化」にはまったのは中国人民大4年の路雨倩さん(22)。駅や観光地などにある記念スタンプに興味を持ち、集め歩いた経験を書いた。スタンプには探す過程にもおもしろさがあるという。別府でスタンプマニアの日本人の若者と知り合い、旅の道連れとなった経験も。「手帳に残った色あせたスタンプは、写真よりも鮮明に自分の人生の足跡を記録してくれる」

吉林外国語大を経て9月に日本に留学した雷昕さん(20)は、高校時代にロリータファッションに目覚めた。個性を存分に演出できるのが魅力という。中国の街を歩くのは勇気が要る。知らない人に「日本鬼子（日本人への蔑称）が着ている服だろ」と言われたことも。作文には「好きな服を着るのは人の権利。日本では人目を気にせずロリータファッションを楽しみたい」と書いた。一方で、「いずれは中国の伝統的な漢服も日本に紹介し、中国の文化をもっと知ってもらえたら」とも。

最優秀賞 黄安琪さん(21)

バリアフリーに感銘「祖母を東京五輪に」

復旦大で日本文学を学ぶ黄安琪さん(21)の祖母は若いころ、小学校の体育教師だった。2008年の北京五輪を心待ちにしていたが、その年交通事故で右足を粉砕骨折し、車いす生活になってしまう。公共交通機関の利用にも苦労する祖母は、五輪を見に行くことがかなわなかった。

10年後、大学の交流プログラムで訪れた京都で黄さんは驚いた。車いすでバスに乗る客のために、時間が遅れてもスロープを準備する運転手。文句も言わず座席を畳んでスペースを作る乗客。日本のバリアフリー化に感銘を受け、東京五輪に祖母を連れて行きたいと感じた体験を作文にした。

浙江省杭州市の出身。日本と関わりの深い魯迅の小説を中学1年で読み、日本文学や作家に興味を持つようになった。お気に入りは川端康成の「古都」。「京都の名所や年中行事が鮮やかに描かれ、日本の伝統や芸術の美しさが込められている」と話す。

来年9月から大学院に進み、国際コミュニケーションやメディアについて学ぶ。英国留学も決まった。「将来は国際社会に貢献できる人間になりたい。日中の架け橋にもなれるよう、もっと頑張りたい」

日テレ NEWS 24

中国・北京の大使館で日本語作文コンクール

ツイートする　シェアする

2018年12月13日 01:51

毎日新聞　2018年10月7日

世界の見方

日中交流 草の根から

段躍中《だんやくちゅう》　日本僑報社代表

日中平和友好条約締結40周年を記念して、中国に滞在した経験のある日本人を対象にした第1回「忘れられない中国滞在エピソード」（作文・写真）を募集したところ、多くの応募をいただいた。昨年は中国に留学した経験のある日本人を対象に作文を募集、書籍化し、日中双方のメディアから注目された。2年間の作文審査を経て、中国での貴重な経験は、特に日本における日中交流の促進に生かすことができるのではないかと考えている。

中国から来日して27年になった。20年前、初の書籍「在日中国人大全」を出した時、日本に長期滞在する中国人は20万人余りだった。現在では日本国籍取得者を含めて約100万人に上るとされる。彼らに積極的に声をかけ、言葉の学習や料理のレシピ、生活の知恵などさまざまな情報を交換するのは有意義だろう。

中国滞在、留学経験者は、その語学力と知識を生かし、急増している訪日中国人とも交流してほしい。初めて日本を訪ね、困っているお隣の国の観光客を助けてほしい。それがフェース・トゥー・フェースの真の交流につながり、中国人客は「爆買い」以外にも日本文化への理解を深めることができるはずだ。

中国人の日本語学習をサポートしつつ「相互学習」してほしい。弊社が主催する「中国人の日本語作文コンクール」は2005年以来14回も続けてこられた。応募者数は4万人を超えている。中国で日本語を学ぶ学生と、日本で中国語を学ぶ学生は草の根交流の良きパートナーになれる。

11年前から東京・西池袋公園で開いている日中交流サロン「日曜中国語コーナー」にも気軽に参加してほしい。開催は550回以上になり、すでに10カ国以上から約2万人が参加している。日本にいても「日中市民交流」は深められる。平和友好条約40周年を機に身近な所から交流を始めてはいかがだろうか。（寄稿）

日中平和友好条約

日中間の平和友好関係の強化、発展を目的にした5条からなる条約で、いわゆる反覇権条項の第2条で、日中両国がアジア・太平洋地域や他のいかなる地域でも覇権を求めないこと、また覇権を確立しようとするいかなる国、集団の試みにも反対することをうたっている。

1978年8月12日に締結され、中国の最高実力者だった鄧小平氏が批准書交換のために来日して10月23日に発効した。

2019年2月15日　日中友好新聞

「車椅子で、東京オリンピックに行く！」が最優秀賞

第14回 中国人の日本語作文コンクール

日本僑報社・日中交流研究所主催の「第14回中国人の日本語作文コンクール」の表彰式と日本語スピーチ大会が昨年12月12日、北京の日本大使館で、横井裕大使をはじめ上位入賞者やその指導教師、家族ら関係者約160人が出席して開かれました。

日中平和友好条約締結40周年だった昨年、コンクールはその認定事業の一環として開催されました。

中国人の日本語作文コンクールは、日本と中国の相互理解と文化交流の促進をめざして、05年にスタート。中国で日本語を学ぶ、日本に半年以上の留学経験のない学生を対象として、昨年で14回目。中国各地の大学や専門学校など235校から、計4288本もの作品が寄せられました。

うち佳作賞以上の計302本（人）が入選。横井大使自らによる審査で、復旦大学日本語文学学部4年（作文執筆時は同3年）の黄安琪さんの「車椅子で、東京オリンピックに行く！」が見事、日本大使賞の栄冠に輝きました。

左から横井大使と黄安琪さんと段躍中さんで記念撮影

この作品は、京都での短期交流プログラムに参加した黄さんが、日本の進んだバリアフリー文化に接し、元体育教師で現在は車椅子で生活する祖母の「オリンピックを見に行きたい」というかねてからの夢を東京五輪でかなえてあげたいという、心優しく、かつ強い思いが感じられる感動的な作品。

受賞者代表のスピーチでは、黄安琪さんをはじめ、1等賞受賞の郁那静さん（青島大学、現在は天津外国語大学大学院に在学中）、王美娟さん（中南財経政法大学、6月に卒業）、劉玲さん（華東師範大学）、呉曼霞さん（広東外語外貿大学南国商学院）の5人が登壇。

来賓あいさつに続いて、日中交流研究所の段躍中所長がコンクールの開催について、壇上のスクリーンに図表などを映し出しながら報告。

続いて、2019年の第15回コンクールのテーマが発表されました。東京オリンピック・パラリンピックに関するものとして（1）「東京2020大会に、かなえたい私の夢！」をはじめ、（2）「日中新時代を考える――中国の若者からの提言」（3）「今こそ伝えよう！先生、家族、友だちのこと」の3つが挙げられました。

表彰式第1部の「学生の部」に続く第2部は「先生の部――日本語教師フォーラムin中国」として、2015年に創設された「優秀指導教師賞」の受賞者が発表されました。

コンクール3等賞以上の受賞者を育てた教師に対して、その日ごろの努力と成果をたたえるもの。受賞者それぞれに同賞が授与されました。

表彰式の模様は、朝日新聞はじめ、共同通信、日本テレビ、中国の各メディアなどにより多数報道されました。（段躍中＝日本僑報社）

朝日新聞
2018年3月4日

地球24時

■日中の大学生ら交流

日本と中国の大学生らが3日、東京都内で開かれた日中教育文化交流シンポジウムで両国の魅力について語り合った。日中共同の世論調査で、相手に「良くない印象」を持つ人は日本人の約9割、中国人の7割近く。互いを行き来した経験がある若者たちが、将来の日中関係に果たす自分たちの役割などを討論した。

昨年の「中国人の日本語作文コンクール」（主催・日本僑報社、メディアパートナー・朝日新聞社）で最優秀賞を得た河北工業大の宋妍さん(22)は、「信号機の押しボタン」に感心した。日本の街のどこにでもあり、東京五輪を控えて外国人にも使いやすいよう工夫が進んでおり、生活する人のことを考えて工夫を惜しまない日本らしさの象徴だと感じたという。

中華圏の娯楽文化を紹介する活動をしている鈴木由希さん(28)は「今、中国のバラエティー番組が面白い。おちゃらけのレベルも高い」。政治状況から、レギュラーの出演者が突然編集で消えたこともあったといい、「そんなところから、政治を考えるきっかけにもなる」と話した。

溝残る日中 私がつなぐ

中国人の日本語作文コン

中国の魅力って何だろう——。日本を訪れる中国人は増える一方なのに、中国に行く日本人は増えない。今年で13回目を迎えた「中国人の日本語作文コンクール」の課題の一つは「日本人に伝えたい新しい中国の魅力」だった。受賞した学生たちの思いを聞いた。（北京＝古谷浩一、延与光貞）

表彰式で、横井裕・駐中国大使（左から7人目）らと記念撮影する最優秀賞と1等賞のみなさん＝12日、北京の日本大使館、延与光貞撮影

「マナー悪い」変化へ努力

「中国の新しい魅力は絶えず発展していく農村」

青島大学4年の王曽芝さん(22)は、曽祖父が暮らす農村を久しぶりに訪れたときの経験を作文に書いた。大きなイチジクの農園ができたことで、貧しかった村が豊かに変わっていたことに驚いたからだ。

「以前の日本は中国が発展できないと思っていたのではないか。でも、中国は発展できることを証明した」という王さんは「日本人に中国の発展ぶりを見て欲しい」と話す。

上海理工大学3年の黄鎮清さん(21)は、日本人の友人から中国人のマナーの悪さを指摘され、「誇りが傷ついた」ことを書いた。

これをきっかけに、「この国をきれいで清潔な国にする」と心に決め、環境問題のNPO活動に参加。中国でも環境保護を大事に考える価値観が広がっていることを知ったという。

黄さんは「今、私たちは努力しているし、変わりつつある。知って欲しいのはその事実です」と力強く語った。

踊り・漫才・漢方…魅力伝えたい

発展ぶりではなく、伝統文化をあげる学生も少なくなかった。

東北大学秦皇島分校3年の林曽婷さん(21)は課題を前に「新しい中国を伝えたい」と思ったが、頭に浮かんだ中国の大都市の光景は、どれも先進国にもあるようなものばかりだった。

日本人に「魅力」と言えるほどのものは何だろうか。結局、自らの故郷である広東省で、小さいころから慣れ親しんだ伝統的な踊り「英歌舞」を紹介した。

「この踊りは困難を克服する勇気を与えてくれると祖母に教わった。昔もそうだし、今もそう」

中国の漫才に当たる「相声」のことを書いたのは江西財経大学4年の王智群さん(22)。「歴史の古いものだけど、内容は時代に合わせて変化しているから」。将来は通訳になって、日本の人に「相声」で笑ってもらいたいという。

広西チワン族自治区出身の邱吉さん(24)が訴えたのは、新たなソフトパワーとしての漢方医薬。漢方医の祖父が足をけがしたおばあさんを助けたときのことを書いた。

「今は中国でも西洋医学が中心になっているが、漢方医学を新たな魅力としてアピールしたいと思った」と邱さん。すでに浙江工商大学を卒業し、9月から日本の関西大学に留学し、大学院で日中の文化交渉について学んでいるという。

魅力的だと自慢したい場所は古里が多いようだ。

中国人民大学4年の王静昀さん(22)は、出身地である福建省アモイの海鮮市場のことを思い入れたっぷりに書いた。王さんは言う。

「みんな国際化がいいと言うけれど、民族的なものこそ魅力がある。日本に行く中国人も同じ。好きなのは日本独特の文化なんです」

中国人の日本語作文コンクール

日中間の相互理解促進を目的に2005年に始まった。日本僑報社が主催し、朝日新聞がメディアパートナー。日中国交正常化45周年と重なった13回目の今年は、中国各地の189校から4031本の応募があった。日本僑報社の段躍中代表は「日本語を学んだ中国人の若者は日本にとっても財産だ。彼らが考える新たな中国の魅力を多くの日本人に知ってもらいたい」と願う。同社は最優秀賞から3等賞までの受賞作計81本を作文集「日本人に伝えたい　中国の新しい魅力」として出版。詳細は同社サイト(http://duan.jp/jp/index.htm)で。

震災復興 願い歌った

最優秀賞の宋妍さん(22)

最優秀賞を受賞し、表彰式でスピーチする宋妍さん＝12日、北京の日本大使館、延与光貞撮影

2011年に東日本大震災が起きた時は中学3年生だった。河北工業大学に入って先生に見せてもらった復興支援ソングのビデオを見て心を動かされた。多くの外国人が被災者を支えようとしている。でも、中国人は登場しなかった。

「日本語を学ぶ学生として中国の声も伝えたい」

友人や周囲の人を誘い、ビデオ制作に取り組んだ話を作文に書いた。

桜の花を折り紙で作り、それを手に歌った。「中国人が折ることで、中国の好意が伝わると思った」からだ。学食の調理員からロシアに留学中の同級生まで55人が登場する。日本語を知らない人には自ら教えた。

河北省の出身。「名探偵コナン」などのアニメに親しんだこともあり、大学で日本語を専攻した。「同じ漢字を使うから、楽に学べる」と考えたが、「実際は読み方が全く違う。ひらがなやカタカナに苦労した」と笑って振り返る。

戦争の記憶もあり、中国では「日本語を学んでいる」と言うと嫌な顔をされたりもするが、気にしない。「やさしさと思いやりのある国。日中友好のために学びたい」。将来の夢は外交官。来年から北京大学の大学院で日本語を磨く。

朝日新聞
2017年 12月14日

東京新聞 2017年 4月6日

日中友好に役立ちたい

大学院生 白《はく》 宇《う》 23
（中国・南京市）

ミラー

今年で十二回目となる「中国人の日本語作文コンクール」で最優秀賞をもらった。副賞として二月上旬に一週間、日本を訪問した。三回目の日本。自分の足で東京を歩き、自分の肌で日本を感じた。

過去の訪日では、おいしい食べ物、有名な観光地、アニメやドラマに登場するものだけに目が行った。だが、今回得たものは全然違った。「また日本へ行きたい」。この気持ちこそ、今回の訪日で得た最も尊いものだと感じる。

滞在中に、多くの政治家、大学教授、協力団体の皆さまと直接交流する機会を得た。私の日本語学習や進路についてどなたも親切に助言をくださった。ホームステイもさせていただいた。教科書でよく見る納豆はやはり苦手だった。私も張り切って中国料理を作ったが、塩を入れ過ぎてしまった。それでもご家族は笑顔で食べてくださった。短い間だったが本当の家族のような感じがした。

将来、私は中日友好の役に立ちたい。今の私にはお金も地位もないが、両国の明るい未来のためなら頑張れる。自分が日本で感じたものを中国の友達、先生、家族に伝えたい。そして、これから知り合う日本人にも中国、中国人の良さをもっと伝えていきたいと思っている。広い中国には日本語学習者をはじめ、日本に興味を持つ若者がたくさんいる。彼らにもぜひ自分の心で日本と触れ合ってもらいたいと思う。

私の旅はまだまだ続いていく。あの一週間は夢ではなく、皆さんの温かさが私の中にちゃんと残っている。今でもやりとりしているメールで、私はある約束をした。「必ずまた会いに行きます」と。

NHK NEWS WEB
2017年 12月12日

LIVE 日本海側中心に荒れた天気

日本語作文 最優秀の中国大学生 “「花は咲く」広めたい”

12月12日 21時25分

シェアする

日本語を学ぶ中国の大学生の作文コンクールで入賞した作品をスピーチの形で披露する催しが北京で行われ、最優秀賞の学生は、東日本大震災の復興支援ソング「花は咲く」の歌を中国で広めたいなどと日本語への思いを語りました。

2016. 12. 26

日本経済新聞

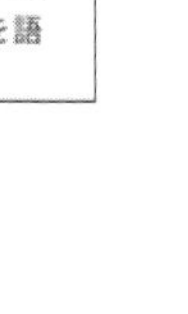

春秋

流行語にもなった「爆買い」。一時の勢いは衰えたともいわれるが、その隆盛を同じ国の若者はどう感じているのだろう。中国で日本語を学ぶ学生たちの作文集『訪日中国人、「爆買い」以外にできること』が出版されたので読んでみた。彼らの日本旅行記が印象深い。

▼演歌好きの学生は初の訪問地に大阪を選ぶ。「浪花恋しぐれ」の舞台、法善寺横丁を見るためだ。店の人や客たちと大阪弁で盛り上がる。歌詞に登場する落語家について解説を受ける。帰国後、店での時間を思い出し感慨深い気持ちになった。「爆買いだけしかしないなら、忘れがたい思い出を作ることは難しい」と記す。

▼別の学生は長野県の農村に足を運ぶ。無農薬の野菜作りに驚き、ブドウやリンゴのみずみずしさに「中国のものと全く違う」と思う。環境汚染に悩む母国と、公害問題の解決に努力した日本。国内にいると急速な発展にうぬぼれがちだ。「同胞たちよ、観光地や買い物以外に、本当の日本を体験しよう」と呼びかけている。

▼「爆買い」が注目される裏に、マナーの悪さにまゆをひそめるニュアンスを読み取る学生もいる。前向きな好奇心、感受性、潔癖感が行間からあふれ、何ともまぶしい。年末年始、日本を離れ海外で過ごす人の出国ラッシュがもうすぐ始まる。日本の若者も異国の素顔を知り、母国を見つめ直す経験を積んでほしいと願う。

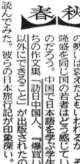

東京新聞
2017年
9月21日

文化

■18■ 本屋がアジアをつなぐ
石橋 毅史

アニメ、漫画に熱い思い

アジアをはじめ海外の客を集めている書店の筆頭といえば、アニメ、漫画の大型専門店だ。八月後半のアニメイト池袋本店（東京）は、学生の夏休み期間ということもあってか、いつのぞいても大盛況、かつ国際色豊かであった。

香港から来た二十三歳の男性二人連れは、とくに「機動戦士ガンダム」の大ファンだと話した。「香港にも支店はあるけど、日本のアニメイトに来てみたかった。明日は箱根の温泉へ行きます」

中国・上海出身で、現在は日本に留学中という女性は「月に二、三回ぐらい来ます。今日は上海から来る友達と待ち合わせています」。

手には缶バッジなどアニメのキャラクターグッズが。店の前の公園がファンのグッズ交換の場として知られていて、それも目的なのだという。「日本人と交換することが多いけど、他の国の人とやりとりすることもあります」。日によっては百人を優に超える集まりとなることもあり、インターネットでは〝野生アニメイト〟などと呼ばれる。アニメファンの間で発生した現象にまで店名を使われてしまうほど存在が浸透しているということだろう。

大勢の漫画、アニメファンが出入りし、待ち合わせ場所にもなっているアニメイト＝筆者撮影

アジア各国からの来店客向けサービスについてアニメイトに訊くと、「中国語圏で普及するキャッシュカード『銀聯カード』が利用可能」「英語および中国語を話せるスタッフの常駐」を挙げたが、外国人をターゲットにした品ぞろえ、催事などは、とりたてて行っていないという。日本人客と同様にもてなすところが、むしろ海外の人々を引きつけるのかもしれない。

『「御宅《オタク》」と呼ばれても』（日本僑報社）という本がある。日本語を学ぶ中国人学生を対象とした作文コンクールの優秀作をまとめたものだ。一九九〇年代に生まれた〝90後〟世代による「ACG」（日本のアニメ、コミック、ゲームを総称した中国語圏の言葉）への熱い思いが綴られている。

彼らは、友情、平和の尊さ、人や社会との向き合い方について、自ら答えを探すことを教えてくれたのがACGだ、と語る。ある作文では「中国のアニメは先生、日本のアニメは身近な先輩」、別の作文では、漫画の主人公は「心の中の親友」。漫画、アニメの海外展開というと有力な輸出産業といった大きな観点で語られがちだが、それを海の向こうで受けとめているのは、切実な悩みや希望を抱えた一人ひとりの若者である。

漫画市場も紙の単行本や雑誌の売り上げは下落し、近年は電子書籍へ急速にシフトしつつある。だが、アニメイトの店内を歩く人たちは皆、生き生きとしていた。二人連れやグループは満面の笑みで語り合い、ひとりで来ている人は、商品の一つひとつを真剣な表情で見つめていた。本屋の現場は、数字に表れないものを映しだす。

（いしばし・たけふみ＝出版ジャーナリスト）

＊第1、第3木曜掲載。

朝日新聞

2017年 3月27日

特派員メモ

白さんの思いを胸に

◆東京

第12回「中国人の日本語作文コンクール」で最優秀賞に選ばれた南京大学大学院の白宇さん(22)が先月、日本にやってきた。昼食をとりながら本音を聞く機会があった。

白さんは日本好きだったわけではない。ふるさと安徽省の農村は保守的で、日本によい印象はなく育った。ところが大学では希望していない日本語学科に配置された。

思いを変えたのは、2人の日本人教師。熱心な指導に心を打たれた。勉強に没頭し、日本の魅力を知った。春節には日本人を連れて里帰りし、村人と交流した。日本人を受け入れてみると、村の雰囲気も変わった。白さんの受賞をみな喜んでいるという。

語学にとどまらず、訪日の「爆買い」や漫画、文学をきっかけに、日本を体感したいと思う中国人は多い。それぞれの経験を通した日本観が若者を中心に広まっている。

白さんは「日本人に中国の魅力を伝えていきたい」と言う。日本を知る中国人だけでなく、中国を知る日本人も増えれば、お互いをより冷静に見られるはずだ。私はもうすぐ北京へ赴任する。相互理解に、微力ながらも貢献したいと思う。

（福田直之）

朝日新聞 2016年12月14日

「爆買い」超える交流を

中国で日本語学ぶ若者に聞く

今年で12回目を迎えた「中国人の日本語作文コンクール」のテーマの一つは「訪日中国人、『爆買い』以外にできること」。急激に増える中国人観光客とその豪快な買い物ぶりを印象づけた「爆買い」だが、中国の若者はどのように受け止めているのだろうか。12日に北京で開かれた同コンクールの表彰式で、中国で日本語を学ぶ受賞者たちの率直な思いを聞いた。

デジタル版に受賞作文

横井裕・中国大使（中央）から表彰を受けた最優秀賞と1等賞の受賞者たち＝12日、北京の日本大使館、延与光貞撮影

中国人の日本語作文コンクール

日中間の相互理解促進を目的に2005年に始まった。日本僑報社が主催し、朝日新聞がメディアパートナー。12回目の今年は過去最多となる5190本の応募があった。今年のテーマは中国人訪日観光客による「爆買い」や「日本語教師の教え」など。日本僑報社の段躍中・編集長は「応募数も質も年々上がっている。日本語ができる人材は日中両国の宝物。これからも応援していきたい」と話す。同社は最優秀賞から3等賞までの受賞作計81本を作文集「訪日中国人『爆買い』以外にできること」として出版。詳細は同社サイト（http://duan.jp/jp/index.htm）で。

「日本の製品 良くて安い」

「もし私が日本に行くなら、100%間違いなく、爆買いするな。1回じゃ持って帰れないくらい」

山東政法学院の劉安さん(21)は、爆買いについて聞くと笑顔で言った。「日本製品の質は良くて安いから。それに、多くの中国人が自分の目で日本を見て感じることはいいことだと思う」

今年、日本を訪れた中国人は9月時点で500万人以上。年内には過去最多の700万人に迫る勢いだ。

中国人民大の金韶延さん(20)は「私自身は爆買いに興味はないけど、その気持ちは分かる。質と価格、あとはブームってことじゃないかな」と話した。

「高い購買力 中国の誇り」

「爆買い」にはマナーの悪さという意味合いが込められることもあるが、「中国の若者のマナーは大きく改善されている。一部の変な行為は年配者のものでは」と湖北省にある中南財経政法大の大学院出身の張君恵さん(25)。

多くの学生はむしろ、爆買いの行為が示す中国人の購買力の高まりを誇りに感じているようだ。

[illegible]好きで、安徽省の外国語職業学校に通う張[illegible]さん(21)は、「中国人がみんなお金持ちになったと思って、日本人は複雑な感情なのかもしれない。でも、同じ商品が中国では2倍とかの値段。日本でできるだけ多く買いたいという思いは分かるでしょ」。

一方で、ギクシャクした日中関係が続くなか、中国で日本語を学ぶことへの複雑な感情も浮かぶ。

南京の大学に通う女性(21)は「ネット上に爆買いは売国奴だと書かれているのを見て、そうだなと思った。民族感情があるから。日本旅行は『敵に塩を送る』ことにならないかな、と」。日中戦争を知る祖母からは日本語を学ぶことに反対されたという。

ただ「爆買い」は最近沈静化してきているとされる。学生たちも、訪日経験者たちの関心は別のものに移ってきているようだ。

「次回の訪日 伝統に興味」

中南財経政法大の大学院出身の王[illegible]さん(23)は今年1月の日本旅行の際、友人らから魔法瓶3本や化粧品などを買ってくるように頼まれた。自分の服やお菓子も買った。

でも、近く行く予定の2度目の訪日で興味があるのは「日本のふろしきや着物」。中国で伝統服は普段に町中を歩く服ではないのに、京都で着物を着た人を見て新鮮に感じた。「おすしを食べるのも楽しみ」と日本語で語った。

「爆買いだけでは物足りない」というのは、中国人民大の郭可純さん(21)。今年2月まで約半年間、神戸に短期留学していた。両親が遊びに来たときは、もっと多くの日本を紹介したいと思った。

「日本人が中国人に対して爆買いのイメージしか持たないとしたら、悲しい。中国もお客さんへのおもてなしなら負けない。礼儀正しくないところもあるかもしれないけど、中国人の親切さも知ってほしい」

（北京＝[illegible]、延与光貞）

大好きな日本語で 日中つなぐ職が夢

最優秀賞の白宇さん(22)

最優秀賞（日本大使賞）を受賞した東北[illegible]理工大学の白宇さん(22)は中国内陸部・安徽省の農村出身。実家も農家だ。保守的な土地柄で、日本へのイメージは良くないという。

尖閣諸島をめぐって日中関係が悪化した2012年の9月に入学。会計などを勉強したかったが、希望していなかった日本語学科を学校にあてがわれた。「専門を変えることだけを考えていた」と白さん。[illegible]将来を悲観して泣いた。

作文では、そんな白さんが授業で出会った「江[illegible]佳先生」夫妻に支えられ、4年間勉強を続けるうちに日本語が大好きになったことをつづっている。

今秋、南京大学の大学院に進学し、日本語を学ぶ。教師や外交官、通訳など日本と中国をつなぐ仕事に就くのが夢だ。12日の表彰式では、「機会があれば、留学して日本を肌で感じたい」と話した。

昨年7月に訪日した際には、家族や友人らへのプレゼントの「爆買い」を楽しんだ。「買い物を通して日本や日本人の良さを知るきっかけになる。次は日本人に中国の良さを知ってもらいたい」

東京新聞
2016年2月28日

「予想していた通り みな親切」

中国人の日本語作文コンクール 最優秀の張さんが訪日

日本語作文コンクールで最優秀賞に選ばれた張晨雨さん＝都内で

十二回目となる「中国人の日本語作文コンクール」で最優秀賞（日本大使賞）に選ばれた山東政法学院四年生の張晨雨さん（二二）が二月下旬に、副賞として日本を訪れた。日本語を学んで三年となる張さんは、日本を実際に見るのは初めて。

「予想していた通り、町がきれいで、みな親切。来年ぜひ日本に留学したい」と語った。

このコンクールは、中国で日本語を学び、留学経験のない学生を対象としており、日本僑報社、日中交流研究所（東京都豊島区、段躍中所長）が主催している。

今年は過去最高の四千七百四十九の応募があり、張さんの「好きやねん、大阪」が最優秀賞に選ばれた。今回の入賞作は「なんでそうなるの？」という作品集として発刊された。

国際交流基金によれば、中国では、大学などの教育機関で約百五万人が日本語を学んでいる。日本語教師も約一万七千人（うち日本人約二千四百人）になっている。外国語では英語の人気が高いが、アニメ人気の影響で日本語の学習を希望する学生も多い。

張さんの作品は、中国では北京と上海の人が、「こっちが上」と自慢し合うが、東京と大阪でも同じようなことがあると書き出し、大阪弁のイントネーションや大阪の笑いなどに焦点を当てた。視点のユニークさが評価された。大阪には叔母が住んでおり、親近感があったという。

張さんは二十一日から二十八日まで訪日し、国会を訪れたり、中国の若者事情などについて講演した。

「子どものころから日本のアニメに興味があった」という張さんは、「日本の社会を学びたい。将来はファッションの仕事に就きたい」と語った。（五味洋治）

朝日新聞 2015年12月18日

歴史対立 葛藤を言葉に

中国人の日本語作文コンクール

約100万人が学んでいるとされる中国の日本語教育の現場。複雑さを増す日中関係のなか、学生たちと日本語教師は、どんな思いでいるのだろうか。今年で第11回を迎えた「中国人の日本語作文コンクール」のテーマの一つは「私の先生はすごい」だった。受賞者と指導教官に話を聞いた。

家族の日本観 変えた先生

嶺南師範学院3年 張戈裕さん(21)

張戈裕さん

「私の先生はすごい。彼一人の力で私の家の歴史を変えたのだ。日本を憎む歴史を」

広東省にある嶺南師範学院3年生の張戈裕さん(21)は、1等賞をとった作文でそう書いた。

受験で志望学部に受からず、仕方なく入った日本語学科。曽祖父を日中戦争で亡くした家庭では、「日本を好きだ」ということは、「道徳」や「家訓」に反することだったという。

その張さんが「戦争があったからすべての日本人が悪い」という思考回路がおかしい」と思うようになったのは日本語教師の「矢野先生」と出会ってからだった。

「矢野先生」は日本批判を言われても何も言わず、黙々と日本について教えてくれる人だった。その熱心な指導について話を聞いた両親の態度も微妙に変わった。依然として日本をよく言うことはないが、周囲の人に「娘の専攻は英語」と偽っていた母親は「うちの娘は日本語を勉強しています」とはっきりと言うようになった。

張さんは今、「将来は日本語教師になりたい」と思っているという。

多くの学生が、こうした中国で日本語を学ぶことの葛藤を作文に盛り込んだ。日中関係の悪化の影響も受け、日系企業への就職は以前より難しくなっている。日本語学科を第1志望とする学生も減ってきているとも言われる。

常州大学の陳静苒さん(21)は「周囲の友だちは日本を理解している方がいいけど、年齢の高い親戚たちの日本のイメージは昔のままみたい」と話した。

一方、華南理工大学の日本語教師、金華さん(44)は「日本語がうまくなるには、日本人の考え方を理解することが必要だ」と訴える。学生たちにとって、日本人教師は目の前にいる日本人の考え方のお手本。その印象は日本に対する印象自体も変えるというのだ。

表彰式後、記念撮影する受賞者ら。前列左から4人目が最優秀賞の張晨雨さん＝12日、北京の日本大使館、倉重奈苗撮影

中国人の日本語作文コンクール

応募は計4749本 11回で過去最多

2005年、相互理解促進を目的に始まったコンクールで日本僑報社が主催、朝日新聞がメディアパートナー。今年は過去最多の4749本の応募があった。

最優秀賞(日本大使賞)に選ばれたのは、大阪で働く叔母とのやりとりを書いた山東政法学院の張晨雨さんの「好きやねん、大阪」。12日に開かれた表彰式で、「将来は日本でファッションに関する仕事に就きたい」。

日本僑報社編集長の段躍中さんは「中国の若者の作品を多くの日本人に読んでもらいたい」。受賞作を集めた作文集「なんでそうなるの？中国の若者は日本のココが理解できない」が出版されている。詳細は、同社のサイト（http://duan.jp/jp/index.htm）。

教師ら「反日」ほぐす努力

最優秀賞を受賞した山東政法学院の張晨雨さん(20)の作文を指導した藤田炎二教師(57)は元新聞記者。昨年9月から同学院で日本語教師をしている。

ネットで作文コンクールの応募を知り、学生たちに呼びかけたが、クラス16人のうち応募は2人だけだった。日本語の能力はあるのになぜ書かないのか。

「学生たちは反日運動が激しかったときに日本語学科に入った世代。心の中に引っかかりが残っていても不思議ではない」という。「来年はいったい何人が応募してくれるか。これが私の（日本語教師としての）通信簿だ」と話した。

1等賞の受賞作を指導した常州大学の古田島和美教師(59)は学生に対して、「指導ではなく、対話をした」と語る。「どうしたら学生の思いが正確に伝わる作文になるのか、自分も学ばせてもらった」

一方、授業で政治に触れることはタブーだという。ある教師は「大学側から政治と言葉を学ぶことは分けて欲しいと言われている」と話した。

（北京＝古谷浩一、倉重奈苗）

「一日中、学生と過ごす教師も」

笈川幸司さん(45)

中国300校で日本語教育

教え子が次々とスピーチ大会で入賞し、「カリスマ日本語教師」と呼ばれる笈川幸司さん(45)に聞いた。

私はこれまで中国の300の学校の日本語教育の場を回ってきた。感じるのは、中国にいる日本人の日本語教師は、ただ教えるだけでなく、朝から晩まで学生と一緒に過ごすことが多いということ。

地方の多くの大学には、日本人留学生もいない。学生にとっては、先生イコール日本だ。日本人の先生がいなければ日本が分からないといった環境で、日本語を教えている。

歴史問題などで日中関係が緊張すれば、大変な立場に立たされるということもある。多くの教師が地道に仕事をしているが、その苦労は大きい。

朝日新聞

朝日新聞

ひと

中国人の日本語作文コンクールで最優秀賞

姚《ヤオ》 儷瑾《リーチン》さん(20)

上海で生まれ育ち、地元の東華大学日本語学科に合格して祝福されたのは、2012年の春。その秋に日本政府が尖閣諸島を国有化し、中国で反日デモの嵐が吹き荒れたさなかに入学した。

「日本語の専攻を親に反対された級友もいる。でも、中国の若者には、日本のアニメやコミック、ゲームやアイドルが大好きな『オタク』もたくさんいる」

昨年の第10回中国人の日本語作文コンクール（日本僑報社主催、朝日新聞社協賛）は過去最多の4千を超す応募があった。今週、副賞で日本を初めて訪れている。

「日本はきれいで、やさしい」

14歳の時、アニメ「機動戦士ガンダムSEED」と出会う。「日本のアニメは社会問題を反映したものが多く、深い。ガンダムは戦場のリアルな描写が命の尊さを伝えていた。世界情勢を身近に意識するようになった」という。

アニメに絡めて日中関係について書いた受賞作では「殺されたから殺して、殺したから殺されて、それで本当に最後は平和になるのか」というアニメで知った言葉から書き出した。日中関係をチョコに例える。「ミルクの甘い思い出もビターの苦い思い出もある」。時にはけんかをしながらも理解を深めていく、恋人のような関係になってほしい。

記者志望。「私の言葉で、お互いの良さを伝えたい」からだ。

文・坂尻信義　写真・西田裕樹

☞2015年 2月3日

☞2014年 12月18日

対立超える魅力 言葉に

10回目の「中国人の日本語作文コン」応募最多

中国で日本語を勉強する若者たちは今、何を思っているのだろうか――。両国関係の悪化にもかかわらず、「中国人の日本語作文コンクール」＝🔑＝（日本僑報社主催、朝日新聞社など協賛）は今年で10回目を迎え、その応募数は過去最多に上った。受賞者の学生たちの率直な思いを聞いた。

木寺昌人大使（右から3人目）から表彰された最優秀賞・日本大使賞の姚儷瑾さん（左から3人目）と一等賞の入賞者＝12日、北京の日本大使館、林望撮影

日本語力 アイドルのおかげ

最優秀賞 大学3年・姚儷瑾さん(20)

姚儷瑾さん

最優秀賞・日本大使賞を受賞した姚儷瑾さん(20)は上海にある東華大学の3年生。日本語を勉強し始めたのは大学に入ってからだが、「小さいころから日本のアニメやドラマが好きで、自然に日本語を使っていた」という。

受賞作も、そうした日本のアニメへの思いを両国関係の現状に重ねて書いた。

今、夢中になっているのは人気アイドルグループ「嵐」で、「日本語能力が上がったのは嵐のおかげ」。それだけに副賞で来年、日本に行けるのがうれしい。「わくわく。渋谷とか秋葉原で、日本のファッションを見たいなあ」

小遣いで買ったマンガ 宝物

大学3年・陳謙さん(22)

陳謙さん

アニメなどの「サブカル」をきっかけに、日本に関心を持ち始めた学生が目立つ。

山東財経大学3年の陳謙さん(22)は幼い頃、勉強の邪魔になるからと「クレヨンしんちゃん」を取り上げた母親が、自分に隠れて読みふけっていた経験を書いた。小遣いをためて買う日本の漫画は、宝物のようだったという。

大学で第1志望の専攻が定員オーバーでやむなく進んだ日本語学科だったが、「（日本語を勉強する人が増えている）今こそチャンス。学べば学ぶほど、日本のことも知りたくなる」。

感情の悪化で つらい思いも

しかし、歴史問題などをめぐり、双方の国民感情は厳しい。日本語を勉強していることで、つらい思いをすることもあるようだ。

重慶師範大学4年の張玥さん(21)は、友人と一緒にテレビを見ていた時、「日本っていいな」と口にした途端、言い合いになった。日本を批判する友人に張さんが「私の知っている日本人はみないい人よ。一面だけ見るべきじゃない」と反論すると、「国の裏切り者」と言われた。

「私だって祖国を愛している。でも、信じるのは、自分で感じたことや見たこと。私の体験を通して、（日本嫌いの人たちの）考えを変えることができたら」と話した。

中国で日本語を学ぶ学生は100万人に上るとされる。日中関係の悪化は、就職などに直結した問題だ。

「政治は政治、自分は自分です」

西安交通大学4年の向頴さん(22)の夢は日本語教師になって、宮沢賢治の作品を中国の子どもたちに伝えていくことだ。「彼の文章は純粋。子どものような心が感じられる」。政治や経済に偏りがちな日本のイメージを、豊かにする力になりたいと意気込む。

南京農業大学の汪婷さん(21)は、故郷の江蘇省に多数進出している日本企業で通訳として働きたいと思っている。

「話すのは難しいです。日本人はみんな敬語を話すじゃないですか。日系企業で働くなら、今の私の敬語じゃダメ」。念願の日本留学を果たすため、奨学金プログラムにもチャレンジするつもりだ。

（北京＝古谷浩一、林望）

日本文化が好き 伝えられた

主催の段躍中さん

コンクールの主催者である日本僑報社編集長の段躍中さん(56)は、日中関係の悪化に関係なく、「中国の若者たちが日本のアニメやドラマといった文化をいかに好きか」ということが、今回のコンクールで如実に表れたと見ている。

段さんは中国湖南省出身。中国青年報の記者を経て、1991年に来日。新潟大学大学院の博士課程を修了後、96年に日本僑報社を設立し、日中の架け橋として、両国関係に関する多数の書籍を出版してきた。

コンクールを主催したのも、「日中の相互理解を進めたい」との思いからだ。両国関係はこの10年間、絶え間なく問題が生じた。日本語を学ぶ学生たちは批判を受けることもあったというが、それでも、「彼らは日本語学習を通じ、日本人や日本文化への理解を深め、そのすばらしさに感動している」という。

段さんは「作文を通じて、そんな中国の学生たちの『生の声』を伝えることができ、うれしく思っている」と話した。

🔑 中国人の日本語作文コンクール

中国で大規模な反日デモが起きた2005年、相互理解の促進を目的に「日中友好への提言」をテーマに始まったコンクール。毎年1回開かれ、今年の第10回のテーマは「ACG（アニメ・コミック・ゲーム）と私」と「公共マナーと中国人」の二つ。応募数は過去最多の4133編に上り、12日に北京の日本大使館で表彰式があった。主催の日本僑報社は、受賞作計61本を作文集「『御宅（オタク）』と呼ばれても」として出版。詳細は同社のサイト（http://duan.jp/jp/index.htm）まで。

朝日新聞

THE YOMIURI SHIMBUN
讀賣新聞 2014年9月22日

popstyle Cool

受験、恋…関心は同じ

I love JPN

日本僑報社編集長
段躍中 さん 56
DUAN Yuezhong

「中国の若者の間での日本のサブカルチャーの影響力を思い知りました」。中国で日本語を学んでいる学生が対象の日本語作文コンクールを主催しているが、10回目の今年、テーマの一つを「ACG（アニメ・コミック・ゲーム）と私」にしたら、過去最多の4133人の応募者のうち約８割が、それを選んだからだ。

中国の全国紙「中国青年報」記者を経て、1991年８月に来日し、日本生活は23年になる。95年に新潟大学大学院に入学し、中国人の日本留学についての研究に取り組んだ。96年に「日本僑報社」を設立、まず月刊誌刊行を始めた。「日中の相互理解のために役立つ良書を出版したい」との思いから、中国のベストセラーの邦訳などを出している。

2006年には、大学受験生たちを描いた中国のベストセラー小説『何たって高三！　僕らの中国受験戦争』の邦訳を出版。昨年９月には、不倫や老いらくの恋などの人間模様を描いた現代小説『新結婚時代』の邦訳書を出した。「中国社会は大きく変化を遂げており、日本人と中国人の関心事が重なるケースが多くなってきています」

▲中国人の日本語作文集や中国小説の邦訳本を書棚から取り出す段躍中さん（東京都内の日本僑報社で）

中国人の作文コンクールの作品集も毎年出版しており、第９回のタイトルは『中国人の心を動かした「日本力」』だった。一方、日本の書籍の版権を取り次ぎ、中国で出版する仲立ちもつとめている。その成果の一つとして、日本の与野党政治家の思いをまとめて02年に出た『私が総理になったなら　若き日本のリーダーたち』が、04年に中国で翻訳・出版された。「今後も『日本力』を中国に伝える仕事をしていきたい」と力を込める。

讀賣新聞 2014年4月4日

論点

小さな市民交流 重ねて

日中関係改善への一歩

段《だん》 躍中《やくちゅう》氏

「中国青年報」記者を経て1991年来日。新潟大院博士課程修了。96年に日本で出版社「日本僑報社」設立、編集長。55歳。

領土や歴史認識に関する主張が対立する日中関係の改善は、残念ながら、当面は望めない。そんな中で、市民の立場からも、少しでも関係が良い方へ向かうよう、自ら考えて行動すべきではないだろうか。

私も微力ながら相互理解に役立てばと、6年前から東京・西池袋公園で「漢語角」という中国語の交流会を行ったり、中国で日本語を勉強している学生が対象の日本語作文コンクールを主催したりしている。コンクールは今年で10回目を迎え、毎年約3000もの作品が寄せられる。応募数は、日中関係が悪化した2012年以降も減っていない。日本語の水準は様々だが、「中国のごく普通の若者が一生懸命日本語で書いたもの」という点で共通しており、非常に大きな意味を持つと思う。

彼らの多くは日本のアニメやドラマなどのサブカルチャーから日本に興味をもったようで、今年は作文コンクールのテーマの一つを「ACG（アニメ・コミック・ゲーム）と私」としたほどだ。日本語を学ぶには至らないが、そうしたものが大好きな中国人は多い。日本の企業が作った電化製品や自動車などを高く評価し、好んで購入する人たちも常に存在する。つまり、中国には相当数の「日本ファン」がいるのだ。

そこで、日本国民にお願いしたいのが、「日本ファン」のサポートだ。

例えば、最近は日本各地で中国人旅行者と遭遇する機会が多くなっていると思う。買い物のためだけに来日したという印象を持たれるかもしれないが、彼らにとって日本への旅費は決して安くなく、「日本を楽しもう」という思いは、欧米からの旅行者より強いかもしれない。サポートとは、中国人旅行者が困っているのを見かけた時、ほんの少しでも手を差しのべてもらえないかということだ。道に迷っているなら交番を教えるだけでもいい。店舗内なら、店員を呼んで来るだけで構わない。小さな親切は良い思い出として残り、帰国後に周囲に語られ、さらにその周囲にも広がる。一つの〝小さな国際交流〟で影響を与えられる人数は少なくても、その機会が多ければ多いほど、影響される人数も増えていく。

ほかにも、市民にできる行動はある。

先日、昨年の日本語作文コンクールの受賞作をまとめた書籍「中国人の心を動かした『日本力』」に関する読売新聞の記事を読んだ女性から、3冊注文が入った。後日頂戴したはがきには、1冊は自分用、1冊は日本人の友人、もう1冊は中国から来た友人にプレゼントしたと書いてあった。私は感激するとともに、草の根交流を推進する者として、非常に刺激を受けた。

今はフェイスブックやツイッターなどもある。街で見知らぬ中国人に声をかけることができなくても、こうしたツールを活用して一般市民が両国の「良い部分」を伝え、広められる。それを読んだ中国人から、拙い日本語で書かれたメッセージを日本人が受け取る日が来れば、日中関係が改善に向かう、小さいが確実な一歩となるだろう。

産經新聞
2014年7月31日

アピール

日中友好支える日本語教師の努力

日本僑報社編集長
段躍中 56
(東京都豊島区)

国際交流基金の日本語教育に関する調査によれば、2012年度に世界で約400万人の人々が日本語を勉強しており、うち約104万人が中国の学習者だったという。

驚いたのは、ここ数年、日中関係はどん底とも言われる冷え込みの中にあるにもかかわらず、学習者数が2009年度より20万人以上も増加しており、日本語教育機関の数も同年度比で5・4%増の1800施設だったことである。

私は毎年、「中国人の日本語作文コンクール」を主催しているが、10回目を迎えた今年、応募件数は過去最多の4133件に上った。中国での日本語学習熱は、両国関係にあまり左右されないとは感じていたが、これらの数字を目にして、それが確信に変わると同時に、感動すら覚えた。

ただ、中国の日本語学習者や日本語教師を取り巻く状況はかなり厳しいと、容易に想像できる。事実、コンクールの応募作にも、日本語を学ぶことを家族や友人に反対された経験をつづったものが数多くあった。

しかし、彼らのほとんどは外野の圧力に屈することなく日本語学習を続け、日本や日本人への理解を深め、日本語だけでなく日本のことも好きになっている。つまり、中国には日本語学習を通じて日本に好印象を抱く可能性のある人が、100万人以上もいるわけだ。

私は彼らの存在こそ、今後の日中関係において非常に重要だと考えている。現在のように両国トップが対話できない状況下で、国と国とをつなぐのは市民同士の交流以外にないと思うからだ。

日本語学習者という〝日中市民交流大使〟の育成には、日本語教師、とりわけ日本の本当の姿を正確に伝えられる日本人教師の皆さんの力添えが必要である。コンクールには、そのような高い志をもつ日本語教師をたたえる賞を設けることにした。賞が少しでも彼らの日本語教師の励みになればと心から願っている。

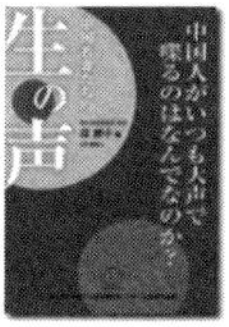

朝日新聞
2014年(平成26年)
1月27日

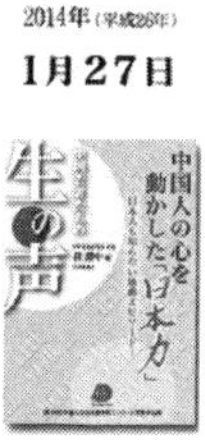

古谷浩一
北京から

悪化する日中関係

それでも日本語を学ぶ若者

言うまでもなく、日中関係はとても悪い。こんなとき、中国で日本語を学ぶ若者たちはいったい何を感じているのだろうか、と思った。

「本当にいいのか。日本語なんて勉強しても将来性はないだろう」。日本僑報社が主催する「中国人の日本語作文コンクール」で1等賞をとった李佳南さん(21)は、受賞作文のなかで、父親にそう言われた経験を書いていた。それでも彼女は、福建省にある華僑大学日本語学科に入学した。「(両国民が)互いに尊敬し、助け合える日が来るだろう」と信じているという。

李さんに会ってみたいと思い、電話をした。「えっ」と驚いた様子の李さんだったが、すぐに承知してくれた。日本人と話す機会はほとんどないそうで、「私にとってもチャレンジです」という。

江西省の玉山県にある李さんの実家を訪ねた。省都の南昌から鈍行列車でゴトゴトと約4時間。郊外に山と農地が広がる地方の小さな街だ。

小ぎれいなアパートの部屋で、白と黒の縞のワンピースを着た李さんは、ちょっと緊張した表情で話してくれた。日本語学科に入ったのは、語学への関心からで、日本語にこだわったわけではなかったこと。両親は就職に有利な経済関係の学科を勧めたけど、合格点に達しなかったこと。

——今の中国で、日本語を学ぶって、どんな気持ち?

「別に……。でも2年生のときは最悪。勉強しても意味がないと思った」

李さんが言ったのは、一昨年の尖閣国有化の際の反日デモのことだ。「(日本語学科の)みんなは、ああ、この専門は良くないんだな、選択ミスだなって感じた」

——安倍首相の靖国参拝については?

「本当につらい。どうしてこうなっちゃうんだろう。経済や文化の面で関係を発展させるのは悪いことなのかな? 私たちは私たちで勉強するしかないけど」

父親は出稼ぎに出ており、不在だった。近くの山で農業を営む祖父の達木さん(82)を李さんと一緒に訪ねた。日中戦争の時、この辺りにも日本の軍隊が来て、食べ物などを奪っていった。殺された人もいたという。ちょっと迷ったが、聞いてみた。

——孫が日本語を学ぶのは嫌ですか。

「そんなことはないよ」。達木さんは笑顔でそう言った。でも、それ以上は何を聞いても、あまり話してくれない。李さんは、私に申し訳なさそうな顔をした。

中国では今、約100万人が日本語を学んでいる。有名な日本語教師、笈川幸司氏によると、こうした学生たちにとって、31日からの春節(旧正月)は、親族のなかで居心地の悪いものになりそうだという。日中の交流がしぼめば、就職先もぐっと減る。

中国と言えば、きつい表情をした報道官が日本を厳しく批判する場面が頭に浮かぶかもしれない。日本人が中国政府の対応に怒りを感じることがあるのはよく分かる。

だけど、中国にも、私たちと同様、こんな状況は嫌だと思う人がいることも知って欲しい。対立を深める二つの政府の関係だけが、日中関係のすべてであってはならない。

取材を終え、駅に向かうタクシーのなかで、李さんに将来の希望を尋ねた。返ってきた答えは「日本に留学できれば、一番いい」。垂れた前髪の奥で、その目はずっと前を見つめていた。 (中国総局長)

朝日新聞
2013年（平成25年）
12月7日

私の視点

日本僑報社編集長
段《だん》 躍中《やくちゅう》

日中友好
冷めぬ中国の日本語学習熱

国交正常化後で最悪と言われる日中関係だが、中国の若者の日本への興味と関心まで冷え込んでいるわけではない。中国で日本語を学習している留学未経験の学生を対象にした「中国人の日本語作文コンクール」で、今年は応募数の減少が懸念されたが、最終的には2938本が寄せられ、例年と変わらない盛況だった。「日本語学習熱」は冷めてはいない。

コンクールは私が代表を務め、日中関係の書籍を出版している日本僑報社と日中交流研究所が2005年から開催してきた。これまでに中国の200を超える大学から、2万本もの作文が集まった。

9回目の今年はテーマを「感動」にした。両国関係が試練に見舞われても、「感動」が両国民の心をつなぐきっかけになると考えたからだ。日中関係が悪化すれば、中国国内で日本語を学習すること自体、「難しい立場」に立つことになる。それでも、彼らは日常生活の中で、自分や家族が日本人と触れ合い、感動した体験を思い思いに描いていた。

いにしえの優雅さを短い言葉の中で語る和歌の世界や、出会って1週間しかたたない中国人に「国が原因で中国人を拒否するのは理不尽」と〝おもてなし〟の精神で誕生日を祝ってくれる研修仲間、旅行で訪れた日本で迷子になり、道を尋ねると、目的地まで連れて行ってくれた夫婦……。

そこには政治的な対立を乗り越え、積極的に交流を続け、友好を育もうとする、ごく普通の日中の市民が登場する。もちろん、文化や習慣の違いは大きい。「相互理解」と言っても、実生活で簡単に実現するものでもない。そこを認識した上で、その差を縮めていこうという強い意思、お互いを尊重し合うという前提に立てば、感動も共有できる。そういった体験が真摯につづられていた。

コンクールの入選作は、中国在住の学習者とは思えないほど日本語のレベルが高いものが多い。「入選作品集」は、中国では日本語学習教材にも利用されている。

日本人の審査員からは「日中関係の改善に、真剣に取り組もうとする両国の若者に感動した」「中国での日本人への評価が高いことに驚いた」などの声も上がった。

日本で日中友好活動に携わる立場から見ても、こうした若者は、両国の将来に頼もしい存在になるように思える。そんな彼らを、みなさんにも応援していただければありがたい。多くの人に、彼らの「生の声」とも言える入選作品集を、ぜひ手にとって読んでいただきたい。中国人の心を動かした「日本」は、きっとみなさんの心も感動させるはずだ。

2013年（平成25年）3月26日（火曜日）　東京新聞
東京新聞
中日新聞東京本社
東京都千代田区内幸町二丁目1番4号
〒100-8505 電話03(6910)2211

日本語を学ぶ中国人学生

対立憂う 懸け橋の卵たち

五味 洋治

沖縄県・尖閣諸島を日本政府が国有化して半年が過ぎたが、島をめぐる日本と中国の対立は一向に改善されない。日本に関心を持ち、日本語を学んでいる中国の学生たちは就職や日本留学が難しくなり、将来への不安を抱いている。

二〇〇九年の調査によると、中国の日本語学習者数は約八十三万人。独学者を含めるとさらに増える。世界でも韓国（九十六万人）に次いで学習者が多い。国際交流基金などが行う日本語能力試験は中国全土で約十一万人が受験している。

同じ漢字文化圏だけに、短期間で中・上級段階に達する人が多い。最近、中国の外相に就任した王毅氏も、若いころ日本語を専門に学んだ。

日本語を学ぶ中国人は、日中両国の間をつないでくれる大切な人材だが、いま困難な状況に陥っている。

日本僑報社（東京・池袋）などが毎年主催する日本語作文コンクールで優秀な成績を収めた大学生たちが、安倍晋三首相への手紙という形で、自分たちの様子を日本語で同社に送ってきた。原文のままを引用してみる。

湖北大外国語学院の李欣晨さん(二二)は「進学と就職の問題について、さんざん迷っています」。日中関係悪化の影響で就職先が減り、日本への留学も家族や友人の強い反対に遭っているためだ。

李さんは、今年一月、作文コンクール最優秀賞の副賞で日本を訪問した。「過激な行動でお互いに傷つけているのが何の意味もないことを、しみじみ感じました。日本への先入観を取り除くために、微力ながら、自分なりの力を尽くしたいです」

外交官志望者が学ぶ国際関係学院（北京）四年生胡万程さん(二二)は、「外交の基本原則は自国の国益を守ること。しかし、自国の国益だけを追って、双方の国益を損なう結果になっていませんか。即刻解決が困難な問題は、双方、暫時、静観するという方法はとれないか」と提案した。

同じ国際関係学院四年生欧陽文俊さん(二三)は昨年五月、中国大学生訪日団の一員として日本を訪問し、大学生と将来の夢を話し合った。

「日本への留学を準備しています。自分の目で見た日本、体験した日本を丸ごとに友達や家族に教えたい。より多くの日本人と友達になりたいと思っているからです。中日関係を改善するには安倍首相が一番有力ではないでしょうか。中日両国が各レベルでちゃんと話しあえる未来に導いてほしい」と要望した。

尖閣諸島については公船を使って実力行使してくる中国側に問題がある。しかし中国にも、対立に戸惑い、和らげたいと思っている人たちが少なからずいる。手紙は今月、安倍首相に郵送された。ぜひ読んでほしい。（編集委員）

2013年 12月5日

毎日新聞 MAINICHI

発言

草の根発信で日中をつなごう

段 躍中　日本僑報社編集長

中国在住の日本語学習者を対象とした日本語作文コンクールを主催して9年になる。

毎回、中国全土で日本語を勉強する留学未経験者たちから約3000もの力作が集まるが、昨年来の両国関係の悪化による影響で応募が減るのではないかと心配していた。

だが、蕾を開けると例年と変わらぬ数の作品が寄せられ、胸をなでおろした。同時に長年、日中の草の根交流活動に従事している立場として、この状況でも日本語を熱心に勉強している中国人学生が数多くいるとわかり、うれしい気持ちにもなった。

今年のテーマは「中国人の心を動かした『日本力』」とした。それは、国と国との関係がどれほど冷え込もうとも「感動」は両国民の心をつないでくれると考えたからだ。応募作には作者自身や、家族、友人が体感した日本文化や触れ合った日本人から受けた感動的なエピソードが若者らしいみずみずしい文章で描かれており、彼らを感動させた「日本力」は審査員を務めた日本人にさえ日本の素晴らしさを再認識させた。

それら「日本力」は世界的に有名な日本のアニメなどのサブカルチャーと同様、全世界に訴えかけられるソフトパワーだ。このパワーこそ日中関係改善の切り札になり得る。

コンクールの応募者たちは、時に周りから日本語を学ぶことを批判されながらも勉強にいそしんでいるばかりでなく日本人や日本文化への理解も深め、その素晴らしさに感動し、作文という形で発信してくれた。彼らは今後も日本の良さに触れ、それを何らかの形で発信してくれるはずだ。世界中に数多く存在する「日本ファン」たちもフェイスブックやツイッターなどを使い、優れた「日本力」について発信し続けている。

日中という「引っ越しできない隣人同士」が〝ウィンウィン〟の関係を築くためには、お互いが尊重し合い、気持ちを通わせながら関係を築くことが必要ではないかと思う。その実現には、両国の政治家やメディアの努力ももちろん重要だが、一般市民の努力も必要だ。だからこそ日本の人々にも、先に述べたような新メディアを活用して自ら中国に対してアピールする「発信者」になってもらいたいと思うのだ。

「謙虚さ」は日本人が持つ素晴らしい特徴ではあるが、この場面では不要だ。「中国語や英語ができないから……」としり込みする人もいるかもしれないが、世界には日本の良き理解者でもある日本語学習者や「日本ファン」が大勢いる。あなたがインターネットを通して日本語で発信した言葉がそれらの人を介して中国をはじめとする全世界に広めてもらえる可能性が十分にある。

1991年に来日した筆者は東京を拠点に、出版活動や中国人を対象とした日本語作文コンクール、日本人及び在日中国人向けの「星期日漢語角」（日曜中国語コーナー）などの活動を行っているが、皆さんに「日中関係改善のための発信者の会」の設立を呼びかけたい。一人でも多くの「日本人発信者」が登場し、両国関係の改善に一役買ってくれることを願っている。

だん・やくちゅう　元中国青年報記者。編著書「中国人がいつも大声で喋るのはなんでなのか？」

朝日新聞　2013年 3月15日

ぴーぷる

■戦争の意味を問い直す

「第8回中国人の日本語作文コンクール」（朝日新聞社など協賛）で湖北大学外国語学院日本語学科4年の李欣晨さん(22)が最優秀賞（日本大使賞）に輝いた。

4回書き直した受賞作は「幸せな現在」。祖父の「今の生活を大切にすべきだ」という言葉と戦争体験から過去の戦争の意味を問い直し、「犠牲者が望んだのは、悪いレッテルを貼り合うことではないはずだ」と結ぶ。

大学には日本を嫌う学生もいる。「日本について知らない人たちです。日本も同じかもしれない。お互いが理解し合えば変わる」。いつか日本語教師として、懸け橋になりたい。

作品集「中国人がいつも大声で喋るのはなんでなのか？」は主催の日本僑報社から出ている。（岡田玄）

㊢ デジタル版に受賞作全文

東京新聞　2013年 1月26日

「思った以上に清潔」

日本語作文コン最優秀　李さんが都内観光

「中国人の日本語作文コンクール」で最優秀賞（日本大使賞）に輝いた李欣晨さん(二二)が、副賞で日本に招かれた。二十五日に都内を観光し「思った以上に清潔です」と印象を話した。コンクールは日本僑報社・日中交流研究所（豊島区、段躍中所長）を中心に毎年開かれている。

李さんは、中国南部の貴州省出身。幼い頃は「中国で放送されている反日ドラマの影響で日本への印象は良くなかった」という。しかし、日本のアニメに興味を持ち、湖北大学外国語学院で日本語を専攻した。

日本を訪問した李さん＝千代田区で

受賞作品「幸せな現在」は、朝鮮戦争（一九五〇～五三年）に参戦し、砲弾の破片によるけがが残る祖父の追憶から始まる。戦場で苦労を重ねた祖父は「今の生活を大切にすべきだ」といつも口にし、平和の大切さを説いた。李さんは、作文で「日中間にもかつて戦争があった。そのせいか、両国民は先入観をもってお互いに悪いレッテルを張り合っている」と、過去の影に引きずられるのはやめようと呼びかけた。

来年は中国で大学院に進む。本当は日本に留学したかったが、領土をめぐる緊張のため、両親が日本行きに反対したためだ。帰国したら自分の目で見た日本の印象を話して、両親を説得するつもりだ。（五味洋治）

讀賣新聞　2013年（平成25年）2月24日日曜日

中国人がいつも大声で喋るのはなんでなのか？　段躍中編　日本僑報社　2000円

評・須藤　靖（宇宙物理学者　東京大教授）

それそれ、そうだよネ。そんな声の合唱が聞こえてくるような秀逸かつ直球のタイトル。この宇宙がダークエネルギーに支配されているのはなぜか、大阪人にバキューンと撃つマネをすると必ず胸を押さえて倒れてくれるのはなぜか、などと同レベルの深く根源的な問いかけだ。

チマチマした印税稼ぎのために軽薄な説を押し付ける似非《えせ》社会学者による使い捨て新書の類いか？という疑念も湧きそうだ（残念ながら現代社会にその手の書籍が蔓延《まんえん》しているのも事実）。しかし本書はそれらとは一線を画す、日本語を学ぶ中国人学生を対象とした「第8回中国人の日本語作文コンクール受賞作品集」なのだ。

大声で主張するのは自信と誠実さを示す美徳だと評価され学校教育で繰り返し奨励されているという意外な事実。発音が複雑な中国語は大声で明瞭に喋《しゃべ》ることは不可欠。はたまた、通信事情が悪い中国では大声で喋らないと電話が通じない、という珍説も飛び出す。公共の場所において大声で喋るのは、他人を思いやらない無神経さの表れ。日本人が抱きがちなそんな悪印象が、視点をずらすだけでずいぶん変化する。

大皿に盛られた料理を大勢で囲み、にぎやかに喋りながら楽しむ食事。知り合いを見つけるや、はるか遠くからでも大声で会話を始める農村部の人々の結びつき。想像してみると確かにうらやましい文化ではないか。いかにも文集という素朴な雰囲気の装丁の中、日中両国を愛する中国人学生61名が、文化の違いと相互理解・歩み寄りについて、様々な視点から真摯《しんし》に、かつ生の声で語りかけてくれるのが心地良い。

酔っぱらった時の声がうるさいと、家内にいつも大声で叱責される私。しかし故郷の高知県での酒席は到底太刀打ちできない喧《かまびす》しさ。でも単なる聞き役に回る私ですら飛び交う大声は不快どころか楽しさの象徴だ。高知県人は深いところで一衣帯水の中国と文化を共有しているらしい。中国移住を真剣に検討すべきだろうか。

相互理解に様々な視点

◇だん・やくちゅう＝1958年、中国・湖南省生まれ。91年に来日し、新潟大大学院修了。日本僑報社編集長。

「大声で喋る」中国人と「沈黙のなか」で生きる日本人が理解し合う知恵を

佐高信の政経外科《せいけいげか》
Sataka Makoto
連載 683

Layout Kazuhiro Tada

日中交流研究所所長の段躍中が編んだ『中国人がいつも大声で喋るのはなんでなのか?』（日本僑報社）という「中国人の日本語作文コンクール受賞作品集」がある。「中国若者たちの生の声」を集めたもので、第八回のコンクールの作品集だ。日本への留学経験のない中国人の学生を対象に募集された。

テーマもユニークだが、中にいろいろな声が出てくる。

大連交通大学の李書琪は、パリのノートルダム寺院には、漢字で「静かに」と注意の紙が貼ってある、と書き始める。

山東大学威海分校の李艶蕊の説明が説得力があるが、彼女の実家を含めて中国では十三億の人口のうち、九億ほどが農民であり、彼らは畑や市場で、たとえば、

「君のトウモロコシは良いね」

「そんなことないよ、天候がよくないから」

といった遣り取りを大声でする。中国人は賑やかさこそがいいことだと思っているからでもある。

李は「最近は農村から都市に移り住む人が多くなったが、彼らは大声の習慣も持ってきた」と指摘する。

長春工業大学の黄慧婷は、中国人の彼と日本人の彼女が恋人になったけれども、うまくいかなくなった時のことを書く。

「もう我慢できない。あなたと一緒にいるのは恥ずかしいのよ。いつも大声で喋るなんて、信じられない」

怒りを爆発させた彼女に、彼は一瞬黙り、にっこりと笑って言った。

「皆にはっきりと僕の気持ちを伝えるためだよ。もちろん、君にもそうだよ」

日中友好の象徴パンダの「鈍感力」が両国に必要だ

こうした違いを踏まえて、浙江大学寧波理工学院の王威は「十四億人あまりの二つの国で、たった一％の政治家や経済評論家だけが新聞やテレビにいつも出て、お互いの国の話をするのはおかしくないだろうか。国の中では、政治家や経済学者より働いている一般民衆の方がずっと多い。一つの国の本当の姿は、その国の民衆を見なければならない。利益より、文化の共感と人間の温情を強調し、他国の道徳観に対しては、責めるというより理解するという姿勢こそ両国のマスコミが持つべき態度ではないか」と提言する。

華東師範大学の銭添の「パンダを見てみよう！」も傾聴に値する。

日本と中国の間の暗い過去を乗り越え、偏狭なナショナリズムから脱して、恒久的な平和を築くためにはパンダが教えてくれる「鈍感力」が必要だというのである。

「パンダは物事に対して決して鈍いわけではなく、ただ余裕を持って過ごしているだけだ。いちいち大騒ぎするのではなく、寛容な態度で物事に接することこそ、両国国民の親近感を高めるのに最も欠かせないものなのではないか」

これを読むと、日中友好のシンボルのパンダが、また違って見えてくるだろう。

女優の檀れいは、あるテレビ番組で「海外で心惹かれる国」を問われて、「昔の中国」と答えたらしい。「昔の中国」は、現在とは逆に、「沈黙」が問題だった。

ドレイ根性を排した魯迅がこう嘆いたようにである。

「私は衰亡する民族の黙して声なき理由を知った。ああ、沈黙！　沈黙のなかで爆発しなければ、沈黙のなかで滅びるだけだ」

いまは、日本が「沈黙のなかで滅び」ようとしている。いずれにせよ、何で日本語なんか学ぶのかという白い眼の中で、それを学んだ若者たちの作文は貴重である。

朝日新聞 2012年 12月24日

風

坂尻 信義

北京から

日本語を学ぶ　若者の草の根交流が氷を砕く

この冬2度目となる雪化粧が北京にほどこされた14日、中国各地で日本語を学ぶ学生が日本大使公邸と棟続きのホールに集まった。「中国人の日本語作文コンクール」の表彰式に出席するためだ。

日中関係の書籍を出版する日本僑報社（東京・池袋）の主催で、今年で8回目。同社編集長の段躍中さん(54)は1991年、日本に留学した妻を追って、共産主義青年団の機関紙・中国青年報を辞めて来日した。アルバイトのない日は巣鴨の4畳半アパートと豊島区立図書館を往復する生活で、50音から日本語を学んだ。B5サイズ18㌻のタブロイド判情報誌から始め、これまでに出版した書籍は約240冊にのぼる。

今年のコンクールには、中国の大学、専門学校、高校、中学の計157校から2648編が寄せられた。応募資格は「日本留学の経験がない学生」。優秀賞数編の中から日本大使が選ぶ最優秀賞の受賞者には、副賞として1週間の日本行きが贈られる。

会場で、昨年の最優秀賞を受けた胡万程さん(21)が、かいがいしく準備を手伝っていた。北京の国際関係学院4年。東日本大震災後、インターネットの掲示板に「ざまみろ」と書き込んだ高校時代の同級生との対立と和解を描いた作文「王君の『頑張れ日本』」で受賞し、今年2月に日本を初めて訪れた。

日本に行ったら「すべてを見たい」と昨年の表彰式で話した胡さんは、卒業後の日本留学を目指している。

今年の最優秀賞に選ばれたのは、中国内陸部にある湖北大外国語学院日本語学科4年の李欣晨さん(21)。受賞作「幸せな現在」は、祖父の戦争体験を踏まえ、日中両国の人々が「過去の影」に縛られてはいけないと書いた。

やはり日本への留学志望の李さんは、国有企業に勤める父親から、最近の日中関係の悪化を受けて難色を示されていた。でも、今回の受賞で「私が自分の目で見た日本が『想像した通りに人々が優しく、景色がきれいだったら、留学を支持する』と父親は言ってくれました」と、うれしそうだった。「やさしい響きが好き」という日本語の教師になることが、将来の夢だ。

今年あった、もうひとつの「日本語・提言コンテスト」の表彰式も、印象深かった。1等賞に選ばれた河南省の安陽師範学院3年、韓福艶さん(22)は「苦しい選択　日本語科」と題し、中国の農村部こそ日中交流が必要と訴えた。子供のころ、テレビで見る戦争映画の日本兵は、鬼のような人物ばかりだった。

日本のアニメに魅せられて日本語を専攻したという韓さんは「私の選択が間違っていなかったことを両親に証明したい」と語った。

こちらの表彰式は、満州事変の発端となった柳条湖事件から81年の9月18日だった。中国では「国恥の日」と呼ばれるこの日、日本政府による尖閣諸島国有化に反発したデモが中国国内約100都市で燃え上がっていた最中で、会場探しに苦労したという。

こうした草の根交流が、運営資金の工面に苦しみながら、細々と続けられている。

大使不在の公邸の日本庭園は、雪のあとに降った雨が凍りつき、先週の雪でまた白く染まった。6年前、当時の安倍晋三首相が日中関係を修復するため決断した訪中が、中国で「破氷の訪問」と呼ばれていたことを、ふと思い出した。

（中国総局長）

書評委員 お薦め「今年の3点」

高原 明生

①「反日」以前　中国対日工作者たちの回想（水谷尚子著、文芸春秋・1800円）

②中国残留日本人　「棄民」の経過と、帰国後の苦難（大久保真紀著、高文研・2520円）

③壁を取り除きたい　第二回中国人の日本語作文コンクール受賞作品集（段躍中編、日本僑報社・1890円）

①は戦中戦後に捕虜の教育や邦人送還などに従事した対日工作者たちとの貴重な面談記録。日本と日本人に深い理解と愛情を有した彼らに、日本人も強い敬愛の念を抱いたことが戦後の日中友好運動の牽引力だったと説く。日中関係の基本に光を当てる労作だ。

旧満州には150万人以上の日本人がいた。その中で中国に残留せざるをえなかった婦人や孤児は塗炭の苦しみを味わった。②は、長年の取材をもとに、その困難が帰国後も続くことを伝える。この人たちをこれ以上まだ苦しめるのか、日本社会の本質が問われる。

偏見の無い、心が通い合う社会を、そして世界をつくりたい。③は中国人学生による日本語作文コンクールの入賞作品集。これを読むと、日中間の「壁」に戸惑いつつ、理想を追う青年たちの明るく素直な思いが心に沁みる。若者は、いや人は皆、どこでも同じだ。

朝日新聞

朝日新聞

幸せの天使となり、日中飛ぶ

上海の思い出、最優秀賞に

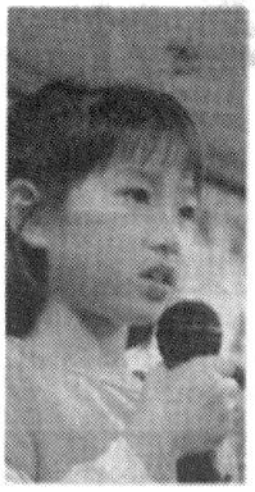

「第2回日本人の中国語作文コンクール」（日中交流研究所など主催）の「学生の部」（全91作品）で最優秀賞に選ばれたのは、最年少の神奈川県鎌倉市の小学3年安部京ちゃん（8）＝写真＝だった。

父の転勤で03年から3年間、上海で暮らした。父の方針で、中国人だけの幼稚園、小学校に在籍。最初は言葉がわからず「泣いちゃった」。小泉前首相の靖国問題で日中関係が悪化、同級生から「日本鬼子」と呼ばれ、悔しかった。

でも、持ち前の人なつっこさで多くの友達ができた。帰国の際、「元気でね」と声かける友達の寂しそうな顔を見て「上海を離れたくない」と心から思った。

そんな上海の思い出をつづった受賞作では、「幸せの天使となって日本と中国の大空を飛んでまわりたい」と結んだ。

（西村大輔）

☝2007年 4月14日

在日中国人誌編集長

中国から見た日本伝えたい

在日中国人の情報誌「日本僑報」編集長で、日中両国で作文コンクールを続けている段躍中さん(49)が、中国・広州を訪れた。「第3回中国人の日本語作文コンクール」表彰式で、入賞作60本を収録した本「国という枠を越えて」（日本僑報社）を入賞者や会場の暨南大学に贈った。

コンクールは05年から毎年開催され、今回は「日中相互理解」「日中環境保護協力」の課題に、中国の99大学から約1500人の応募があった。「親や祖父母の日本観を通した思い」「日本のアニメ」を扱ったものや、「日本のゴミ分別に学ぶ」という主張も。

最優秀賞は、中国に輸出される産業廃棄物をテーマにした「電子廃棄物汚染から考える日中環境保護協力」で、国の枠を越えて協力しよう、という提言。「こうした声を日本の皆さんに伝えたい」

（鈴木暁彦）

208年 1月12日☞

2007年（平成19年） 5月9日 水曜日

MAINICHI 毎日新聞

ひ・と・も・よ・う

人・模・様

中国と日本の懸け橋に

日中両国民の相互理解を深めようと、在日中国人が主宰する「日中交流研究所」の「第2回日本人の中国語作文コンクール」が行われ、学生の部で神奈川県鎌倉市、小学3年、安部京さん(8)＝写真左、社会人の部で東京都江東区、会社員、大庭美樹子さん(35)＝同右＝が、それぞれ最優秀賞に選ばれた。

安部さんは父親の秀さん(43)の転勤で03年夏から3年間移り住んだ中国・上海での体験を書いた。初めは「幼稚園で先生が何を言っているのか分からず泣いてしまった」と言うが、すぐに上達し、授賞式でもすらすらと中国語でスピーチを披露した。将来は「ボーイスカウトの国際キャンプで通訳を務め、日本と中国の大空を自由に飛び回りたい」と夢を膨らませる。

大庭さんは中国留学の夢を捨てきれず、小学1年だった娘を連れて03年夏から1年間、上海の大学に留学した。作文ではその留学への情熱や愛娘の成長への喜びをつづった。帰国後は語学力を生かして再就職した商社で中国向け輸出を担当している。大庭さんは「心から中国人と交流することが最も大切と分かったのが留学の最大の成果です」と振り返った。【鈴木玲子】

毎日新聞　2006年 8月25日

ひと

日中作文コンクールを主催する在日中国人

段《だん》　躍中《やくちゅう》さん

本音を伝え合い　理解を深める努力を

「両国民の相互理解を深めようと奔走する民間の努力が台なしになった。15日の参拝は、傷つけられた中国人の心の傷口をさらに広げただけ」

小泉純一郎首相の靖国神社参拝を巡って揺れ続ける日中関係を憂う。

靖国参拝が続いたこの5年、双方の民衆に不信感が広がるのを感じた。「在日中国人ができることとは何か」と考え、昨年1月、日中交流研究所を設立。中国人の日本語作文と日本人の中国語作文コンクールを始めた。

「多くの人は相手の国について報道などの限られた情報しか知らない。民衆が相手の言葉で自分の気持ちを伝えていく。これこそ民間の友好を培う力になる」と説く。今年、中国人1616人が応募した。日本人側は現在募集中だ。将来は「両国の受賞者でフォーラムを開き、顔を合わせて語り合う場を作りたい」。

中国有力紙「中国青年報」の記者だったが、妻の留学に伴い、91年に来日した。目に映ったのは在日中国人の活躍ぶりがほとんど紹介されていない実態だった。自ら在日中国人の活動を記録し始め、96年から活動情報誌「日本僑報」を発行、出版も始めた。5年前からは日本語と中国語の対訳で書かれた新スタイルの書籍も出版。出版数は140冊に上り、ホームページへのアクセスは1日3000件を超す。

「日中関係が冷え込むこんな時こそ、民間の間に交流チャンネルを張り巡らせていかなければ。これは在日中国人の責務だ」。そう自らに課す。

——文と写真・鈴木玲子

中国湖南省出身。「現代中国人の日本留学」など著書多数。48歳。中国語作文の募集要項は、http://duan.jp/jc.htm。日中交流研究所は03・5956・2808。

朝日新聞　2006年 5月30日

中国語作文コンクールを開いた日中交流研究所長

ひと

段《ドゥワン》　躍《ユエ》　中《ジョン》さん（48）

日本人が対象の中国語作文コンクールは珍しい。奔走したのは、日中の相互理解を深めることが、在日中国人の責務と決意したからだ。

「犯罪や反日デモの報道だけで、暗いイメージが祖国に定着するのは耐え難い」

２４３人が応募、優秀作36点に和訳を付け、「我們永遠是朋友」（私たちは永遠の友人）と題し出版した。中国の新聞社などに１００冊を送った。

「日本語が読めない中国人にも、中国が好きな日本人の心情が伝わる意義は大きい」

きっかけは、中国人学生向けの日本語作文コンクールの表彰式に、04年に招かれたことだ。大森和夫・国際交流研究所長が私財を投じ、12年間続けてきた。中国人の日本語能力の向上と、対日理解の進展ぶりに感激した。

大森氏が事業の継続に限界を感じ断念したため、引き継ぐ一方、日本人も中国語で発信すれば「国民同士の本音の交流が広がる」と思い、日中交流研究所を設立した。

妻の日本留学を機に、中国青年報社を退職し、91年に北京から来日。在日中国人の活動を紹介する情報誌「日本僑報」を創刊、１３０冊の本を出版してきた。メールマガジンの読者は約1万人。

だが、不信感は日中双方の一部に根強い。自身のブログが批判されることもあり、運営費の工面にも四苦八苦だ。

来年は国交回復35周年。「受賞者同士が語る場を作り、顔も見える交流にしたい」

文・写真　伊藤　政彦

編者略歴

段 躍中（だん やくちゅう）

日本僑報社代表、日中交流研究所所長。1958年中国湖南省生まれ。有力紙「中国青年報」記者・編集者などを経て、1991年に来日。2000年新潟大学大学院で博士号を取得。

1996年日本僑報社を創立。以来、書籍出版をはじめ、日中交流に尽力している。2005年から作文コンクールを主催。2007年に「星期日漢語角」（日曜中国語サロン、2019年7月に600回達成）、2008年に出版翻訳のプロを養成する「日中翻訳学院」を創設。

2008年小島康誉国際貢献賞、倉石賞を受賞。2009年日本外務大臣表彰受賞。北京大学客員研究員、湖南大学客員教授、立教大学特任研究員、日本経済大学特任教授などを兼任。主な著書に『現代中国人の日本留学』『日本の中国語メディア研究』など多数。

詳細：http://my.duan.jp/

The Duan Press

第15回中国人の日本語作文コンクール受賞作品集

東京2020大会に、かなえたい私の夢！

―日本人に伝えたい 中国の若者たちの生の声―

特別収録…現場の日本語教師の体験手記

2019年12月12日 初版第1刷発行

編 者 段 躍中（だん やくちゅう）

発行者 段 景子

発行所 株式会社日本僑報社

〒171-0021 東京都豊島区西池袋3-17-15

TEL03-5956-2808 FAX03-5956-2809

info@duan.jp

http://jp.duan.jp

中国研究書店 http://duan.jp

 ISBN 978-4-86185-292-3 C0036

日本僑報社好評既刊書籍

ご注文はhttp://duan.jp/

日中語学対照研究シリーズ

中日対照言語学概論

—その発想と表現—

高橋弥守彦 著

中日両言語は、語順や文型、単語など、いったいなぜこうも表現形式に違いがあるのか。

現代中国語文法学と中日対照文法学を専門とする高橋弥守彦教授が、最新の研究成果をまとめ、中日両言語の違いをわかりやすく解き明かす。

A5判256頁 並製 定価3600円＋税
2017年刊 ISBN 978-4-86185-240-4

日中文化DNA解読

心理文化の深層構造の視点から

尚会鵬 著
谷中信一 訳

昨今の皮相な日本論、中国論とは一線を画す名著。

中国人と日本人、双方の違いとは何なのか？文化の根本から理解する日中の違い。

四六判250頁 並製 定価2600円＋税
2016年刊 ISBN 978-4-86185-225-1

同じ漢字で意味が違う

日本語と中国語の落し穴

用例で身につく「日中同字異義語100」

久佐賀義光 著
王達 中国語監修

絶対に間違えてはいけない単語から話のネタまで、"同字異義語"を楽しく解説した人気コラムが書籍化！

中国語学習者だけでなく一般の方にも。漢字への理解が深まり話題も豊富に。

四六判252頁 並製 定価1900円＋税
2015年刊 ISBN 978-4-86185-177-3

病院で困らないための日中英対訳

医学実用辞典

松本洋子 編著

海外留学・出張時に安心、医療従事者必携！指さし会話集＆医学用語辞典。

本書は初版『病院で困らない中国語』(1997年)から根強い人気を誇るロングセラー。すべて日本語・英語・中国語(ピンインつき)対応。

豊富な文例・用語を収録。

A5判312頁 並製 定価2500円＋税
2014年刊 ISBN 978-4-86185-153-7

日本の「仕事の鬼」と中国の〈酒鬼〉

漢字を介してみる日本と中国の文化

冨田昌宏 編著

鄧小平訪日で通訳を務めたベテラン外交官の新著。ビジネスで、旅行で、宴会で、中国人もあっと言わせる漢字文化の知識を集中講義！

日本図書館協会選定図書

四六判192頁 並製 定価1800円＋税
2014年刊 ISBN 978-4-86185-165-0

日本語と中国語の妖しい関係

中国語を変えた日本の英知

松浦喬二 著

「中国語の単語のほとんどが日本製であることを知っていますか？」

一般的な文化論でなく、漢字という観点に絞りつつ、日中関係の歴史から文化、そして現在の日中関係までを検証したユニークな一冊。中国という異文化を理解するための必読書。

四六判220頁 並製 定価1800円＋税
2013年刊 ISBN 978-4-86185-149-0

中国漢字を読み解く

～簡体字・ピンインもらくらく～

前田晃 著

簡体字の誕生について歴史的かつ理論的に解説。三千数百字という日中で使われる漢字を整理し、体系的な分かりやすいリストを付す。

初学者だけでなく、簡体字成立の歴史的背景を知りたい方にも最適。

A5判186頁 並製 定価1800円＋税
2013年刊 ISBN 978-4-86185-146-9

日中常用同形語用法

作文辞典

曹櫻 編著
佐藤晴彦 監修

同じ漢字で意味が異なる日本語と中国語。誤解されやすい語を集め、どう異なるのかを多くの例文を挙げながら説明。いかに的確に自然な日本語、中国語で表現するか。初級から上級まで幅広い学習者に有用な一冊。

A5判392頁 並製 定価3800円＋税
2009年刊 ISBN 978-4-86185-086-8

「ことづくりの国」日本へ　関口知宏

新疆世界文化遺産図鑑〈永久保存版〉　小島康誉　王衛東

忘れえぬ人たち―「残留婦人」との出会いから―　神田さち子

わが七爸（おじ）周恩来　周爾鎏

日本人論説委員が見つめ続けた激動中国　加藤直人

日中友好会館の歩み　村上立躬

二階俊博　―全身政治家―　石川好

日本人の中国語作文コンクール受賞作品集

①我們永遠是朋友（日中対訳）　段躍中編

②女児陪我去留学（日中対訳）　段躍中編

③寄語奥運　寄語中国（日中対訳）　段躍中編

④我所知道的中国人（日中対訳）　段躍中編

⑤中国人旅行者のみなさまへ（日中対訳）　段躍中編

⑥Made in Chinaと日本人の生活（日中対訳）　段躍中編

中国人の日本語作文コンクール受賞作品集

①日中友好への提言2005　段躍中編

②壁を取り除きたい　段躍中編

③国という枠を越えて　段躍中編

④私の知っている日本人　段躍中編

⑤中国への日本人の貢献　段躍中編

⑥メイドインジャパンと中国人の生活　段躍中編

⑦甦る日本！今こそ示す日本の底力　段躍中編

⑧中国人がいつも大声で喋るのはなんでなのか？　段躍中編

⑨中国人の心を動かした「日本力」　段躍中編

⑩「御宅（オタク）」と呼ばれても　段躍中編

⑪なんでそうなるの？　段躍中編

⑫訪日中国人「爆買い」以外にできること　段躍中編

⑬日本人に伝えたい中国の新しい魅力　段躍中編

⑭中国の若者が見つけた日本の新しい魅力　段躍中編

日本僑報社好評既刊書籍　ご注文はhttp://duan.jp/

日中中日翻訳必携

武吉次朗 著

古川 裕（中国語教育学会会長・大阪大学教授）推薦のロングセラー。著者の四十年にわたる通訳・翻訳歴と講座主宰及び大学での教授の経験をまとめた労作。

四六判177頁 並製　定価1800円＋税
2007年刊　ISBN 978-4-86185-055-4

日中中日翻訳必携 実戦編
よりよい訳文のテクニック

武吉次朗 著

好評の日中翻訳学院「武吉塾」の授業内容が一冊に！
実戦的な翻訳のエッセンスを課題と訳例・講評で学ぶ。
『日中中日翻訳必携』姉妹編。

四六判177頁 並製　定価1800円＋税
2007年刊　ISBN 978-4-86185-160-5

日中中日翻訳必携 実戦編Ⅱ
脱・翻訳調を目指す訳文のコツ

武吉次朗 著

日中翻訳学院「武吉塾」の授業内容を凝縮した『実戦編』第二弾！
脱・翻訳調を目指す訳文のコツ、ワンランク上の訳文に仕上げるコツを全36回の課題と訳例・講評で学ぶ。

四六判192頁 並製　定価1800円＋税
2016年刊　ISBN 978-4-86185-211-4

日中中日翻訳必携 実戦編Ⅲ
美しい中国語の手紙の書き方・訳し方

千葉明 著

日中翻訳学院の武吉次朗先生が推薦する『実戦編』第三弾！
「尺牘」と呼ばれる中国語手紙の構造を分析して日本人向けに再構成し、テーマ別に役に立つフレーズを厳選。

A5判202頁 並製　定価1900円＋税
2017年刊　ISBN 978-4-86185-249-7

日中中日翻訳必携 実戦編Ⅳ
こなれた訳文に仕上げるコツ

好評シリーズ最新刊!!

武吉次朗 編著

「実践編」第四段！「解説編」「例文編」「体験談」の各項目に分かれて、編著者の豊かな知識と経験に裏打ちされた講評に加え、図書翻訳者としてデビューした受講者たちの率直な感想を伝える。

四六判176頁 並製　定価1800円＋税
2018年刊　ISBN 978-4-86185-259-6

『日本』って、どんな国？
―初の【日本語作文コンクール】世界大会―
101人の「入賞作文」

大森和夫・弘子 編著
（国際交流研究所）

初の日本語作文コンクール世界大会入選集。54カ国・地域の約5千編から優秀作101編を一挙掲載！
世界の日本語学習者による「日本再発見！」の作品集。

四六判240頁 並製　定価1900円＋税
2017年刊　ISBN 978-4-86185-248-0

中国人ブロガー22人の「ありのまま」体験記
来た！見た！感じた!! ナゾの国 おどろきの国

でも気になる国日本

中国人気ブロガー招へい
プロジェクトチーム 編著
周藤由紀子 訳

誤解も偏見も一見にしかず！SNS大国・中国から来日したブロガーがネットユーザーに発信した「100％体験済み」の日本論。

A5判208頁 並製　定価2400円＋税
2017年刊　ISBN 978-4-86185-189-6

新中国に貢献した日本人たち

続編も好評です

中日関係史学会 編
武吉次朗 訳

元副総理・故後藤田正晴氏推薦!!
埋もれていた史実が初めて発掘された。登場人物たちの高い志と壮絶な生き様は、今の時代に生きる私たちへの叱咤激励でもある。
－後藤田正晴氏推薦文より

A5判454頁 並製　定価2800円＋税
2003年刊　ISBN 978-4-93149-057-4